殺し屋のマーケティング

三浦 崇典

A Killer's Marketing

Takanori Miura

ポプラ社

殺し屋のマーケティング

制作協力　関根亨
装丁・本文デザイン　黒岩二三
巻末付録デザイン　長澤貴之

プロローグ　本名を捨てた男

「君はどうしてマーケティングを極めたいの？」

桐生七海《きりゅうななみ》が初めてその銀髪の男に会ったとき、男は髭を蓄えた口元に薄く笑みを浮かべながら、丸メガネの奥の目を細めるようにして、からかうように一瞬だけ七海のほうを見て言った。

手元では、ノートパソコンのキーボードが、留まることなく軽快な音を鳴らしていた。それはまるで音楽を奏でるかのようになめらかで、アウトプットの鬼と化している指が、ともすればとても優雅に思えた。

その書店、天王星書店は、どう見ても繁盛しているようには見えなかった。キーボードの音が鳴り響いて聞こえるほど静かだった。見渡してみても、七海の他に客はいなかった。ただ、その男と、カウンターの上に置物のように背筋を伸ばした黒猫が一匹いるだけだった。

店内の中央には、台座のように設えられた西洋風のカウンターがあり、まるでヨーロッパの図書館のようだった。天窓から白い光が降り注ぎ、カウンターに座る男の銀髪が自ら発光しているかのように見えた。

　奮発して表参道の美容室に行ったのも、その帰りに買った普段は着ない丈の短いスカートも、彼にはまるで効果がなかった。七海のスカートの丈よりも彼にとっては、彼に属する「時間」のほうが当たり前のように大切らしかった。

　彼の注意を引くべく、七海は最初からジョーカーを切った。

「受注数世界一の、殺しの会社を創りたいんです」

　冗談で言ったわけではなかった。七海は受注数世界一の殺しの会社を本気で創ろうとしていた。

　七海の思惑に反して、彼のキーボードを打つ指の動きはすぐには止まらなかった。

　ふっと小さくため息を吐き、自らに確認させるように、殺し、とゆっくりと言い、指を止めて無意識に口髭に手をやりながら、ようやく、まともに視線を上げた。上げた顔は、とても整った面立ちをしていた。

　その目に射すくめられるように見られて、唐突に、七海の鼓動が高鳴った。

「殺しの会社を創りたいだって？　しかも、受注数世界一？」

　怒っているというより、純粋に驚いているという調子で男は言った。銀髪の見た目から想像するよりも、ずっと声が若かった。

　七海は息がつまりそうで、それに対して、うんうん、と二度頷くので精一杯だった。

　このあとの、彼の反応によって、私の運命が決まる。

　鼓動の高鳴りよりもかなり遅れて、七海の思考が追いついてきた。

こうして彼と会うまで、どれくらいの時間を費やしただろうか。彼のことを知ってからというもの、ほとんど大学に行くこともなく、空いているすべての時間を彼を探すのに費やしてきた。それでも彼の足取りは摑めなかった。正確に彼の場所を知っている人もいなかった。今度こそは見つけたと思っても、彼は決まって直前で姿をくらましていた。幾度となくそうしたことがあって、途中、彼は実在しない架空の存在なのではないかと本気で疑っていた時期もあった。

けれども、こうして彼は目の前に存在する。今、この瞬間がまさに、ずっとそうなってほしいと思っていた未来だった。だが、七海はうまく実感できず、どこかふわふわした心持ちでいた。

企業だけではなく、世界中の政府とも仕事をしていると言われ、あまりの実績にその存在すら疑われ、伝説化しているマーケティング・マネージャー——マーケティング技巧を自由自在に操り、売れないものはなく、「世界最強のビジネス」を手にしているという。

男は椅子から立ち上がり、天窓から差し込む光溜まりを踏みしめるようにして、腰の後ろに手を組み、年代物のデスクの前を行ったり来たりした。デスクの上にすっくと立つ黒猫は、薄目を開けて目だけで男の足取りを追った。よく磨かれた革靴の靴音がこの空間に響いた。それが、後ろの古時計が刻むリズムとマッチしていたので、まるで時を刻むかのようだった。

何かを考えているようだった。やがて、口を開いた。

「殺しということは、もちろん違法だよね。そして、販売価格もかなり高価だ」

男は歩を止めて、改めて七海のほうに向き直って続けた。

「何より、リスクが高い。君が殺される可能性だってある」

七海の顔をまっすぐ指した。

わかってます、と七海はその指先に催眠術をかけられたように頷く。

「本当にわかっている？　これって、まるで『マーケティングの三重苦』だけど」

「マーケティングの三重苦？」

そう、とその男は銀髪の眉を上げて続けた。

「殺しだから、当然、表立って『営業』もできないし、『広告』も打てない。ましてやマスメディアに対する『ＰＲ』なんてもってのほか。マーケティングで最も使える武器である、この三つの武器がまったく使えないことになる」

「だから、三重苦……」

そうだね、とどこか楽しそうに男は言う。

「もちろん、インターネットで受注を募ることも不可能だよね。ということは、君が言うことは、完璧なまでに不可能なんだよ！　不・可・能だ！」

最後は大きく、歌うようにして言った。この不思議な空間に、「不可能」という言葉が爽快に響いたが、すぐに本に吸収されて音を失った。

その声の痕跡を追うように、あるいは、自分の思索のルートを宙に想い描くように、男は視線を漂わせた。猫が足先でボールを弄ぶように「不可能」という言葉を、頭の中で楽しんでいるように思えた。

わずかに訪れた思いがけない沈黙の中、七海は目を伏せながら言った。

「だから……」

彼に比べて声が小さく、つぶやきのようになった。

「ん？」

覗き込むように、男は七海の目を見た。その目には少年のように純度の高い好奇心があった。

七海は思い切って、その目を見返し、迫るように言った。

「だから、あなたに会いに来たんです。不可能なことだから、あなたの力が必要なんです」

男は、静かに七海を見つめていた。考えているようだった。表情はほとんど変わらなかったが、表皮の下で、何かを迷っているようにも見えた。

男が本棚のほうに視線を逸らそうとした瞬間、もしですよ、と七海はだめ押しするように言った。

「もし、その不可能を可能にすることができたら？　もし、『殺し』を自在に売ることができるようになったら？　売ることが最も難しい『殺し』を世界一売れるようになったら――」

その言葉を引き取るようにして、男が言う。

「最強のマーケティング技巧を手に入れることになる、か」

そうです、と七海は頷く。

「私は受注数世界一の殺しの会社を、創らなければならないんです」

七海は、うっかり、「創りたい」と言うべきところを、「創らなければならない」と言ってしまっていた。

世界一の殺しの会社を創るのには、人には言えない理由があった。

なぜ、受注数世界一の殺しの会社を創らなければならないのか。

そう聞かれたらどうしようと身構えていたが、杞憂に終わった。

彼は、ふっと、優しく微笑むと、静かにつぶやくようにこう言った。

「面白い」

それが、何よりの許諾の言葉に聞こえたのは、気のせいではないだろう。

「桐生七海。大学二年生。君は若いのにどういうわけか、ビジネスの本質を理解しているようだね」

「どうして私の名前を……」

「情報はお金で買えるんだよ。まさに、君がやったようにね。それだけじゃない。君が昨日、表参道の美容室でどう髪型を指定したかも、そのいつもより短いスカートをどこで買ったのかも、僕はちゃんと知っている」

「高野《たかの》さん……」

そう、と男は余裕の笑みを浮かべて頷く。

七海は男に気づかれないようにため息を一つ吐いた。天を仰ぎたい気分だった。

高野とは、表向き弁護士をしている「情報屋」のことだ。高野は、七海に情報を流しながら、一方でこの男にも情報を流していたのだろう。

「それで、いくら払った？」

「え？」

「だって、高野弁護士に情報料を払ったから、僕の居場所を知ることができたんだろう？」

もう、本気で観念するしかなかった。この人には、何も隠せない。

「税込みで一二〇万円です」

「悪くない額だ。そして、僕に会うまでどれくらいの時間を費やした？」

「およそ半年です」

「そんなところだろう」

男はなぜか満足そうに頷いた。

もしかして、と七海は今起きていることを整理してみた。

最初から、私がここに来ることをこの人は知っていた。

そして、こうして会ってくれた。

もし会う気がないのなら、姿をくらますことなど簡単だったはずだ。

ということは——

「私に、最強のマーケティング技巧を教えてくれるんですか？」

男はとても軽い調子で、いいよ、と当たり前のように頷いた。

「教えるよ。受注数世界一の殺しの会社を創らなければならないんだろ？　面白そうだから、付き合うよ」

それを聞いて、七海の表情は一瞬にして綻んだ。胸に熱いものがこみ上げてきた。

「ありがとうございます」

七海は膝の前に手を揃えて頭を下げた。その途端に、涙が零れ落ちそうになった。これで、もう大丈夫だと、安心する気持ちがにわかに胸を満たし始めた。

同時に、疑念が新しく浮かんできた。

「でも、どうして、私に教えてくれるんですか？」

高野弁護士からは、たとえ、会えたとしても絶対に弟子を取らないだろうと言われていた。これまで何人もの人が師事しようとしたが、誰一人として弟子として認められた人はいなかったという。

男は面倒そうに七海のほうを見た。すでにカウンターの向こうの椅子に座り、また仕事に戻ろうとしていた。

「だって、君には、受注数世界一の殺しの会社を創らなければならない『理由』があるんだろ？」

七海の心を見透かすように言った。その瞬間に、七海の胸が再びどくんと高鳴った。全身から冷や汗が噴き出すように思えた。知られている、と七海は直感的に思った。

「その理由が、マーケティングを学ぶ、君の大きなインセンティブになる」

高鳴った七海の胸をピンポイントで指して、男は宣告するように言った。男の言うとおりだった。七海には最強のマーケティング技巧を学ばなければならないインセンティブ、つまりは「動機」があったのだ。

もしかして、すべては、見透かされていたのかもしれない。七海がここに来る前に、もうすでにこの男は、なぜ七海が殺しの会社を創らなければならないのかも、知っていたのかもしれない。

もう、男は笑っていなかった。デスクに両肘をつき、手を組み、その上に顎を乗せて悠然と七海を眺めていた。

伝説のマーケティング・マネージャーにして、世の中に売れないものはないと言われる男――

「そうだ、名前……」

ぽつりとつぶやくように七海が言う。

男のほうは七海のすべてを知っているのに、こちらは男について何も知らないことに今更ながら気づいた。実は、男の名前すら知らなかった。

「名前？」

七海は頷く。

「あなたの、本名を教えてください」

男について、数々の伝説が囁かれていた。それでいて、誰一人、男の本名を知る人はいなかった。

ある人は「西城　潤《さいじょううるお》」とそれらしき名前で呼んだが、それはどうもペンネームらしかった。ある人は職業で呼んだが、それも複数あって、どれが彼の本職なのか判然としなかった。また、ある人は「先生」という尊称を用いた。「池袋」や「京都」というように地名で呼ぶ人もいたし、意味不明の横文字で呼ぶ人もいた。

「本名？」

その男は、本当にそれを自分に聞くのか、とでも言うように、鼻で笑うようにして言った。

「そんなもん、あぶなっかしくてとうの昔に捨てたさ」

七海は、目を見開くようにして、改めてその男の顔を見た。

本名を捨てた？

あぶなっかしいから名前を捨てた？

男は何事でもないように平然とその美しい顔を向け、七海の心の声が聴こえるかのように頷いた。

そして、鮮やかに笑ってみせたのだった。

殺し屋のマーケティング　目次

主な登場人物

桐生七海（きりゅう・ななみ）　女子大生起業家
西城　潤（さいじょう・うるお）　天王星書店店主
日向　涼（ひなた・りょう）　スナイパー
秋山明良（あきやま・あきよし）　Webメディア「コードブレイカー」編集長
相川響妃（あいかわ・ひびき）　フリーアナウンサー
桐生　譲（きりゅう・じょう）　防衛省官僚
藤野　楓（ふじの・かえで）　天才心臓外科医
山村詩織（やまむら・しおり）　美人チェリスト
大我総輔（おおが・そうすけ）　内閣総理大臣
児玉宗元（こだま・むねもと）　内閣総理大臣特別補佐官
寺岡澄子（てらおか・すみこ）　一〇二歳の老女
岩井翔太（いわい・しょうた）　町おこしコンサルタント
田辺　信（たなべ・しん）　田園の哲人

第一幕　美人チェリスト

01

「コードブレイカー」編集長秋山明良

その日、豊島公会堂は人で溢れていた。

元々、エントランスが狭く、二階席を入れて最大八〇二名の収容人数をすべていっぱいにするとなると、必然的に人が溢れる。溢れた人で、エントランスに至る階段には折り返しで行列ができていた。

それでも人は連なり、行列は階段で収まらずに豊島公会堂を反時計回りで囲むようにして延びていた。

「山村詩織《やまむらしおり》リサイタルの最後尾はこちらです！　どなたさまもこちらにお並びください！　山村詩織リサイタルの最後尾はこちらです！」

黒服を着た恰幅のよい男が「最後尾」と赤い太文字で書かれたプラカードを持って、行列の最後尾で声を張り上げていた。その位置はいつしか、裏手の搬入口にまで至ろうとしていた。

秋山明良《あきやまあきよし》は、黒服の男のすぐ横で、豊島公会堂前の小さな公園のほうを見ながら、彼女が着くのを待っていた。駅の方角にある、小さな公園のほうから、続々と人が流れてきて、列に合流していた。

彼女がなかなか現れなかったので、秋山は後から来る人に、どうぞ、どうぞ、と順番を譲る羽目になった。だから、いつまでも「最後尾」のプラカードの隣にいた。

彼女と言っても、秋山が待っていたのは恋人ではない。

彼女と秋山の関係ははっきりしなかったが、彼女の素性は誰にとっても明らかだった。

「遅いよ！　こっち、こっち！」

公園の方向、列の前のほうから小走りで、ハイヒールの音とともにこちらに向かってきたのは、白のワンピースを着た彼女だった。夕焼けの逆光の中で、シルエットが映えた。

列の前のほうからざわつき、まるでドミノ倒しのように、彼女に視線が向けられていく。

「あれ、相川響妃《あいかわひびき》じゃない？」

列の中の誰かがそう言ったのを皮切りに、スマホのシャッター音がそれに追い打ちをかけた。

彼女、相川響妃は人気アナウンサーだった。その卓越した取材力で這い上がり、キー局の報道番組内に「相川アイズ」という自分の名を冠した不動の人気コーナーを持っていた。

ショートカットの相川響妃は、長身でスタイルがよかった。秋山は決して背の低いほうではなかったが、それでも並ぶとヒールの分もあって響妃が秋山を見下ろす格好になった。しかも、ヨーロッパのハイブランドのワンピースを当たり前のように着た響妃と、下手をすると大学生にしか見えない秋山が並ぶと周囲から見て、そのアンバランスさが際立ったことだろう。

「響妃、遅いんだよ！　こういうリサイタルって、開場前に来て、心の準備とか必要だろう！」

背の低いラフな秋山のほうが、背の高いフォーマルな響妃に伸び上がるようにして説教する。

「ごめん、ごめん。仕事が長引いちゃってさ」

少し前かがみになり、片目を閉じて、顔の前に手を置き、軽く拝むような仕草をする。響妃の得意なポーズである。

「響妃はさ、男はそういうのでみんな許すって思っているかもしれないけどさ……」

ふと、秋山は気づいて、響妃の顔を凝視する。

「あれ？　なんか、雰囲気変わってない？　目の辺りかな？」

嬉しい、と響妃はうっとりとした顔をする。

「メイク変えた？」

ううん、と響妃は首を横に振る。

「韓国行ってきた」

「韓国？」

うん、と響妃は頷く。

「明良君に、ちょっと目が変って言われたから、整形してきた」

「え？　いや、あれはそういう意味で言ったんじゃ……」

さすがに秋山も引く。秋山だけではない。聞くともなしに聞いていた、列に並んでいた人々も、その背中から引いているのがわかる。あからさまに振り返っている人もいる。

「大したことじゃないから気にしないで」

響妃はまるで意に介さずに言う。

「大したことないって……」

「それに雑誌とかのとき、デザイナーさんがフォトショップで加工する手間が省けるでしょ。だから、いいの、いいの。それよりさ、明良君」

はい、と秋山は反射的に言う。

「ここに来るまで、黒服の警備員を大勢見たんだけど、ちょっと変じゃない？」

「変って？」

唐突に、ビシッと響妃は秋山の肩を叩く。

「痛い！」

「それでもメディアの編集長？」

「まあ、メディアって言ってもＷｅｂだし、Ｗｅｂって言っても、まだ月間アクセス五万ＰＶ程度だし」

秋山はふてくされたように肩を撫でながら言う。

「明良君、そういうところ、ダメなんだと思うよ」

また始まったというように、秋山は苦い顔をして視線を逸らす。

「ちょっと、聞いてるの？」

響妃は視線を引き戻す。

「本当は私だって、こういうこと言いたくないんだからね。そのことだけはわかって」

内心、秋山はため息を吐く。

「わかってるよ」

「わかってない！」

「はい」

秋山は思わず言ってしまう。けれども、もはや響妃の話は聞いていなかった。このあとの展開は、いつものとおりだからだ。

本当は言いたくない。言いたくないけど秋山君のためだから言う。なぜなら、秋山君には才能があるから。

見事な相川式三段論法だと秋山は思う。こうやられると、もう、ぐうの音も出ない。

元々、大学のサークルの先輩と後輩の関係で、響妃のほうが秋山よりも二歳年上である。どういうわけか、サークルの先輩であり、社会的にも圧倒的に知名度も高い響妃が、秋山に興味を持っている。至極客観的に見れば、羨ましい環境だったが、秋山本人にしてみれば、そうなっているのだから仕方がないというしかない。

もちろん、大学時代はそれでも、普通の関係だった。サークルの先輩であり後輩の関係であって、やけに先輩の響妃のほうが秋山を気に入っていたとしても、それは単にどこにでもある微笑ましい光景であった。

けれども、響妃がその大学のミスコンでグランプリになってからというもの、周囲が見る二人の関係性は、少しずつ、変わっていった。たとえ、本人同士の関係は一向に変わっていなかったとしても、である。

「――だと思わない？」

そう響妃に言われて、秋山は素直にきょとんとしてしまった。瞬間的に、響妃の表情に影が差した。

「さては、おのれ、私の話、聞いていなかったな！」

やばい、と秋山が思うと同時に、左の頰に、想像を絶する強い衝撃を覚える。それと前後して、グキッという鈍い音が、近いところというよりも、むしろ体の中で聞こえる――。

秋山は一瞬、何が起きたのか、わからなかった。人がいない場所ならまだしも、ここは公共の場所である。しかも、行列の中で、先ほどのスマホのシャッター音からすると、響妃のことを「相川アイズ」のあの相川響妃と認識している人も多い。

それなのに、まさか、グーでパンチを繰り出したというのか。

秋山の視界にすぐに変化が起きた。目の前に整然と並んでいる人の列が、左に四五度辺りまで傾こうとしていた。それは、まさかと思っていたことが現実に起きたことを如実に物語っていた。あと少し、事態の把握に遅れていたら、おそらく、大勢の前でアスファルトの上にひっくり返っていただろう。すんでのところで踏みとどまって、なんとか体勢を立て直した。

もし、ここでもう一撃、グーパンチを繰り出されれば、おそらくアスファルトに沈む――。

半ば諦めかけたときのことだった。

「まあまあ、抑えて」

声が聞こえていた。一人や二人ではない。

どうか、抑えて。

そんな声が周囲からリフレインのように聞こえてきた。

左頰を思い切り殴られた衝撃で、まだ視界が一つに定まっていなかったが、それでも見ると、黒服を着た屈強な男たちが、秋山を取り囲んでいるらしかった。その中には、最後尾のプラカードを持った恰幅のよい黒服の姿もあった。

彼らが取り囲んでいたのは、響妃だった。

白いワンピースを着た響妃は、黒服の男たちに囲まれると余計に際立って見えた。まるでそこは舞台上で、響妃とその取り巻きを中心に今から何かショーが始まるかのようだった。

まったく悪びれた様子も見せずに、軽く腕を組んで、ようやく視界が完全に戻った秋山に、響妃はこう言った。

「ほらね」

秋山は、一瞬、聞き間違えたかと思った。

「ほらねって、何が？」

だから、と響妃は面倒そうに言った。

「黒服の警備員の数、多いでしょ？」

周囲に注目を促すように両手を広げた。

その先には、屈強な黒服たちの姿があった。しかも、まだ続々と集まってくるようだった。

たしかに、と秋山は半ば呆然として頷くしかなかった。


エントランスには、逆光の中でチェロを弾く美しい女性が大きく写し出された巨大な垂れ幕が掲げられていた。

『山村詩織リサイタル』

秋山はまだ痛む左頬を撫でながら、その垂れ幕を見上げていた。

「なんで私だけ体を触られなければならないのよ！」

仁王立ちになって、屈強な黒服たちに食ってかかっているのは、響妃だった。手荷物検査場で、秋山はすんなり通されたが、どうやら、秋山を殴ったことで響妃は危険人物と認定されてしまったらしい。

「ですから、そういうことでなく、ボディーチェックです」

黒服の警備員が懸命に説明しているが、響妃は聞く耳を持たない。

「一緒よ！　セクハラよ！」

いつものことだ、と秋山は割り切って、垂れ幕を見ていた。

最近、山村詩織は美人チェリストとして、テレビや雑誌等に出ることが増え、熱狂的な男性ファンが多いことでも知られていた。

憂いに満ちた表情で、まるで痛みに耐えるかのように音を奏でる姿がたまらない。

そう、何かの番組でニュース・キャスターが拳を握りしめて力説していたのを秋山は思い出した。

たしかに、美しい人である。儚げでもある。

だがしかし、今日、秋山がここに来た本当の目的は、美人チェリスト山村詩織の演奏を聴くためではなかった。滅多に表舞台に姿を現すことのない、ある女性に会うためだった。

もしかして、ここにいるのではないか。

そうエントランスを見渡してみた。今日のイベント運営と警備関連のすべてを担っているのが、彼女の会社だと聞いていた。だから、父親のコネを使って、このプレミアム・チケットをなんとか手に入れた。

世界的なアーティストのコンサートや著名人の公演など、イベントの運営を包括的に請け負い、急激に事業規模を拡大した企業「レイニー・アンブレラ」については、大きくなるまで、誰も注目していなかった。海外の仕事の比率が高かったので、外資系企業だとみられていた。

ところが、その代表取締役社長が、桐生七海という名の日本の女子大生だと、ある小さな経済誌が取り上げると、マスメディアが殺到した。

彼女のマーケティング・アプローチは、これまでの常識がまるで通用しないと、経済新聞のベテラン記者が父と話しているのを聞いて、以前から頭の片隅にあった。しかし、それはあくまで頭の片隅にある程度だった。

秋山の中で、彼女に対する認識が大きく変わったのは、土曜日の朝、起きがけにホットコーヒーを飲みながら、女性向けのテレビ番組を何気なく観ているときだった。

完全に覆われていたヴェールがめくられるように、注目される企業を創った女子大生起業家として、ついにテレビに登場した桐生七海を見て、秋山は一瞬にして心を奪われた。思わずテレビに向かって立ち上がっていた。意味もなく、飲んでいたコーヒーを吹き出した。

「明良！」

母親がキッチンのほうから叫ぶのも、ほとんど聞こえていなかった。

テレビの中で、彼女はどちらかと言えば控えめだった。緊張しているというよりも、何かを警戒するように慎重に話しているようだった。自分が発する言葉がどんな影響をもたらすのか、一言一言、検証しながら言葉を口にしている印象だった。いわゆる世間一般の女子大生起業家とは一線を画して、浮ついたところが一つもなかった。そこが秋山にとって、たまらなかった。

このとき彼女がこう言ったことが強烈に秋山の印象に残ることになる。

「晴れた日に傘を差し出し、雨の日に傘を取り上げる。世の中にはそういうビジネスが本当に多いと思うんです。私は、雨の日に傘を差し出せる、そんなビジネスをしたいと思って『レイニー・アンブレラ』を起業しました」

気づけば、秋山はテレビの前で一人、拍手をしていた。

これだ。こういう人を世の中に知らしめるために、自分はジャーナリストになったんだ。

鳥肌が立つ思いで、食い入るようにテレビの中の彼女の一挙手一投足に注目した。時折見せる、大人のような表情に、胸を摑まれるような思いをした。一方で、自分と同年代の若いレポーターの無邪気な問いかけに対して、同じように弾けるように笑う表情に、もう合理的思考では到底説明のできない、本能の部分を握られてしまったように思えた。

秋山は、一瞬にして魅了された。

幾度となく、ほとんど取材を受けないことで有名な彼女に取材依頼を出した。と言っても、秋山が運営するWebメディア「コードブレイカー」は、ほとんど知られていない。元々、彼女が言うような、晴れた日に傘を差し出し、雨の日に傘を取り上げるビジネスや権力者の行いを正すために創ったメディアだった。「コードブレイカー」という名前は、新聞記者の父親が、秋山が幼いときに言ったことから生まれた。

「世の中には、決して表に出ない、真の権力者が存在する。それは世界中の政治家や世界的な企業をも意のままに操るほどの力を持っている。それでいて、誰にもその正体を悟らせない。我々は、その権力者のことを『コードメーカー』と密かに呼んでいる」

まるで、プログラマーがコードを打ち込みパソコンの中で新しい世界を創るように、世の中に対して新しい「コード」を打ち込み、新しいルールを構築してしまう「コードメーカー」。

それこそが雨の日に傘を取り上げる存在で、自分が倒すべき存在だと、秋山は「コードブレイカー」を立ち上げた。文字通り、「コードメーカー」が創り上げた「コード」を打ち破るという意味だ。崇高で壮大な目標を掲げての旗揚げだったが、読者はそう簡単には増えなかった。

彼女に会いたい一心で、更新頻度も高くしたが、ようやく月間アクセスが五万ＰＶになった程度だった。それでは、とてもメディアとは言えない。

もちろん、人気が沸騰している彼女は、小さなメディアを相手にするはずもなく、それ以前に彼女はなぜかメディアにほとんど出なかった。最初は広報を通じて丁寧に断りを入れてきたが、あまりに頻繁だったので、今では返信もなくなった。

もしかして、ストーカーと思われているかもしれない、と秋山は思った。けれども、彼女に会えば、世界が変わるという確信が秋山にはあった。その発想自体がストーカーじみていると自分でも思うが。

今日も、開場前に会う機会はないかと裏口から入ろうとしたが、黒服の警備員たちに行く手を阻まれた。

女子大生起業家として有名な、イベント運営会社「レイニー・アンブレラ」代表取締役社長の桐生七海には、未だ会うことができないでいる。

「それにしても、おかしいと思わない？」

座席に着くなり、響妃は言った。

秋山と響妃が受付を済ませたころには、一階席は隙間なく観客でぎっしり埋まっていた。臙脂色の緞帳《どんちょう》はまだ降ろされたままだった。

「おかしいって、何が？」

「だから、警備員の数よ。いくら有名人のリサイタルだからと言って、これほどの警備員が必要？　しかも、なぜ、プロのボディーガードで固めているの？」

たしかに、響妃の言うとおりだった。

外でも中でもそうだったが、今日見たのは、イベントスタッフというよりも、警備員であって、警備員というより、むしろボディーガードでありＳＰだった。

「それに、あの入念な手荷物検査は何？　まるで……」

考えすぎだよ、と秋山は被せるように言った。

「コンサート会場でも、プロ野球の球場でも、普通、手荷物検査、あるよ」

「でも、金属探知機やボディーチェックって空港並みじゃない？」

「響妃は、なに、テロでも起きるんじゃないかって、そう言いたいの？」

秋山は笑いにしようと言ったが、隣の響妃はこれに乗らなかった。

真剣な表情で頷いてこう言った。

「おそらくね。テロかどうかわからないけど、主催者側は何かが起きるかもしれないって思っているんじゃないかな。だから、この豊島公会堂に急遽会場を変えた」

秋山も思い当たる節があった。今話題の美人チェリストである山村詩織クラスになると、もっと大きな会場で公演をするはずである。実際に、元々は西口にある東京芸術劇場でやる予定だったのが、一週間前に「演奏者の意向により」東口の豊島公会堂に変更になった。

それについて、山村詩織は、今のように売れる前から使っていた思い入れのある豊島公会堂でやりたかったというコメントを発表したが、その会場変更により、収容人数に比べてエントランスが狭い豊島公会堂で、誘導のオペレーションが混乱したことは間違いない。

「たしかに、演奏者が思い入れがあるからと言って、会場を変更するのはおかしい。しかも一週間前。もし、何らかの事件が起きると想定して、犯人の準備を無効にするために会場を変更したと考えれば、辻褄が合う。でもさ、なんで山村詩織が狙われなければならないの？」

わからない、と響妃は、よく見るとやはり美しい面立ちを正面に向けて、脚を組み、腕を組み、唇に右手を当てて、首を横に振る。その整形したという眼差しは、降ろされた緞帳の向こうに向けられているかのようだ。

「わからないけど……。今日、ここで何かが起きるような気がするの」

響妃のこの感覚を、秋山は笑うことはできない。

相川響妃の名前を一躍有名にした「姉川《あねがわ》事件」のスクープでは、末は女性初の総理大臣と嘱望されていた姉川代議士を殺害したのが、悲劇のヒロインとしてマスコミに連日出ていた実の娘であることを突き止めた。そのとき、どうしてわかったのかと不思議がる秋山に響妃が言った言葉をよく覚えている。

――わからないけど、彼女の言動に、ほんの少し違和感を覚えたの。

響妃のこの感覚は、その後も数多くのスクープをもたらした。この感覚があるからこそ「相川響妃」として、今、世間に注目されている。視聴率という民放テレビ局にとっての絶対的な正義は、常に、「相川響妃」に味方していた。それがあるから、局も広告代理店も「相川響妃」の自由に干渉できないのだ。

改めて、秋山は会場を見渡してみる。

一階席約五六〇人、二階席約二〇〇人。

最大収容人数は八〇二人だが、車椅子ブースと二階席の一部は撮影基地として使うために潰されているので、おそらく、今この会場には七六〇人ほどの観客がいる。超満員である。

構造上、VIP席も設けにくいので、著名なタレントや有名人もちらほらと見受けられる。その中の一人、一際艶やかな青のドレスに身を包んだ、美しい白い背中の女性に秋山の目が留まる。ステージに近い、前方の席に座ったその女性の横顔に見覚えがあった。

「藤野《ふじの》、楓《かえで》？」

そう言う秋山の目線を追って、響妃は秋山のほうに身を乗り出すようにしてそちらを見る。

「ああ、藤野先生、来てたんだ」

響妃は軽い調子で言う。藤野楓は、才色兼備の天才心臓外科医として、こちらも最近テレビでの露出が増えている。

「来てたんだって？」

「ほら、藤野先生と山村詩織は、プライベートでも仲がいいから。あなたの大好きな彼女もね！」

最後は、険があるというよりも、あからさまに忌々しげだった。チェリストの山村詩織、天才心臓外科医の藤野楓、そして女子大生起業家の桐生七海は一度、話題の女性が自由にトークをする人気のテレビ番組で共演をしている。それをきっかけにプライベートでも親交を深めていると聞いたことがあった。その流れで、おそらく山村詩織は今回、桐生七海の会社に運営と警備を依頼したのだろう。

響妃の表情を見て、またか、と秋山は天を仰ぎたい気持ちになる。

「彼女って……」

とぼけようとしても、それを許す響妃ではない。

「ふーん、チェロなんて聴いたことがない明良君が選んだリサイタルの運営を受注しているのが、偶然、桐生七海の会社だったってことでいいのね？　偶然でいいのね？」

もう、言い逃れはできなかった。前に、桐生七海のことを取材したいと何気なく響妃に話したときには、いつの間にか得意の相川式三段論法の術中にはまり、結果的に秋山はもう二度と言いませんと響妃に土下座する羽目になった。おそらく、先ほどのグーパンチの遠因も、あるいはその点にあるのかもしれない。

秋山はいい機会だと思った。大きく息を吸って、一気にこう言った。

「響妃はさ、相手が美人となると攻撃的になるんだよね。すぐに機嫌が悪くなる。昔からそう。

そういうの、僕、よくないと思うよ」

　これは、秋山が前々から言いたかったことだった。けれども、言いたかったことを正直に言うことが、常に正しいとは限らない。

「私がいつ、機嫌が悪くなった？」

　響妃の目がますます剣呑になってくる。

「ほら、ほら、今だよ、今！」

　響妃の顔を指して秋山は言う。

「私がいつ、美人となると攻撃的になった？」

　響妃は自分を指した秋山の指を握り潰すように、ぞんざいに握りながら言う。

「イテテ、だから、今だって！　これ！　まさにこれ！」

　握られた指を自由なほうの手で指しながら秋山は言う。

「私はあんなのを美人って言っている明良君のほうがどうかと思うよ！」

　言うや、響妃はついに秋山の指を、あらぬ方向へ力の限り、ひん曲げた。

「ああーっ！」

　秋山の悲鳴が、会場中に響き渡った。

　自分の声が原因で、ステージの袖から、紫のドレスに身をまとった桐生七海が一瞬だけ姿を見せたことに、もちろん、今ここにある激痛で顔を歪ませている秋山は気づかなかった。

02

世界最強のビジネス

客席のほうから、予期しなかった悲鳴が上がった。

観客に紛れ込んでいる私服警備員の報告を待たずに、桐生七海は紫色のイブニングドレスの裾をたくし上げるように持ち、ステージ上手の袖から、一瞬だけ出て客席を見渡す。間髪を容れずに、耳に仕込まれた無線機が鳴る。

「クリア」

客席の私服警備員が七海に向かって軽く手を上げている。問題ないとの合図である。

客席の後方中央付近で、顔を歪めて天を仰いでいる若い男の姿を捉える。その男は見たことがなかったが、その隣にいる一際目立つ白いワンピースの女性に、七海は見覚えがあった。

「相川響妃……」

袖に戻りながら、その女性の名前をつぶやく。

今、テレビ業界において飛ぶ鳥を落とす勢いの若手のフリーアナウンサーだった。フリーアナウンサーながらも、自分の名前を冠したコーナーを様々な番組内に持ち、特にスクープを連発している「相川アイズ」の視聴率は、ありえない高水準を保っている。

　七海が知るある起業家は、彼女のことをこう表現した。

　味方になればいつ敵になるか怖い、敵になればマフィアよりも怖い、ほどよい距離感を保つのが最善の策だと。

　彼女がどうしてここにいるのだろうか。

　考える間もなく、現場の部下から無線に次々と報告が上がってくる。

「エントランス、異常なし」

「公会堂前公園、異常なし。喫煙所の身元オールクリア」

「裏口、楽屋、すべて異常なし」

「一階男性トイレ、女性トイレ、通路、すべて異常なし」

「二階トイレ、封鎖済み、異常なし」

「二階席、異常なし。映写室、封鎖済み、異常なし」

「一階席、リスク、排除中」

　袖幕の合間から客席を見ると、先ほど悲鳴を上げていた男と相川響妃が、警備主任の香田《こうだ》によって、外に連れ出されようとしているところだった。一一八キロの香田の、まるで仁王像のような巨体を目の前にすれば、人は抵抗を諦める。

　その周囲はざわめき、中には携帯電話で写真や動画を撮っている観客もいた。普通なら、すぐにこれらの写真や動画は、スマートフォンからツイッターやフェイスブック、インスタグラムなどのＳＮＳを通じて、一斉に世界に配信されるのだが、この空間ではそれが不可能だった。なぜなら、七海とスタッフが、妨害電波でこの劇場を完全に携帯電話「圏外」にしていたからだ。警備員が使う無線の電波や医療緊急用のＰＨＳ回線以外は、外部と連絡が取れないようになっていた。これも、万が一客席に不審者が忍び込んだ場合の防御策の一つである。

なかなか警備員の指示に従わなかった相川響妃だったが、連れの男性に手を引かれて、警備員に囲まれながら、客席の外に出た。それを見届けてから、七海はネックレスに仕込んだ小型無線機の発信ボタンを押して言う。

「舞台袖、異常なし。警備本部より、全スタッフへ。オールクリア。直ちに開演せよ」

「了解」

それとほぼ同時に、アナウンスが会場に鳴り響く。

「大変長らくお待たせしました、まもなく開演します」

七海は、戻ってきた警備主任香田の姿を認めると、あとはよろしくね、と上手舞台袖に設えられた指揮所から離れる。

ここまで来れば、今回の仕事も九〇％が終わりである。

今回の依頼人、チェリストの山村詩織は友人でもある。その晴れの舞台を客席から観ようと決めていた。それなので、今日はドレスアップしてきた。

手慣れたものだ、と七海はスタッフの様子を見ながら内心で自嘲する。

イベントの運営やボディーガードをするためにマーケティングを学んだわけではなかった。あくまで、七海がやりたかったのは、「受注数世界一の殺しの会社」だ。殺しのほうの受注は一向に伸びなかったが、一方でイベント運営とボディーガード業務の受注が飛躍的に増えた。便宜上創っていた会社「レイニー・アンブレラ」は、七海の思惑に反し堅実に売上を伸ばしていき、取引額が大きな規模になってしまい、ついに注目される優良企業となった。そして存在自体を隠しきれなくなった。

無論、「受注数世界一の殺しの会社」を創るのが目的の七海にしてみれば、注目されることは好ましいことではない。あらゆるリスクが生じることになる。

しかし、ひたすらに隠していた素性が、学生が運営するＷｅｂメディアで取り上げられ、続いて小さな経済誌が実は率いているのは女子大生社長だったと記事を書き、それをきっかけとしてメディアが殺到するようになった。

七海にしてみれば、不可抗力だった。普通の企業ならば、メディアに取り上げられることは極めて望ましいことだろうが、七海にとっては、出れば出るほどリスクが増大する。出ないとなれば、勘ぐられるだろうと思い、数を絞ってメディアには出ることにした。

ただし、幸い、殺しとイベント運営の業務を、結びつけて書くメディアはなかったし、取り上げられるのは、七海個人のことがほとんどだったので、本来の業務に今のところは不思議と支障はなかった。

七海が友人でもあるチェリスト山村詩織からボディーガードの依頼を受けたのは、公演日から一ヶ月前のことである。

「最近、おかしいんです。気配を感じるというか。それでも、気のせいだと思っていました。これまでも、なんというか、しつこい人も中にはいましたので、ファンの方かと思っていたんですが」

池袋の小さな喫茶店で、山村はそう言って、美しいながらも、ただでさえ薄幸に見える面立ちを陰らせた。午後の光が南の窓から入り込み、それを背にしている山村の輪郭は、逆光の中で儚く見えた。

部屋に帰ってみると、明らかに誰かがいた形跡があったという。常駐している管理人に防犯カメラを確認してもらっても、怪しい人影はなかった。山村の部屋がある六階のフロアだけでなく、そのマンション全体に見られなかった。しかし、一度、蚊の羽音を聞いてしまうと、たとえもういなくとも、一晩中、体の至る所がかゆいような錯覚に囚われてしまうように、一度疑心暗鬼になってしまうと、たとえ実際に誰も入っていなくとも、脳は錯誤して「いた」と判断してしまう。

念のため、山村はそこから引っ越した。よりセキュリティーが万全な、芸能人も住んでいる高級マンションだった。しかし、引っ越しても、誰かが来ていた痕跡は消えなかった。たとえ防犯カメラに何一つ怪しげな人影が映っていなかったとしてもだ。

そして、ついに、脅迫の電話がかかってきた。

「東京芸術劇場でのリサイタルの最中にあなたを殺す」

男性の声だったという。以後、誰かが来ていた痕跡はなくなり、山村は友人の藤野に相談し、七海の会社「レイニー・アンブレラ」が、要人のボディーガードも包括的に請け負っていることを知る。

でも、と七海はお冷やを一口飲んでから言う。

「携帯電話に、履歴は残っていなかった」

山村は、ロングの髪を揺らすように、コクリと頷く。


七海は上手側のドアから客席に入り、壁伝いに前のほうを目指す。なるべく、ヒールの音を鳴らさないように気をつけても、コンクリートにリノリウムが張られた床は、コツコツと音を鳴らしてしまう。けれども、開演前の緊張感が、七海の存在を無にさせる。

観客は、慎ましくざわめきながらも、緞帳の向こうにいる今日の主役に、そして、今日の演奏に想いを馳せているのだ。

七海はこれまで幾度となく、コンサートや舞台の公演の運営、警備を請け負ってきた。何度経験しても、まるで飽和水蒸気量に至ったかのような、会場を満たす目に見えないボルテージに浸るのがとても好きだった。

もうすぐ始まる。

それぞれの観客が出すポジティブな緊張感が、化学反応を起こしてその濃度を濃くしているかのようだった。

七海は、上手側前方のブロック、前から三列目に座っている、妖艶な背中を見つける。ざっくりと背中があいた濃い青のイブニングドレスから見える肌は、薄暗い会場の中でも滑らかさがわかるほどに白く、いい具合に肉感的で、横から見ると豊満な胸が溢れそうになっているのがわかる。それなのに、座ってもたるむことのないウエストがあって、すっと背筋が伸びて居住まいがとにかく美しい。

ずるいな、と七海は内心、嘆息する。

天才心臓外科医藤野楓は、女性である七海が羨むほどにセクシーだった。作られたセクシーではなく、まるで野生動物が生来持っている美しさを、自然のままに出しているという感じで、嫌らしさや粗雑さが少しも感じられなかった。高級なベロアを全身にまとっているように、存在自体が艶やかだった。

七海は、空けていた藤野楓の右隣の席に体を滑り込ませるように座った。

藤野も気づき、笑顔で頷く。

「今日だけは本当に呼び出しを切らせてほしい」

藤野は膝の上のハンドバッグに手を置いて言った。中には医療用緊急回線のＰＨＳ端末が入っているのだろう。今日は通常の手術の予定は入れていないはずだが、普通なら、一日に何件も難しい心臓のオペをこなす。この人でなければ解決できないオペが世の中にはある。日本中、いや、世界中に藤野のオペを待っている人がいる。

それでも、今日くらい本当に最後まで聴かせてやってほしいと、誰にともなく七海は願いたい気持ちだった。いつも、この藤野は本当に多くの人の命を救っている。それは、彼女にしかできないことだった。七海は彼女の奇跡のような技をよく知っていた。

「警備は万全です」

七海は少しでも安心してほしくて、藤野の耳元で囁くように言う。

藤野は口元に意図して笑みを浮かべながらも、緊張した面持ちで頷いてみせた。

誰よりも、山村詩織のことを心配しているのは藤野だった。


——安心させる。それがビジネスになる場合がある。

ふと、七海の脳裏に、あの銀髪の男の言葉が蘇る。今は、先生と七海が呼ぶのにも抵抗がなくなっているようだ。多くの人が認識しているように、その男は「西城潤《さいじょううるお》」と呼ばれることが多く、実際に本人もその名前で呼ばれるととりあえず反応するが、それが本名かどうかは今もわからない。


簡単なことだよ、と西城はそのときもいつものように面倒そうに言った。なぜ、そんなことがわからないんだ、と心底不思議がるように。

「たとえば、コンピューター・ウイルスを防ぐソフトを開発している会社があるとして、彼らが生み出しているものは何だろうか？」

「コンピューター・ソフト？」

七海は答えるが何かしっくり来ないように思える。

違うよ、と西城はトレードマークになっているカールがかった銀髪を振るうようにして首を横に振る。

「コンピューター・ウイルスにかからないかもしれない可能性、だよ」

「可能性？」

　そう、と西城は頷いて、髭に手をやる。脳の調子がいいと、彼は髭に手をやって、無意識にツンツンと髭の先を整える。そんなときは、とてもためになることが聞けると七海は経験上、知っていた。

「もちろん、完全にウイルスを防ぐことはできないだろう。ウイルス対策ソフトを入れるとき、これで完全に大丈夫だと思わないだろう？　彼らも絶対に防げますよ、なんて口が裂けても言わない。だから、彼らが売っているのは『可能性』に過ぎないんだよ」

「でもなんか、それって、騙されたような」

　七海はどこか釈然としない。

「そうかな。昔から、人は、そういう明確にモノになっていない対象にお金を払ってきている。たとえば、保険はどうだろう？」

　あ、たしかに、と七海は思う。

「火災保険に入っても、火事は防げないし、地震保険に入っても、地震は防げない」

　そのとおり、と西城は嬉しそうに丸メガネを上げて、七海の顔を指す。

「ガン保険に入ったとしても、ガンは防げないし、生命保険に入ったとしても、死ぬことは防げない。だとすれば、保険に入る人は、何に対してお金を払っているのだろうか」

　そうか、と七海は納得する。

「万が一、火災や地震に遭ったときに、少なくともその金銭的な被害だけでも取り戻したい。万が一、ガンになったときでも、その医療費だけでも取り戻したい。たとえ、自分が死んだとしても、家族だけは少なくとも金銭的な面で困らせたくない。つまり、保険を買うことによって『安心』を買っているんですね」

　そうさ、と西城は満足そうに頷く。

「そして、その市場は、とんでもなく大きいということさ。リスクがあるところに、必ず『安心の需要』が生まれる。だから、あらゆる種類の保険が世の中には存在するんだよ。そして、日本でも警備会社が大きくなっているのも、結局は人が『安心』を欲するからさ」

「前に原宿で警備会社のビルを見たことがあります。明治通りのとても良い場所に大きなビルがありました」

「あれが本社ビル」

「不思議な話ですが、それって、人の不安が形になった、ということですよね？　不安がまずあって、それに対して『安心』を提供することによって、収益が上がり、結果としてあんな立派なビルになったんでしょうね」

　面白い解釈だ、と西城は文字通り、膝を叩いて笑う。

「七海はこれだから教えがいがある」

　七海は笑顔になる。西城にそう言われることが七海にとって最も嬉しいことだった。

「さて、本題に入ろうか」

「本題？」

　七海、と今度は心底呆れたように、西城は顔をしかめる。この人は本当に喜怒哀楽の転換が激しい。そして、わかりやすい。

「僕は時間をとてつもなく大切にしている。それは七海も知ってるね。その僕が、単なる世間話をすると思うか？」

七海は、フル回転で頭を巡らせる。

ということは、今までの話は前置きで、しかもそれは西城が言うところの「本題」と関わる話だったということだろう。そして、「本題」とは、きっと——。

「殺しの会社の話……」

まだ、まとまっていないが、とりあえず、わかった分だけ声に出す。そうでなければ、西城のスピードに追いつけないことがわかっている。

「そうさ。七海は、『受注数世界一の殺しの会社』を創りたいんだろう？」

試すように右眉を上げて、西城は言う。こういうときは、七海に答えを求めているのだ。七海なら答えを出せるだろう、とその眉が七海にプレッシャーをかけてくる。

ただし、七海はその手のプレッシャーが嫌いではない。むしろ、プレッシャーが脳の回転に拍車をかける。

「わかった！」

七海は言う。

「殺しの業界は、『リスク』が大きい！　もう『リスク』だらけと言っていい！」

「ほう」

西城は先を促すように言う。上げられたままの右眉は、心持ち嬉しそうに見える。

「先生、言いましたよね。リスクがあるところに、必ず『安心の需要』が生まれるって。ということは、『リスク』だらけの殺しの業界には、とんでもない規模の『安心の需要』があるってことですね！」

「そうだね、ほとんど手付かずのダイヤモンド鉱山が、間違いなくそこにある。何も、殺すのだけが、殺し屋のビジネスではないってことさ」

はい、と七海は大きく頷く。

「警備の仕事は、表向きの会社レイニー・アンブレラのほうで請け負えると思うんです。ボディーガードが必要な著名人や要人って多いですよね。そして、裏では殺しの保険会社も創ろうと思います！」

「桐生七海」

西城はフルネームで七海を呼ぶ。

はい、と七海は答える。

「よくできました」

西城は嬉しそうに、七海の顔の前、空中に大きな「花丸」を描いてくれた。

「ありがとうございます」

頭を下げるとき、満面の笑みながら涙が溢れそうになったのを、今でも七海は覚えている。

そのアイデアが、「受注数世界一の殺しの会社」のベースになった。

ただ、その時点では、肝心の殺しの部分をどうするかが決まっていなかった。

聞こうとすると、西城は、あ、そうだ、と唐突に言った。

「七海、今度の火曜日の朝、空いているか？」

「はい」

七海は反射的に言う。空いていなければ、空けるまでだ。西城の教えを受けられるのならば、結婚式でも葬式でもキャンセルする覚悟でいる。

「じゃあ、吉祥寺のダイヤ街に朝の五時半集合ね！」

「はい……。え、五時半？　朝のですか？」

ああ、と何か含みがあるように、西城は微笑みながら頷く。こうなると、西城は当日まで何のためにそこに行くのか、教えてくれないことを七海はよく知っている。いじわるなのだ。

「なんか、言ったか？」

西城は顔をしかめる。

「いいえ、別に」

七海は首を振りながら、この人はもしかして人の心を読めるのかもしれないとその日もまた思った。


――左の肩が叩かれている。

そちらに顔を向けると、ドレスアップした藤野楓が七海のほうを見ていた。アップにした髪もいつにも増してよかったが、とにかく、紅の唇が、薄暗い空間に映えるようで色っぽかった。その唇が、七海の耳元に近づいてくる。

さっきの、と耳に息を吹きかけられるように言われたとき、七海は一瞬、身震いしてしまうかと思った。

「さっきの人たち、大丈夫？」

客席後方であった、ちょっとした騒動のことだろう。

ああ、と七海は安心してもらえるように、大げさなほどの笑顔になって言った。

「あれ、なんか、痴話喧嘩みたいですよ。相川響妃さんでした」

藤野は知った名前を聞いて、ようやく、安堵のため息を吐く。

「相川さんもいらしてたのね」

藤野の言葉づかいは丁寧だが、声が若かった。藤野は今年で三二歳だ。

ええ、と七海は時計を見ながら言う。

「いよいよ、始まりますね」

「もう緊張で、心臓が飛び出そう」

藤野は豊かな胸元に手をやって笑ってみせた。

「天才心臓外科医藤野楓は、飛び出たご自身の心臓もなんとかできるのでしょうか？」

七海が言うと、藤野は噴き出すように笑った。そして、満面に本来の笑みを取り戻した。

それを見て、七海は大丈夫、と内心で頷いた。

開演を告げるベルが鳴らされる。


ホール内から、ベルの音が聞こえてくる。

「ああ、ほら、ベルが鳴った！　もう始まっちゃうよ！」

秋山は足をジタバタさせながら言った。

秋山と響妃は、黒服の警備員二人に囲まれ、今なお客席の外、エントランスに閉め出されている。いくら説得しても、受付は納得しなかった。警備員の後ろでは受付の責任者が無線で指揮所と交信しているらしかった。その指揮所がＯＫを出さないのだ。

「はい、はい。承知しました。このまま待機します」

責任者が言う。

「なんだよ！」

その反応を見て、秋山は、ああ、まったく、とあからさまに舌打ちをする。

「申し訳ございませんが、今回は他のお客様の迷惑になりますので、ご鑑賞いただけません。チケットの払い戻しにつきましては……」

「お金の問題じゃなくて、僕たちはここに入りたいの！」

ふと、言いながら、響妃が妙に静かなことに気づく。

「ねえ、ちょっと、響妃も言ってよ。響妃が言えば、どうにかなるかもしれないじゃん」

「無駄よ」

響妃はあたかも、邪魔をしないで、とでも言うようにそっけなく言う。腕を組んで、何事かを考えているらしい。

「無駄？」

ああ、だから、と響妃は面倒そうに言う。

「これ、報復だから。だから私たちはもう中には入れない」

「報復？」

秋山にはまるで心当たりがなかった。

そう、と響妃は頷く。

「私たちは、今日、もう二度も警備員に取り囲まれている。これで立派な要注意人物リスト入り。でも、私が相川響妃ということを知っていて、テロや事件なんて起こしっこないってわかりつつ、部下にまだ待機を命じているということは、ふざけた真似しやがってと思ってるんでしょうね。人はなめられることに敏感になる生き物だから。それと、私を中には入れたくはないんでしょうね、万が一のことを考えて」

「万が一って、まだ響妃はここで何かが起きるとでも思ってるの？」

それには答えずに、響妃は秋山のほうに改めて顔を近づけ、声を潜めて言う。

「でも、おかしいと思わない？」

「さっきの警備員の数の話？　会場を急に移した話？」

「それもそうだけど、桐生七海よ」

またかよ、と秋山は露骨に嫌な顔をする。

「そうじゃなくて、ちゃんと考えてみて」

「はい、はい」

もうすでに秋山には聞く気がない。

「この前の経済誌で挙げられていた金額が確かなら、桐生七海が経営する会社が一年間に上げた利益は一九億円にもなっている。売上じゃなくて、利益がよ？　しかも、粗利益じゃなくて、営業利益」

「わかんないよ。その粗利益と営業利益ってどう違うの？」

「粗利益は、基本的には売上から原価を引いた額。そして、営業利益は、粗利益から家賃とか人件費とかの経費を引いた額だと考えて」

「ってことは、えーと、一九割る一二だから……」

「一ヶ月に一億五〇〇〇万円以上儲かっていることになる」

「それって、毎月宝くじに当たっているようなもんってこと？」

「うん、おかしいよね。気になって調べてみると、固定された社員も少ないし、入ってもすぐに辞める人が多い。レイニー・アンブレラの本社フロアだって広くはない。話題にはなっているけど、組織としては決して大きくはないの。でも、その小さな組織で、イベント運営や警備の業界の営業利益率は高くても一五％程度だから、大まかに計算したとしても、月間の売上高は一〇億円になって、年間にすると一二〇億円もの売上を上げていることになる。小さなイベント運営会社ってそんなに儲かるものかな。それにどうして世界中のアーティストから、彼女の会社にイベント運営の依頼が行くんだろう？　グラミー賞を獲ったシンガー・ソングライターがわざわざ日本の小さな会社に依頼するっておかしくない？」

「響妃、さっきから何を言いたいの？　もったいぶんないでさ、全部言いなよ」

「あの会社の裏には、何かあるんじゃないかと思って」

「何かって？」

秋山もジャーナリストの端くれとして、俄然、興味が湧いてくる。

わからない、と響妃は首を横に振る。

「ただ、いいことでないことは確かね」

「どうして？」

「だって、組織が小さいのも、秘密漏洩のリスクを最小限に抑えるためだとしたら、辻褄が合うと思わない？」

相変わらず、響妃は響妃だと、秋山は感心する。たしかに、と危うく声に出して言いそうになる。

けれども、雨の日に傘を差し出したいと言っていた桐生七海が怪しいことに関わっているとは考えられなかった。いや、考えたくなかった。

秋山は、黒いシミのように少しだけ芽生えた桐生七海に対する疑念を振り払うかのように、頭を大げさに横に振って、あえて快活に言った。

「まったく、響妃はいつも考えすぎなんだよ。ね、考えすぎ！」

響妃の肩を叩いて、声を上げて笑ってみせる。

「そうかな……」

響妃も秋山のその勢いにつられて、弱気になる。

でも、響妃の勘がよく当たることを、誰よりも秋山がよく知っていた。長くそばにいて、これまで目の当たりにしてきたのだ。

ホールの中から、ピアノが奏でる音が漏れ聴こえてくる。

「ああ、ほら、始まっちゃったよ！」

秋山はあからさまに警備員を睨みつけて言う。

しかし、訓練されているのか、桐生七海の会社「レイニー・アンブレラ」に雇われている警備員たちは、一向に表情を崩さなかった。


徐々に上げられた緞帳の奥、中央には何かを抱いた女性のシルエットがあった。まだライトは灯されずに、面影が定かではない。

しかし、会場の誰もが、それがチェロを抱いた山村詩織だとわかっている。

まずは、ステージ左奥に設えられたピアノが音をささやかに紡ぐ。

マイクなどは設置していなかったが、豊島公会堂の大ホール全体に、そのささやかな音色が響く。音響効果の高いホールである。

やがて、中央のシルエットがかすかに動き始める。

トップライトが一灯、徐々に点けられ、上からの光に照らされて、シルエットの輪郭が少しずつ、明らかになっていく。

「紅のドレス……」

客席の七海が、そうつぶやく。影の中で黒とばかり思っていたドレスは光に照らされると、鮮やかな真紅だったということがわかった。

隣の席で、藤野が頷く気配がした。目の端で、棒状のシルバーに小さなダイヤをいくつも組み込んだ藤野のイヤリングが、光を跳ね返して揺れるのが見えた。

　これでもかというほどに、十分に会場の視線を引きつけて、ようやく、山村詩織は、チェロを奏で始めた。

　空気を震わせるほどに儚く、弾き上げるほどに力強くなっていくその音色に触れたとき、七海の全身に鳥肌が立った。

　おそらく、七海だけではないだろう。会場全体が、息を呑むのを肌で感じた。

　普段は、あれほど何に対しても控えめなのに、どうして、チェロを抱くときだけ、こんなにも堂々としているのだろう。

　真紅のドレスをまとった山村詩織は、今日は髪をアップにしていた。そして、耳元にはイヤリングが煌めいていた。棒状のイヤリングで、藤野がしているのと同じだと、ふと、七海は思った。あるいは、今日の日のために、藤野が山村にプレゼントしたのかもしれない。そう思うのが不思議でないくらいに二人は仲がよかった。

　両足を開き、背筋を伸ばし、その中心にチェロを抱く。

　その姿がとても力強く、生命力に満ち溢れて、この光景を七海はどこかで見たような気がした。ただ、すぐには思い出せなかった。

　オープニングの曲は、山村詩織の出世作となった『世界で一番美しい死体』だった。新世代の天才作曲家、酒井麻由佳《さかいまゆか》に直談判し、どうしても演奏したいからと元々ピアノメインの曲だったのを、チェロ用にアレンジしてもらったのだという。

　そして、今日、特別出演として伴奏しているのが、その酒井麻由佳だった。けれども、酒井が完全に背景になってしまうほど、中央でチェロを奏でる山村詩織の存在感は圧倒的だった。

泣けるチェロ。

そう評され、話題になっているとおり、客席からもう最初からすすり泣く声が聞こえてくる。実際に、七海も、何かこみ上げてくるものを必死でこらえていた。

曲が終わると、会場はのっけから割れんばかりの拍手になった。普通、ありえないことだが、オープニングでスタンディング・オベーションが起きた。誰からともなく立ち上がり、壇上の山村詩織に大きな拍手を送った。

心が、震えた。

七海はそれをどうしても拍手で演奏者本人に伝えたいと思った。自然と立ち上がっていた。ステージ上の山村詩織は、少し、困ったように立ち上がり、背後の酒井麻由佳と顔を見合わせて、微笑んだ。酒井も山村に笑顔で拍手をした。

その表情がいつもの山村詩織と一緒で、七海はなんだか安心した。

藤野楓は、七海の隣で誰よりも高く拍手をしていた。もしかして、スタンディング・オベーションのきっかけとなったのは、藤野かもしれないと七海は思った。藤野の頬を、涙が伝い落ちた。

「本当に素晴らしい」

藤野の口は喝采の中で誰に言うともなくそう言ったように七海には見えた。

七海は、一人、頷いた。

「これじゃあ、一曲ごとにスタンディング・オベーションが起きますね」

拍手をしながら藤野の耳元で言うと、藤野は大きく何度も頷きながら笑って見せた。

今日も大成功に終わる。

そう、七海は確信を持って思った。今日は、安心して観客として楽しめそうだった。耳の中に仕込まれた無線は、音無しのままだった。たいていは、音無しのままで終わるのではあるが。

――何も起こらないのに、お金をもらってもいいのかって？

ふと、西城の言葉を思い出した。

「七海、だったら、何か起きたほうが顧客にとってもいいって言うの？　火事や地震、そして泥棒などの事件も、提供側と同様に、顧客にとっても起きないに越したことはないんだよ」

たしかに、と七海は思い出して笑う。

あの火曜日の朝のことは、今でもよく覚えていた。

言われたとおりに、七海は五時半に吉祥寺のダイヤ街と呼ばれる古くからあるアーケード街にいた。始発でなんとか間に合う時間だった。

駅北口を出ると、左斜め前方すぐに、ダイヤ街の入り口があった。

この商店街に何があるんだろう。そもそも、本当に西城は来るのだろうかと、七海は訝んだ。

「あ、七海、ごめん、忘れてた」と、悪びれもせず言うパターンか、あるいは、「ん？　吉祥寺？　何の話？」と、そんなこと言ってないよ、とすっとぼけて押し切るパターンか。または、本当に忘れているか。

遭遇する可能性が極めて低い。けれども遭遇すると凄まじいほどの経験値を得られる。

そのことから、西城はさる業界では、ある人気ゲームシリーズのレアモンスターにたとえて「はぐれメタル」と言われている。「はぐれメタル」なら、約束通りにいる可能性のほうが低いと考えるべきだ。

そう結論づけると、なんだか、気が楽になった。どうせ吉祥寺に来たんだから、まだ開店前の街を楽しんでみようと七海は思った。カメラを持ってきてよかった、と七海はオリンパスのミラーレス一眼カメラをバッグから取り出す。

開き直って、写真を撮りながらダイヤ街を歩いて行くと、左手に行列ができているのに気づく。

「この時間に、行列？」

しかも、一人、二人の話ではない。すでに多くの人が列に並んでいた。

その最後尾で、こちらに向かって笑顔でカンカン帽を振っている人がいる。銀髪が一際目立っている。

思わず、一枚、シャッターを切る。朝日がいい具合に横から差し込んで、いい写真になっただろうと手応えを感じる。

シャッターを切ってから七海は気づいた。

「え？　先生？」

西城である。

「遅いよ、七海。こっち、こっち」

西城は手招きをする。

「僕が一八人目で、七海が一九人目だから、大丈夫だね」

西城は七海に折りたたみ式の小さな椅子を差し出す。

「これ、なんですか？　というか、何に並んでいるんですか？」

皆目、見当がつかない。なぜ、西城がここにいるのか。列の先に何があるのか。

「こら、小娘！　買わないんなら、そこどいて！　後に来た人が待っているだろうが！」

列の前方で、がなり声が響く。列の前方を見てみると、般若のような形相でこちらを見ている顔があった。

「あの人はこの列の常連さんだよ。なんと四〇年間、店が開いているときは一日も休まずにこの列の先頭に並んでいるんだってさ」

「四〇年！　……それで、私たちは何に並んでいるんですか？」

七海は差し出された折りたたみ式の椅子を広げ、座りながら言う。西城だけでなく、前の客たちも折りたたみ式の椅子を持参している。おそらく、これがここの常連の流儀なのだろう。

「え？　まさか、七海、知らないで来たのか？」

西城は素で驚いた表情を七海に向ける。いつもの黒い丸メガネの中の目が、いつもよりも腫れぼったいように見える。さすがに西城も早起きはきつかったようだ。この人も、寝るんだ、と内心おかしくなった。

「知らないでって、先生、何も教えてくれなかったじゃないですか」

まじかよ、と西城は本当に信じられないというふうに、短くため息を吐いた。

「ここは、吉祥寺だよ？　ダイヤ街だよ？　そして、早朝の行列だよ？　そう来たら、決まってるじゃないか！」

「小《お》ざさの羊羹！」

行列の人が何人か、奇しくも声を合わせて言った。そして、合ったことがおかしかったのか、ケタケタと笑い合っていた。年配の女性が多いようだった。

ありがとうございます、と西城は、列の前方に対して、銀髪の上にのせたカンカン帽を上げて、おどけるように頭を下げている。

「小ざさの、羊羹……」

七海は、それを聞いても、まるでわからなかった。

そうそう、と西城が頷いている。西城ばかりでなく、列の前のほうの人も、七海の反応を注視している。まさか、知らないだなんて、言わないだろうなと、そのすべての目が語っていた。

しかし、七海は正直に言うことにした。

「すみません、初めて聞きました」

西城だけでなく、列全体が落胆のため息を吐いた。野次や空き缶が飛んでくるのではないかと思うほど、空気が不穏になった。

「じゃあ、聞くけど、ティファニーは知ってるか？」

西城は唐突に質問を変えた。

七海は頷く。それなら、知っている。

「じゃあ、アップルは知っているか？」

　もちろん、とまた頷く。

「誰もが知っているように、ティファニーはアクセサリーなど、単価が高い商品を多く扱っている世界的な企業。日本でも、バブルの時代なんかは、クリスマスになると男性は女性のためにティファニーを買うのが当たり前になっていたときもあった。今でも、とても人気があるよね。そのティファニーの一平方メートル当たりの売上を、アップルストアが超えてしまったという報道が数年前に世界中を駆け巡った。まさに、iPhoneが一世を風靡しようとしていた時期だね」

「アップルストアが、高級アクセサリーに勝つ？」

　七海にはそれがどういうことなのか、うまく想像できなかった。

　アップルストアは、広々としたイメージで、商品数も限られている。それもそのはず。アップルで売っているのは、携帯電話やタブレット、パソコンがほとんどだ。しかもそのラインナップもそう多くはない。たしかに単価は高いだろうが、ジュエリーやアクセサリーほどではないだろうと思ったし、ティファニーのほうが、圧倒的に商品の数も多いだろうと思った。それにもかかわらず、アップルのほうがティファニーに、日本的に言えば、坪当たりの売上で勝ってしまったという。

　ああ、と西城は頷く。そして、何やらメモ帳に書き始める。

　覗いてみると、数式のようなものを書いているらしいが、七海には何を書いているのか、さっぱりわからなかった。また、別のことについて考えているのかと思った。西城は、今話している話題とまったく別のことを並行して考えて、ノートやメモに書くときがあるのだ。

「まあ、ざっと計算してみたんだけどね」

西城は今書いたメモを七海に見せた。

ということは、同じ話題のことらしい。今の話として改めて見ても、ますます、わからなくなった。

アップルストア＝438,828円／平方フィート＞ティファニー
１平方フィート＝30.48cm×30.48cm＝0.0929平方メートル
１坪＝3.3057851２平方メートル
3.3057851２平方メートル÷0.0929平方メートル＝35.5843393
438,828円×35.5843393＝15,615,404円
300,000,000円÷15,615,404円＝19.2倍

「あの報道が確かなら、一平方フィート当たりのアップルストアの年間売上は、当時のレートで四四万円ほどだったという。それが、ティファニーを凌駕していた」

はい、と七海は頷く。そこまではわかる。

「僕は、だったら、この吉祥寺小ざさと比べるとどうなんだろうと思ったんだよ。一坪で当時の売上高は年間三億円を超えていたというからね」

「一坪で三億円！」

そう、と西城は頷く。

「それで、ざっくり、単純計算を繰り返していくと、こんなふうに恐ろしい真実が浮かび上がってきたんだ」

西城は最後の「19・2倍」という箇所をトントンと指で指した。

まさか、と七海は絶句する。

西城は笑みを浮かべて頷く。

「ティファニーよりも坪当たりの売上が高いアップルストア。そのアップルストアよりもはるかに坪当たりの売上が高いのが、僕らが今並んでいる吉祥寺小ざさっていうわけさ」

「しかも、アップルストアの19・2倍？」

「そうだね、もはや、圧倒的だね。あまり知られていないけど、吉祥寺小ざさこそが、世界最強のビジネスかもしれないね」

「世界、最強……」

うん、と西城は頷く。

「坪当たりの売上だけじゃない。商品は昔も今も、二つしかない。羊羹とそして最中の二種類のみ。それで、四〇年間以上、行列が途絶えたことがないというんだから、究極だよ」

待ってください、と頭を整理したくて、七海は言う。

「四〇年間以上、行列が途絶えたことがない？」

ああ、そうさ、と西城は言う。

「一日に販売される羊羹の本数は一五〇本しかない。その一五〇本を求めて、毎日こうして行列ができるってことさ。だから、吉祥寺小ざさの羊羹は『幻の羊羹』と呼ばれている」

「幻の羊羹……」

口にしてみると、七海は急にそれが食べたくなった。たとえ、普段、羊羹なんて食べなかったとしてもだ。

「あれ？　でも、変じゃないですか？」

七海はカメラをバッグにしまって、代わりに計算機を取り出す。マーケターは常に計算機を持ち歩けと西城に言われているのだ。

「何が？」

西城が七海の横顔を試すような目で見る。

「その羊羹って何円ですか？」

「六七五円」

やっぱり変だと、七海は思う。実際に計算してみると、変な数値が出た。

「一個六七五円の羊羹が毎日一五〇本売り切れるとしても、一日の羊羹の売上って約一〇万円、一ヶ月で三〇〇万円、一年間で三六〇〇万円ほどでしかないですよね？」

「たしかに、そうだね」

「でも、先生、さっき年間の売上が一坪で三億円って言いましたよね？　それが正しいとすれば、小ざさの『幻の羊羹』が全体の売上に占める割合は、一割程度しかない……」

「ということは？」

西城はその先を促す。

はっとして、七海は気づく。商品は二種類しかないと言っていた。羊羹と、そして最中だ。ということは――

「小ざさの売上のほとんどは、最中によってもたらされているってことですか？」

そのとおり、と西城は七海の顔を指す。

「羊羹の販売数は、今も四〇年前もほとんど変わらない。けれども、最中の販売数が伸びていて、三億円とも四億円とも言われる年間売上高のほとんどを最中が占めている。販売しているこの場所は、本当に一坪しかないけど、別の場所に工場があって、そこで多くの職人たちが羊羹と最中を作っているんだ。しかも、行列は羊羹だけじゃない。日中、最中でも常に行列が延びている」

「でも、それだけで三億円いきますか？　少なくとも年間に二億七〇〇〇万円最中を売り上げているということは、一日七〇万円以上、売上がないと合いませんよね」

「インターネットだよ」

「インターネット？　通販もしているんですか？」

そう、と西城は頷く。

ということは、と七海は自分の頭を整理するように言う。

「『幻の羊羹』は、四〇年間以上、行列が途絶えない。それは一日に一五〇本しか売り出さず、全体に占める売上は一割程度に過ぎないが、残り九割の売上を、店頭だけではなく、インターネット通販も使って最中で上げている。しかも、これだけ『行列』ができれば、『広告』や『営業』もいらない。ましてや『ＰＲ』をする必要なんてない……」

七海は自分で言っていて、全身に鳥肌が立ってくるのを感じていた。

「先生！」

七海は興奮を抑えきれずに、西城のほうを向いて言う。

西城は、七海の視線を真摯に受け止め、先を促す。

「これだったんですね、私がやるべきことって！」

「七海がやるべきことって、どういうことかな？」

この人は、すべての答えを知っているのだと、西城の余裕の表情を見て七海は察した。おそらく、西城は、もうすでに答えの断片をすべて、七海に提示しているのだ。そして、すべてを教えずに七海自身に考えさせて答えを導き出させようとしている。

前に、西城は七海にこう言っている。

――水を飲みたいというから、水場に連れて行っても、自分で飲もうとしなければ、しようがないよね。

そう、もう、私は水場に連れて来てもらっているのだと、七海は改めて認識する。もうすぐ、答えが出せる。

振り返ってみようと七海は思う。西城と初めて会ったときからだ。

「私は、先生に初めて会ったときに『受注数世界一の殺しの会社』を創りたいと言いました」

「正直、あれは驚いたよ」

西城はあのときを思い出すように目を細めて笑う。いつもの癖で、髭先を指でつまんでツンツンとはね上げている。たぶん、無意識にやっていることだ。

「そのとき、先生はこう言いました。『違法』で『高価』な上に、とても『リスク』が高い、殺しという商材を売るのは不可能だと。なぜなら、『マーケティングの三重苦』を背負うことになるからだと」

　西城は、続けて、とでも言うように無言で頷く。

「『マーケティングの三重苦』とは、殺しが違法だからマーケティングで最も威力を発揮するはずの『広告』『営業』『PR』が使えないということ。そして、この吉祥寺の小ささは、その『広告』『営業』『PR』がなくても、ビジネスを成功させている！　つまり、最高のお手本ということですね！」

　だから、わざわざ西城はこんな朝早くに七海を吉祥寺に呼んだのだろう。この行列を実際に見せたくて。そして、世界最高のビジネスモデル、吉祥寺小ざさの話をしたくて。

「まだあります」

　七海は西城の顔の前に、人差し指を立ててみせる。

　ほう、と西城は右の眉を上げる。

「この前の話と組み合わせればいいんですよね？」

「というと？」

「先生、こう言ってましたよね。リスクがあるところに、必ず『安心の需要』が生まれる。だから、あらゆる種類の保険が世の中には存在するんだって。これと今日の話を組み合わせると、こんなビジネスモデルができるんじゃないでしょうか」

　そう言って、七海はバッグからノートとシャープペンを取り出し、バッグの上に広げて書き始める。

全体の売上（１００％）＝殺し（10％）＋警備や保険などの「安心」（90％）

面白い、とそれを見て、西城は言う。

「受注数世界一の殺しの会社は、別に殺すだけが仕事ではない。殺しから『守る』ほう、いわゆるディフェンス面を仕事にしてもいいよね。小ささは、名高い『幻の羊羹』で儲けているのではなく、実は最中で儲けているし、新聞販売店は、新聞の売上ではなく、折込チラシの広告費で儲けている。要は、したたかに、どういうビジネスモデルを組み上げるかってことだよね。見かけはどうだっていい」

はい、と七海は頷く。

「殺しは『行列』にします。受注数を制限して、待っている人が増えれば、それが『広告』の役割を果たすと思うんです。そうなれば、『営業』も『ＰＲ』もいらなくなる」

そのとおり、と西城は頷いて言う。

「ただ、重要なのは10％の『殺し』のほうだよ。そして、問題はどうやって『殺し』を『行列』にするか」

「そこが難しいんだと思います」

もし、「殺し」を行列にできなかったとすれば、おそらく、「安心」の売上も崩壊する。それは、小ざさの「羊羹」がなくなったとしたら「最中」も売れなくなるのと一緒のことだ。

話している間にも、後には列が延びていた。よく見れば、一列ではなく、向かい側にも列ができていた。

早朝、ダイヤ街で延びゆく行列を見ながら、七海はなぜ四〇年以上「行列」が途切れないのかを考えた。ビジネスモデルを解明するのと、実際に構築して「行列」を創るのとでは天と地の差がある。

結局、七海が「幻の羊羹」を三本手にしたのは、朝の一〇時半だった。

実際に手にしたとき、そのずっしりと重い羊羹は、金塊のように思えた。買えたこと自体が嬉しかった。

西城の知り合いが経営しているという吉祥寺駅近くにある喫茶店に行き、包丁と皿を借りた。喫茶店だというのに、熱い緑茶まで出してくれた。

「持ち込み、いいんですか？」

七海は小声で西城に言う。

「ああ、いいんだよ。もう話はつけてある」

マスターのほうを指す。マスターの手には今買ってきた「幻の羊羹」のうちの一本が恭しく握られていた。こちらに向かって、笑顔で頭を下げている。

なるほど、と七海は笑う。

緑色の箱を開けると、アルミの袋に入った羊羹が出てくる。古い喫茶店のオレンジ色の電灯のせいで、包みは金色の鈍い光を照り返し、七海はまるで本物の金塊を目にしているように思えた。

わぁ、と七海は思わず子どものような声を上げてしまう。

西城は、開ける手を止めて、ニヤニヤ笑う。アルミの包みを破り、出てきたのは、表面が透明に光る、美しいあずき色の物体だった。見るからに滑らかで、食感が早くも想像できて、七海はゴクリと唾を呑み込んでしまう。

西城はその「幻の羊羹」を、包丁で切り分けて、七海の皿に載せてくれる。そして、顎《あご》を出すようにして、食べるように促す。

緊張で、手にしたフォークが震えているのがわかった。フォークの先で一口大に切り分けて、載せ、羊羹をゆっくりと口に運ぶ。いつしか、目を閉じていた。あと少しで、羊羹が口の中に入ってくる。

「おいしい……」

声が漏れた。七海は自分が発したとは思えなかった。

そのとき、すっと、フォークを持つ手が止められた。

驚いて目を開けた七海の視線の先には、にやけて右の眉を上げている西城の顔があった。その手前に、焦点がボケたフォークがあった。そして――。

「え？」

七海は声にならない声を上げてしまう。

目の前の光景が信じられなかった。まだ、七海はフォークを口に入れてはいなかった。もちろん、一口大に切った羊羹も、口の中には入っていなかった。フォークを持った七海の腕は、西城の手に摑まれ、口の中に入ろうとした直前で止められていたのだ。しっかりとフォークの上にそのあずき色のぷるりとした姿があった。

何が起きたのか、自分でもわからなかった。

「七海、今、たしかに君は、おいしい、と言ったよね？」

七海は、コクリと頷く。本当においしいと感じたのだ。

西城は一つ、頷いてみせてから言った。

「それが、『ブランド』の力だよ」

「ブランド……」

そう、と西城は頷く。そして、七海の腕を摑んでいた手を離す。そして、食べてみて、とでも言うように、また顎を上げるようにして促す。

七海は、今度こそ、目を閉じずにフォークを口の中に持っていく。

まだ嚙んでいないのに、口の中に入った瞬間に、幸福感が湧き上がり、また、おいしいと先走って言いそうになる。

じゅわっと唾液が口の中に満ちてくる。

幻の羊羹を載せたフォークは、舌の上に載せ終えると、役割を終えて、口から出ていく。

舌が普段よりもはるかに敏感になっていて、ちょっと転がすだけでも、甘すぎない上品な甘みが口の中に広がる。

ゆっくりと、咀嚼してみる。寒天が入っているのだろうか、軟らかいゼラチン質の羊羹が、破砕され、口の中に細かく広がり、舌全体がその甘みを感じる。

七海は鼻から、ともすれば甘美ともとれる吐息を一つ、吐いて言う。

「おいしい……」

気づけば、頬を涙が伝っていた。自分でも信じられないことだか、幻の羊羹を食べて、泣いてしまっていたのだ。

西城は、七海を見て、こう言う。

「そして、それが、『コンテンツ』の力だよ」

「コンテンツの力？」

そう、と西城は頷く。

「今、七海を泣かせているものの正体がそれさ」

七海はなんとなくわかったような気がした。

目の前にある、幻の羊羹を見ながら、七海は言う。

「たとえ、完璧なビジネスモデルを創ったとしても、それは単なる仕組みに過ぎない。小ざさのビジネスモデルは、おそらく、後づけのもので、その核に、この羊羹の味があってこそだったんですね」

おそらく西城は、実際に朝早く起きさせ、行列に長時間並ばせ、実際に小ざさの羊羹を食べさせることで、それを七海に教えたかったのだ。

「桐生七海」

西城はフルネームで七海を呼ぶ。

はい、と七海は答える。

「よくできました」

西城は嬉しそうに、七海の顔の前、空中に大きな「花丸」を描いてくれた。

七海にとって、何よりも嬉しい瞬間だった。

それにしても、と西城は噴き出すようにして笑った。

「食べ物を食べて泣いている人間、僕は初めて見たよ」


――突然、拍手が鳴り響いた。


七海も一テンポ遅れて拍手をした。

ステージ上ではまた曲を終えて、山村詩織が笑顔で客席に向かって丁寧に礼をしていた。

拍手がやむと、隣に座っている藤野楓が七海に話しかけてくる。

「今日は最後に特別な演奏を用意しているって、私の集大成だから、これだけは聴いてって詩織が言っていたんだけど、七海ちゃん、何をやるか聞いてる？」

もちろん、このイベントを取り仕切る責任者として、七海は山村詩織が何を用意しているのか知っていた。山村の考えを聞いたとき、素晴らしい趣向だと思った。けれども――

「守秘義務があるので、答えられません」

冗談っぽく言うと藤野は笑う。

「そうよね」

「聞かないほうが、楽しめると思います」

「きっとそうね」

藤野はその妖艶な面立ちをステージに戻す。

イヤフォンは、相変わらず、音無しの状態である。何も起きてはいない。やはり、山村詩織にあった脅迫とは、詩織の妄想だったのだろうと七海は思う。山村の発案だったが、急遽、豊島公会堂に会場を変えたのもよかったのかもしれない。

今回の公演の責任者として、七海は、二つの可能性を視野に入れて、警備計画を作成した。

まず一つは、脅迫が山村詩織の妄想である可能性。

そして、もう一つは脅迫が本当で、脅した本人が殺害に来る可能性。

もちろん、脅迫が妄想だった場合は、何も心配しなくていい。ただし、万が一でも本当だった場合のことを考えて、警備計画は立案しなければならなかった。それが、依頼者の「安心」につながる。

今回、七海が用意した警備の布陣は、たとえ武装グループが襲撃してもその攻撃に耐えられるレベルのものだった。警備員も全員が海外での実戦経験がある人材を揃えた。金属探知機などでの事前の調査、リスクが高くなる箇所の封鎖、厳重な手荷物検査など、付け入る隙を与えない布陣にした。

七海が運営する会社「レイニー・アンブレラ」では、イベントの運営とともに、このレベルの本格的な警備まで表の看板で堂々と受注していた。海外のコンサートを数多く請け負うことで培われたノウハウだ。

客席を改めて見渡してみる。前方の席からは意外なほどに個々の顔がよく見える。

観客たちは、ステージ上の山村詩織の演奏に聴き入っている。見たところ、怪しい視線はなさそうだ。こちらに気づき、こちらを見ているほとんどの視線は、私服で客席に配している警備員たちだ。また、黒服の警備員も予定通り巡回しているし、持ち場を守っている。

　万が一の狙撃に備えて、公演中のドアの開け閉めは最小限にするようにしている。それなので、警備の巡回は外と中で完全に分けていて、行き来することはない。ドアの開閉回数を少なくして、狙撃リスクを減らすためだ。観客がお手洗いに立つことなどは防げないが、ほとんどは休演している時間に集中するだろうから、問題はない。なぜなら、その時間、山村詩織は舞台袖に隠れているからだ。

　一度、緞帳が降ろされた。

　山村詩織の最後の演奏が始まろうとしていた。

03

超絶技巧によって生じた一瞬の空隙

降ろされた緞帳が、再び上げられると、ステージは最初のときのように暗闇に包まれていた。

闇の中央手前に、山村詩織が座っているのが、かすかに見えた。

その背後の影に大勢の気配があって、会場はどよめいた。

「まさか……」

藤野楓はつぶやくように言い、一瞬だけ、七海のほうに目を向ける。

七海は笑顔で頷く。

おそらく、藤野だけでなく、会場の多くの人が気づいたように、山村詩織の背後には、ステージ上一杯に、オーケストラが控えているのだ。

その隠し切れない存在感の中心に、山村詩織がいた。

山村詩織の背後で、指揮者のタクトが振られる気配がする。すると、未だ闇の中にあるステージ全体から、かすかに、ほんのかすかに、弦の音が鳴らされる。バイオリンを中心とした弦楽器が、まるで山村詩織を包み込むかのように、優しい音色を奏でる。

何重奏にもなって、全体が、一体となって旋律を徐々に大きく奏でようとしたそのとき、低音のチェロの音が前に出るかのように響き始め、背後の音が静かに消える。

突如トップライトが灯され、チェロを弾く、真紅のドレスの山村詩織が暗闇の中からステージ上に、一人、ふっと姿を現す。

美しい、と七海はただ素直に美しいと思った。そして、弦から放たれる音と、光が当てられ煌めきながら演奏する姿に、戦慄にも似た強い感動を覚えた。

何かに耐えるかのように、その美しい眉間には皺が刻まれ、チェロの低音部を響かせながら、リズムを整えながら、ステージ上のオーケストラを密かに先導し始めるようだった。

山村詩織のチェロが、低音部から一気に高音部の演奏に移ったとき、ふっと、その表情に明かりが灯されるように、笑顔が浮かんだ。

山村はその曲の主旋律を、いつになく楽しそうに奏でた。

何かから解放されたような、あるいは諦観したような、そんな表情に七海には見えた。

そう感じたのは七海だけではなかったらしい。

「詩織……」

隣で藤野がつぶやくのがかすかに聞こえた。

痛みに耐えるように弾くその姿が、山村詩織の演奏スタイルで、世に広く受け入れられている理由だったが、今日の山村詩織は別人だった。

この演奏を心から楽しんでいるようだった。

そのとき、藤野のハンドバッグが振動するのが、七海にもわかった。

こんなときに、と藤野の横顔は如実に言っていた。七海と目を合わせると、自分の運命を呪うかのように哀しげに眉根を上げて、席を立った。

おそらく、急患だ。

この状況で連絡が入るということは、藤野が行かなければ命に関わるレベルだということだ。

会場の誰よりも艶やかな青のドレスが立ち上がる。薄暗い客席に、その鮮やかな青のドレスが映える。何より、そのドレスから露わになった白い肌に、藤野の美しさに、彼女が後方へと過ぎゆく際に観客の目が一瞬、吸い寄せられる。

ステージ上の山村詩織の真紅のドレスと藤野の青のドレスが、あたかも対を成すように見えた。

演奏中の山村詩織も、藤野に気づいたようだった。

名残惜しそうにステージを振り返って見上げる藤野の横顔が、ステージからの光に照らされて、七海の目にはなお一層艶やかに見えた。

山村は、藤野に対して、笑顔のままに、一つ頷いたように見えた。

急患だと、山村にもわかったのだろう。行って、とその目は言っていた。

藤野は頷いて、ドレスの裾を持ち、翻って後方の出口へと向かっていった。

その瞬間、七海の全身に戦慄が走った。

考える間もなく、七海は立ち上がっていた。会場を見渡した。

警備員たちが一斉に、七海のほうを注目し、指示を待つために耳に仕込まれた通信機に手を当てた。

ただ、七海は決定的な何か不審なものを見たわけではなかった。

直感と言うしかない。何か起きるような気がした。

会場を改めて見渡してみる。

何だろう。何を感じたのだろう。

念のため、耳に手を当てて、配置した警備員たちに報告を促す。

すべての返答は「クリア」だった。異常はない。今のところは。

入念なチェックを繰り返したので、客席には、不審な人物はいるはずがない。ステージ上にもバックステージにも、怪しい人物が入り込む余地はないはずだ。

山村詩織のソロからオーケストラの演奏に移ると、ステージ全体が一気に明るくなった。山村の背後に控えるオーケストラ奏者にも、頭上からライトが照らされた。奏者たちは、一様に男性は黒のタキシードに、女性は黒のドレスに身を包んで、中心の山村の紅を引き立てるようだった。

オーケストラが奏でる音律に、会場のボルテージは一気に高まった。

立ち上がった七海を誰も気に留めることなく、ステージ上に観客の意識が釘づけになっていた。

「団員の中？」

七海は体を揺るがすほどの大音響の中、そうつぶやいていた。

どうしても自分の母校の音大の学生たちをステージに上げたいという山村のたっての希望で、

学生たちによる三二名のオーケストラが結成された。そのすべての身元を入念に確認させている。

しかし、誰か代わりに潜り込んでいるということはないか。

山村詩織を中心に、一丸となって曲を紡いでいくオーケストラ。ここに殺し屋が潜り込むことはあるだろうか。

もし、潜り込んだとしたら、背後からの狙撃や刺殺には間に合わない。しかし、ステージの上手、下手にも警備員は十分に配置されていて、客席にも出入り口にも配置されているので、たとえ山村詩織を殺せたとしても、ステージ上にいては絶対に逃げきれるはずがない。それに、どう見ても、全員がしっかりと演奏できている。紛れているようには見えない。

でも、本当に紛れていないのか。紛れている可能性はないのか。

七海の心配はとどまるところを知らない。

それ以外に、可能性はないか。

狙撃が可能な二階席も十分に警備していて、最も狙撃のしやすい映写室はすでに封鎖している。

客席の後方に目をやると、視界に青が引っかかった。

藤野が後部の出入り口にたどり着こうとしていた。

急に、オーケストラの曲がやんで、七海はステージを振り返る。

ステージ上のライトが一旦落とされて、再び、山村詩織にのみ、トップライトが当てられる。

山村の最後のソロパートである。

今までになく、鋭い音がビブラートしながらホールに響いていく。切れのある音が、中央のチェロから奏でられていく。

いつしか、山村詩織から笑顔が消えていた。

まるで七海に何かを訴えるかのように、山村詩織は七海のほうを見ているように思えた。魂が込められている。

そう七海は思った。山村詩織の奏でる音に、時がからめとられる錯覚に囚われた。今日の演奏は、明らかに今までの公演と違っていた。

七海は音楽のプロではないので、何が違うのか、詳細には説明できなかったが、合理的思考で考えられる範疇を超えて、その旋律は本能の部分に直接訴えかけるかのようだった。

この演奏で、山村詩織が具現したいこととは、いったい、何なんだろう。

これは、生命の躍動なのか。

あるいは――

「しまった……」

そう思ったと同時に、再びホールの後方を振り返っていた。

完全に山村詩織の演奏に心を奪われてしまっていた。

この一瞬が、もしかして、命取りになるかもしれないと、本能の部分で思った。ドレスの下に、冷や汗が噴き出た。

ドアだ。

七海が感じていた違和感の正体は、ドアだった。

急患の元に駆けつけるべく、藤野は、今、後部出入り口のドアを外に向かって押し開けようとしていた。

七海は、ドアを開けさせないよう、部下に指示するために通信機のボタンに手をかけようとしたが、もう、あのドアを開けるのを止めることはできないと悟り、諦めて手を下ろした。

外からの光が差し込んできて、藤野の後ろ姿が逆光に包まれるのが見えた。

と、同時に、七海の頭の中で、ライフルの銃声が鳴り響いた。体が、びくっと躍動した。

もちろん、実際に鳴っているのはステージの演奏であって、たとえ本当に銃弾が放たれたとしても、銃声はここまで届くはずがなかった。

だが、そのとき七海にはたしかに、銃声が聞こえていた。

次の瞬間、逆光の中、藤野の耳元で、何かが煌めくように弾け飛んだように見えた。

「イヤリング……」

無意識に七海はそうつぶやいていた。

しかし、それも目の錯覚かもしれなかった。

まだ山村詩織の奏でるチェロの音は、間違いなく、会場に響き渡っていた。

ステージ上を見ると、何事もなく、ただ、いつものように、痛みに耐えるかのように、山村詩織はチェロに身を委ねるようにして演奏を続けていた。そして、会場の誰をも魅了しながら、今、演奏を終えようとしていた。

そのときだった――

「いやー！」

短い悲鳴が上がった。その声が、ことのほか、ホール全体に響いた。

ただし、会場の誰もが何が起きたのか、わからなかった。なぜなら、山村詩織は中央の椅子にチェロを抱き腰掛けたままだったからだ。

ざわめくこともなく、一瞬、音の空白ができた。

声を上げたのは、山村のすぐ後ろで演奏していた女性バイオリニストだった。

彼女は、山村詩織の足元を指していた。

そこに、ちょうどドレスと同じ色の、血だまりが広がろうとしていた。

七海はステージの下から、力尽きて、チェロとともにスローモーションのように倒れゆく山村詩織の姿を、夢うつつのように眺めていた。

普段よりも思考速度が遅かった。

もし、もっと山村詩織の話を真剣に受け止めていたら――。

もし、もっと警備を万全にしていれば――。

もし、あの一瞬、山村詩織の演奏に心を奪われていなかったら、あるいはこんなことにはならなかったのかもしれない。

一気に騒然となる会場の中で、七海は一人、時に取り残されたかのように不思議なほど冷静にそう思っていた。


――風の前の塵のごとく。

ふと、西城の言葉を思い出した。

「たしかに、『ブランド』は営業や広告、ＰＲを不要とする。マーケティングにとってこれを手にした者が圧倒的な勝者となる」

でもね、と西城は続ける。何かを差し出すかのように上に向けた右の手のひらを七海の顔の前に差し出し、ふっと息を吹きかけて言った。

「風の前の塵のごとくだよ、『ブランド』とはね」

本当に一瞬のことだった。

あの一瞬の油断が、七海が築いてきたブランドを、まさに風の前の塵のごとく、彼方へと吹き飛ばそうとしていた。

突如、ステージ上に青が獰猛な風のように降り立った。

広がる紅の血だまりに、チェロとともに一人横たわる山村詩織に、その青は覆いかぶさるようにとりつき、胸に手を押し当て、心臓マッサージを始めた。

藤野楓だった。

けれども、胸を押せば押すほどに、血だまりは広がる一方だった。

心臓を、撃ち抜かれていた。

そのことに気づくと、藤野は山村詩織の胸に手を押し当てたままに、まるで咆哮するかのように、背中を震わせながら泣き始めた。

それでもなお美しき白い背中は、世の絶望を一身に担うかのように、自らの悲しみに身を震わせていた。

「噂があるのよ」

相川響妃は豊島公会堂のエントランスで秋山明良に言った。

二人は、未だ客席には入れてもらえずに、閉め出されたままだった。無理に入ろうとしていないことをわかっているために、警備員も、遠巻きに二人に注意を向けているだけだった。

「ふーん」

秋山は聞く気がない。響妃が言う噂が本当だったためしがあまりなかったからだ。職業柄、響妃の元には様々な情報が舞い込む。もちろん、価値の高い情報も多いが、そのほとんどは都市伝説レベルのものだった。

「ちょっと、聞いてよ！」

響妃は秋山の二の腕をグーでパンチする。

「痛いって、それ！」

秋山がようやく響妃のほうを向いた隙をついて、あのね、と響妃は声を潜めるようにして言う。

「山村詩織についてなんだけど」

声を潜める必要がありそうだった。秋山も顔を寄せる。響妃はさらに顔を寄せてくる。アップで見ると、やはり、圧倒的にかわいい。かわいいんだけど、と秋山はいつも思う。

「山村詩織の噂？」

うん、と響妃は頷く。

「ＡＶに出てたって噂があって」

聞いた瞬間に、秋山は笑い出す。アダルト系の雑誌などでは、誰々がＡＶへの出演疑惑があるなどと、毎週のように本人に似ても似つかぬ写真を取り上げて報じているが、年中行事のようなもので良識のある大人ならそんな記事は信じない。

「そんなの、誰にだってあるじゃん。そういえば、響妃だってＡＶに出てただの、風俗で働いていただのって書かれたの、一度や二度じゃないじゃん。でしょ？」

「うん、ＡＶは出てない。でも、風俗は本当」

あまりに衝撃的な答えに、秋山の頭がついてこない。改めて響妃の顔を見て、

「へ？」

と、間抜けな返ししかできない。

「なんか、隠し撮りされてたみたいでさ」

響妃はいつものように悪びれた様子も見せずに言う。考えてもみれば、響妃が悪びれたところを今まで一度も見たことがない。

「え？　何言ってんの？」

「大学一年生のときに妹が田舎から東京に遊びに来て、どうしてもあのテーマパークに行きたいって言い張って、でもそのときは本当に金欠で」

待て待て待て待て、と秋山は自分の頭を整理するために言う。

「妹をテーマパークに連れて行くために風俗で働いたって⁉」

「だって、本当にお金がかかるんだよね、パークに併設されたホテルにまで泊まるって言って聞かなくて。それで二人で一〇万かかるってなって、二日だけ働いたんだよね」

「じゃあ、あの記事って……」

「ほんと、ほんと。もう完璧にほんと。でも、気にしないで、完璧に本当のことって逆に嘘っぽく見えるみたいで、局の上層部に呼び出されたときも、私が否定するまでもなく、嘘だということになってて」

「で、お咎めなし？」

「もちろん」

響妃は笑顔で言う。

「響妃さ、もっと自分の立場、考えたほうがいいよ」

「私の立場って？」

「ほら、人に見られる立場だろう」

でも、と響妃は伏し目がちになって言う。

「そうは言うけど、昔のことって変えられないでしょ？」

「そりゃあ、そうだけど」

「もしかして、山村詩織は、昔のことを変えたいのかも」

「え？」

秋山が響妃の話に聞き入ろうとしたそのときのことだった。

突然、客席へと至る分厚い遮音性のドアが、エントランス側に向かって開き始めた。

中から漏れ聞こえてくる音が、一瞬、大きくなった。ドアから青いドレスを着た美しい女性が姿を現した。

「藤野先生……」

響妃がつぶやくように言う。

その瞬間、背後で何かが打ち上げられるような音がしたように、秋山は感じた。錯覚かと考える間もなく、後ろでビシッと鋭い衝撃音が鳴った。

とっさに、秋山は響妃の身を守るようにして、倒れ込んだ。倒れ込む際に、藤野の耳元で何かが光のように弾け飛んだように見えた。

刹那、静寂がエントランスを包んだ。

振り返るとエントランスのガラスが一部、ひび割れていた。

警備員たちの動きが瞬時に激しくなった。通信機に何か言いながら、数人が外に走り出した。

一度開けられたドアは、また閉ざされようとしていた。閉ざされゆくドアの間に一瞬、青いドレスを翻して中に戻っていく藤野の後ろ姿が見えた。

「大丈夫か？」

秋山は上体を起こして、響妃に言う。

「私は大丈夫」

秋山の後頭部や背中を擦る。ガラスは砕け落ちるほどではなく、目立った破片も落ちてはこなかった。

「何があったんだろう？」

秋山はひび割れたガラスを見上げる。ひびの中心に、小さな穴が空いているように見えた。外を見ると、黒服の警備員たちがエントランスの前に集まってきていた。恰幅のいい警備員が指示を出し、公園方向へとそれぞれ散っていった。

「銃撃……。まさか」

響妃は秋山をはねのけるように立ち上がり、藤野が戻っていったドアのほうに駆け出した。

「響妃！」

秋山もその後に続いた。

ドアを開けようとしたそのとき、向こう側から強い勢いで押し開けられ、二人は倒れそうになった。

中から、我先にと逃げる人が溢れ出てきた。すぐにエントランスは悲鳴を上げながら逃げ惑う人で一杯になった。

秋山は人の合間から中を見ようとするが、濁流のように人が押し寄せてきて、あまりよく状況が把握できない。流されないように響妃の体を支えるので精一杯だった。

ただ、かすかにステージの上の様子が見えた。

誰かが横たわっていて、その上に青いドレスを着た女性が覆いかぶさるように取りついた。

「藤野先生」

そう、響妃は言った。

ドアを閉めてからステージまで躊躇なく全力で走り、ステージに駆け上がったのだろう。ドレスの裾が縦に裂けて、白い腿が露わになっていた。

観客は、開け放たれたエントランスから公会堂の外に溢れ出て、ようやく、人の濁流の勢いが弱まってきた。

二人は、それでも出ていこうとする人に乱暴にぶつかられながら、よろめくように客席へと向かった。

ステージ上の藤野楓は天を仰ぐようにして、慟哭していた。

その美しい白い背中が、大きく泣いていた。

藤野の下にいるのは、山村詩織らしかった。

響妃は、一歩二歩と、ゆっくりステージのほうに歩みを進めた。

「どういうことなの……」

ステージを見つめながら言った。

隣に並んで同じくステージを見つめている秋山は、首を横に振るしかなかった。

ふと、ステージの下にいる紫色のドレス姿の女性に目が留まった。

その姿に違和感を覚えたのは、逃げるでも泣くでもなく、ドレスの女性がその場に呆然と立ち尽くしていたからだ。

すぐに誰なのかわかった。

秋山が、初めて桐生七海を見た瞬間だった。

「明良君、行くよ！」

秋山は響妃に肩を叩かれて我に返った。

響妃の手にはスマートフォンが握られていた。スマートフォンをステージ方向に向けて、脇を固めて、そちらに近づいていった。動画を撮影しているらしい。

「こんなときに……」

「それが仕事でしょ！」

響妃が一喝する。そこにはサークルの響妃先輩ではなく、自ら取材するアナウンサー相川響妃の顔があった。

「明良君は、写真をお願い」

わかったと、秋山もスマートフォンを取り出す。そして、響妃に続いて、フラッシュを焚きながら現場の様子を撮影し始めた。何を撮っていいのかわからなかった。けれども、とにかく、あらゆる画を押さえておこうと思った。

フラッシュに気づいた桐生七海と目が合った。ゆっくりと、七海は秋山のほうに向かってきた。向かいながらも通信機で部下に何かを指示しているらしかった。

秋山にとって、この上なく気まずい桐生七海との出会いとなった。

04

奈落にて

現実味が、まるでなかった。

何が起きたのか、七海の脳は正確に答えを出すことを怠けた。もしかして、起きたことが現実だと認めてしまうと、感情が閾値を超えてしまうことを知って、脳が防衛本能で、真実について七海に考えさせないようにしたのかもしれない。

ただ、右の手のひらがジンジンと熱を持つように熱かった。

八つ当たりだということは、わかっていた。

現場の写真をスマホで撮っていた、あの相川響妃の連れの男を、勢いのままで平手打ちしたのだ。

いきなり平手打ちを受けて、すがるような目で七海を見ていた男の目から、つうと涙が伝い落ちたときに、七海は冷静になった。

何も、彼が悪いわけではない。相川響妃と一緒だったことを思えば彼も、きっと仕事をしていただけだとわかる。すべて、自分のせいだった。

「ちょっと、五分だけ一人にしてほしい」

桐生七海は、警備主任に言って豊島公会堂の舞台下にある楽屋に入った。五分で何も状況が変わることはないことはわかっていたが、少しでもいい、現実から逃れたかった。現実を認識するための間が、今の七海には必要だった。

楽屋は手前にソファーの部屋があって、奥は畳敷きの大きな広間となっていた。壁面に鏡台が並び、カーテンでそれぞれの区画を仕切れるようになっていた。

七海は、広い座敷の端に腰を下ろし、小さくため息を吐いた。

ステージの上では、到着した警視庁の機捜班が「立入禁止」の黄色いテープを張って、実況見分を始めていた。

警備の責任者として、警察は七海に事情聴取をしたいと言ってきているが、七海が話したところで、警察は犯人にたどり着けないだろう。

事件の目撃者は、観客、演奏者、スタッフを合わせるとおよそ八〇〇人という数になる。そのすべてが、一時的に目撃者であり、容疑者だった。

衆人環視の中で遂行された前代未聞の狙撃殺人事件だ。心臓を綺麗に撃ち抜かれ、山村詩織はほとんど即死だった。

その警備を担ったのが、今をときめくとメディアに賞賛されている「レイニー・アンブレラ」、七海が創った会社だった——

「どうしよう……」

そうつぶやくと、未だ紫色のドレスを着たままの七海は、自らの膝を抱くよう、崩れ落ちるように泣き始めた。

死なせてしまった。自分を頼ってきた友人を、死なせてしまった。

もし彼女の話をもっと真剣に聞いていたら、こんなことにはなっていなかったかもしれない。対策をしていたとは言え、心のどこかで、どうせ山村詩織の幻想に違いないと思っていたのではなかったか。

本当に、万全の警備をできていただろうか？

彼女と、彼女を愛する人たちに、どう顔向けすればいいだろうか。

やはり、無理だったのだ。殺し屋から、人の命を守るだなんて、無理だったんだ。それなのに、引き受けてしまって、結果的に山村詩織を死なせてしまった。

そう、山村詩織を殺したのは、自分だ。不十分な経験と知識のままに、この世界に足を踏み入れてしまった、自分のせいだ。

広い奈落の楽屋で、七海は一人、慟哭していた。

――ふと、気配を感じて、視線を上げた。

ソファーに脚を組んで、悠然と七海を見つめているのは、銀髪の西城だった。

「先生……」

声が掠れた。いつからそこにいたのだろうか。そして、どうやってここに入ったのだろうか。上は立入禁止になっているはずだ。

「今、来たばかりだよ。東京の警察には知り合いが多くてね」

西城は天井を指し、まるで七海の心が読めるかのように言った。いつもの余裕の表情はなく、神妙な面持ちだった。その面持ちのままで、西城は静かな口調でこんなことを言った。

「七海、これは最大のチャンスだ」

何を言っているのだろうか、と七海は思った。たった今、人が死んだばかりだ。

それに西城は、以前、ブランドについて、風の前の塵と言った。実体がなく、消えてなくなりやすいものと。

七海が創った会社の「ブランド」が、今、失われようとしているのだ。

七海は大きく首を横に振った。

「先生、人が死んだんです。山村さんが死んだんですよ。レイニー・アンブレラは、このままでは潰れます。先生に教えてもらって創り上げた会社が潰れるんです。それを、チャンスだなんて！」

七海は珍しく、つい語気を荒らげてしまった。

しかし、西城は少しも動じることなく、平然としたままだった。

「七海、君が創りたかったのは、イベントの運営会社か？」

西城の言葉に、七海は胸を貫かれるような思いをした。

ほとんど無意識にゆっくりと首を横に振っていた。

七海の創りたかったのは、イベント会社でも、警備の会社でもない。そして、別に表の世界で会社を大きくしたいわけでもなかった。偶発的にできあがってしまったビジネスモデルと状況に引きずられるようにして、七海は、西城に初めて会いに行ったときに胸に抱いていた思いを、実際は忘れてしまっていたのかもしれない。

「受注数世界一の、殺しの会社を創りたいんです」

そう言うと、再び、大粒の涙が頬を伝い落ちた。視界がすぐに涙で曇った。

そうだった。受注数世界一の殺しの会社を創らなければならない理由が、七海にはあったのだ。

だったら、と西城は言った。

「今が最大のチャンスだ。そして、そうなら、リスクはつきものだ。本当に世界一の殺しの会社を創るのなら、日常茶飯事として殺しが周りで起きる。君自身だって危なくなる」

西城は、泣きはらした七海の顔を指す。

「もう一度聞く。その覚悟はあるのか？」

山村詩織が座る椅子の下に広がる血だまりを思い出す。

豊島公会堂に響き渡る悲鳴を思い出す。

山村詩織に覆いかぶさるようにして号泣する藤野楓の後ろ姿を思い出す。

もしかして、次に胸を撃ち抜かれるのは、自分かもしれない。

それでもなお、七海には世界一の殺しの会社を創らなければならない理由があった。

七海は、西城の目をしっかりと見据えて頷く。

また、涙が溢れた。嚙みしめるようにして、嗚咽するのは耐えた。

西城は、いつもの穏やかな表情になって、一つ、頷いた。

「それに、山村詩織が殺されたのは、七海のせいじゃない」

西城は組んだ脚を解いて立ち上がり、七海の前に進み出る。

七海は、その西城を見上げる。

「え……」

言っている意味がわからなかった。

西城は、七海の視線の高さになるように膝をつき、秘め事を打ち明けるように七海の耳元に顔を近づけて、息を吹きかけるようにしてこう言った。

「タナトス、だよ」

「タナトス？」

西城はこくりと頷く。


自動販売機の前に立つ秋山は、本当はコーヒーを飲みたかったが、レモンスカッシュにした。響妃の分を買いつつ、キンキンに冷えた缶を赤く腫れ上がった頬に当てた。

少しは痛みが薄まるような気がした。けれども、胸の痛みには一向に効き目がなく、時が経つにつれて痛みが増すようだった。黙って下を見ると、涙がまた零れ落ちそうになった。

憧れの人に、おもいっきり平手で殴られた。

殴られるのは、今日、二度目だったが、痛みは響妃のときの比ではなかった。

「さっきの話なんだけど、山村詩織がＡＶに出てたって噂、この事件に関係あるのかな？」

秋山は、響妃にコーヒーを差し出しながら言う。秋山と響妃は入り込んできた警察に追い出されて、豊島公会堂の目の前の公園にいた。

響妃は、差し出されたコーヒーをうるさそうに手で払い除けながら、まるでヨガでもするかのように、豊島公会堂のほうと逆のほうにまっすぐに腕を伸ばして、何度も同じポーズをしていた。秋山が近くの自動販売機に飲み物を買いに行く前も、そして、買ってきた後も、そのポーズをやり続けていた。

こうなったら、待つしかない。気が済むまでやらせるしかない。

秋山は一人、ベンチに座り、レモンスカッシュを飲みながら豊島公会堂のほうを見る。エントランスは立ち入り禁止のテープが張られて、警察官が立っている。すでに、報道陣も集まってきている。中継車が続々やってきて豊島公会堂の近くの通りに陣取っていた。

それでも、響妃はヨガのポーズをやめなかった。真剣な顔で、何度も同じポーズをしていた。

今、桐生七海はどんな思いでいるだろうかと秋山は思った。自分が請け負ったイベントで、人が殺されている。たぶん、七海が抱えている痛みは、こんなものではないだろうと思うと、ためた息が出た。

「わかった！」

唐突に、響妃は秋山に背を向けたまま言う。両手を斜めに上げて、まるでグリコのマークのように、豊島公会堂に向かって立っている。秋山のほうを向くでもなく、左手の人差し指だけで、くいくいと手招きをする。

「はい、はい、わかりましたよ、行きますよ」

秋山はレモンスカッシュを飲み干して、ポケットに手を突っ込んで立ち上がる。

響妃は、銃撃の際にひびが入った豊島公会堂エントランスのガラスのところを指して、そして、振り返り、喫茶店が一階に入ったアパートの二階を指して言う。

「あのアパートのベランダからライフルで狙撃されたのは、間違いない」

「え？」

秋山は響妃に寄り添うようにして、その指先を通して、アパートのベランダを見る。何の変哲もないベランダである。

「どうしてそんなことがわかるの？」

「こっちを見て」

響妃は、すっと腕を伸ばし、またヨガのようなポーズをして、今度は反対側の豊島公会堂のエントランスを指す。

「割れたガラスとあのベランダ。そして、開けられたドアとステージ上の山村詩織の心臓。これが一直線になる」

ちょうど、捜査員が豊島公会堂のホールの中からエントランスのほうへと出てくる。割れたガラスと開いた隙間の先に、ステージが見えた。たしかに、その線をつなぐと、あのベランダになる。

え、でも、と秋山はあのときの状況を思い出して言う。

「公園にもあの警備員たちがいたよね？　エントランスにも大勢いたし。その状況でもあのベランダから狙撃されたとしたら……」

そう、と響妃は秋山の顔を指して言う。

「狙撃の瞬間だけベランダに姿を現したということになる」

そんなこと、可能だろうか、と秋山は考えてみる。

「放たれた弾は、おそらく一発。そして、このベランダのライフルの銃口から山村詩織の心臓までの一直線の間から、障害が消えたのは、このイベント中、一度きりだった。しかも、それは本当に短い時間だった」

あのときか、と秋山は艶やかな青のドレス姿を思い出す。

「心臓外科医の藤野楓がドアを開けた、あの一回切りだったということか。そんなことってありえるかな？　でも、そうだとしたら、まるで、あの瞬間にあのドアが開けられることを、犯人は知っていたみたい……」

そうなのよ、と響妃は秋山を指して言う。

「犯人は、ドアが開けられる瞬間を知っていたからこそ、その瞬間だけベランダに出て、一発だけ銃弾を放って、すぐにまた部屋の中に身を隠すことができた」

「ちょっ、ちょっと待って。そうなら、あのドアを開けた人が共犯者ってことにならない？　藤野楓が共犯者？」

「そうとは限らない。藤野先生は、何も知らないであのドアを開けたんじゃないかな」

「どういうこと？」

「前にね、番組で一緒になったことがあるんだけど、オンエアーの最中でも、藤野先生のPHS端末だけは、特例でオンのままだった。藤野先生にしか救えない命がある。もし、藤野先生との連絡が取れなくなったら、最悪、人が死ぬこともあるから」

「じゃあ、あのときも？」

そう、と響妃は頷く。

「たぶん、狙撃犯がタイミングを見計らって、藤野先生のＰＨＳに連絡した。藤野先生は、急患だと思って、あのドアから出た」

「そこを狙われて、山村詩織は狙撃された」

秋山の言葉に、響妃は大きく頷く。

「でも、だとすれば、どうして犯人は藤野先生のＰＨＳの番号を知っていたんだろう？　山村詩織に何らかの恨みがあって、しかも、藤野先生の番号を知っていた？　……なんだか、わからなくなってきた。それは、誰？　そんな人、いる？」

響妃は、秋山から視線を逸らして、豊島公会堂のほうを見る。言おうか、言うまいか、迷っているようにも見えた。

「一人だけ……」

「一人だけ？　え、てか、まさか、響妃は犯人を知ってるの⁉」

響妃は、頷こうとも、首を振ろうともしなかった。いつもと違って、何か、歯切れが悪かった。

「東京芸術劇場から豊島公会堂に会場が変更になったのは、一週間前のことだった。豊島公会堂とは違って東京芸術劇場のコンサートホールは、とても外から狙えるような場所じゃない。最初から計画していたのよ。会場を変更することを。ここなら、ステージ上の山村詩織を遠くから狙うことができるから」

「でも、たしか、会場を変更したのって……」

「明良君」

秋山の思考を遮るように、響妃は改めて秋山の名前を呼んだ。そして、秋山の目を見つめた。

その目が、いつになく、哀しみに満ちているように秋山には思えた。

「大切な人が殺されたとき、誰が犯人だったら、人は一番悲しいと思う？」

「わかんないよ、誰に殺されたって、悲しいと思うよ」

そうかも、とふっと響妃は儚げな笑みを浮かべる。

「私はね、一番大切な人が、一番大切な人に殺されたとき、人はどうしようもなくやりきれない哀しみに囚われると思うの」

「一番大切な人が、一番大切な人に殺されたときって、まさか……」

秋山の脳裏に、くっきりと「自殺」という文字が描かれる。

「犯人は、山村詩織本人だったたってこと？」

わからない、と響妃は首を横に振る。

「ただ、そう考えると、すべての辻褄が合う」


「タナトスとは、簡単に言えば、死への欲求のことだよ」

西城は、七海にそう説明をする。

「生への欲求であるエロスとちょうど対極にあって、これに囚われると、人は死へ、解放を求めるようになる」

「死が解放になるって、まさかそんな……」

七海は、西城が言いたいことを、ようやく理解することができた。すべてのピースがつながって、全身に戦慄が走った。

――最近、おかしいんです。

七海の頭に、山村詩織の言葉が蘇る。

――気配を感じるというか。それでも、気のせいだと思っていました。

部屋に戻ってみると、誰かがいた形跡があった。しかし、マンションの防犯カメラには誰も映っていなかったという。そして、脅迫の電話があったが、携帯電話には着信履歴も残されていなかった。

七海は、山村詩織が被害妄想に苦しめられているのだと思っていた。それなので、まったく警戒しなかった。けれども、山村詩織があえて七海にそう思わせるために、嘘を言ったのだとしたら、完全犯罪的に自分を殺すことが目的だったとしたら、すべての説明がつく。ストーカーが殺し屋に山村詩織を殺すように依頼して、殺されたふうに見せれば、彼女は自殺したのではなく、誰かに殺された被害者ということになる。

「だからですか」

七海は、あの演奏を思い出して言う。

「だから、あの最期の演奏はいつもよりも力強く、そして、素晴らしかったんですね」

そう、と西城は頷く。

「彼女は藤野楓が立ったあの瞬間、自分が死ぬことを知っていた。おそらく彼女はアーティストとして一番輝かしく美しい瞬間に死のうと考えた。そして、八〇〇人がその目撃者となった」

言い訳になるかもしれませんが、と七海は言った。

「もし、あのとき、彼女の演奏のあの一瞬に完全に心を奪われなかったらと考えてしまうんですよ。私はきっと、警備スタッフに指示を出して、藤野先生にドアを開けさせなかったでしょう。私は、あのとき、たしかに異変に気づいたんです。けれども、あの一瞬、本当にあの一瞬、ステージ上の彼女の演奏に心を奪われてしまった。そうじゃなかったとしたら、結果は変わっていたはずです」

しかし、もし山村詩織が意図的に演奏で七海の気を引いたのだとしたら、どうしようもなかったことだった。

「誰にも彼女を救うことなんてできなかったんだ。タナトスは、強烈な欲望なんだ。一度囚われると、それを遂行するまで、その欲望はやまない。彼女は、自らの欲望を遂げたのさ」

西城は、七海の肩に優しく手を置いて、もう一度、繰り返して言った。

「誰にも救うことなんてできなかったんだ」

その言葉が、七海の心に染み込むように入ってきた。

また、涙が溢れ出た。

「響妃、さっき、こう言ったよね？　山村詩織は、昔のことを変えようとしたんだと思うって。

ＡＶに出てたって噂があるって」

　秋山は思い出して言う。

「こういうことだと思うの。山村詩織は、何らかのことがきっかけで、昔のことを変えたいと強く思った。それは、山村詩織にとって脅迫のようなことだった」

「脅迫のようなこと？　何か情報があるの？」

　そう、と響妃は頷く。白いワンピースで公園のベンチに腰掛ける響妃は、背景の広葉樹の緑も映えて、さすがに画になった。

「私の情報源の一人が、最近、こんなことを言ってきたの」

　キー局の番組内に名前を冠したコーナーを担当している響妃の元には、様々な情報が日夜、舞い込んでくることを秋山は知っている。中でも響妃が頼みとする有力な情報源がいくつかあって、それが響妃独自の情報網となっている。

「山村詩織が音大生時代にＡＶに出演したことについて、ある雑誌が事実確認したって」

「事実確認？」

　響妃は頷く。

「我々はこういう情報を摑んでいるんですが、事実でしょうかって」

　たとえば、自分がもし著名人で過去のやましいことを雑誌の記者から事実確認されたらどう思うだろうかと秋山は思った。全身から血の気が引くほどの恐怖を覚えるに違いない。

「事実じゃなければ、堂々とすればよかったんだと思うんだけどね」

　独り言のように遠くを見つめながら響妃は言った。

「事実だったってこと？」

「たぶん、そう。そして、起きたことから逆算して考えると、そうとしか思えない」

「どういうこと？」

「さっき、明良君、藤野先生のＰＨＳの番号、犯人に誰が教えたかって言ってたじゃない？　あれは――」

「山村詩織だった！」

秋山は響妃の顔を指して、被せるように言う。

「彼女なら――藤野先生と深い関係にあった彼女なら、緊急呼び出し用の端末の番号も知っていたでしょうね。でもね、彼女にとっては、ある意味、ハッピーエンドだったんじゃないかって思う」

「ハッピーエンド？　死んだことがハッピーエンド？」

「こうなったことによって、その過去を永久に葬り去ることができるようになった。そして、存在しないストーカーに責任を転嫁することによって、彼女は悲劇のヒロインとして、永久に人々の記憶に刻まれることになる」

ちょっと待って、と秋山は言う。

「ということは、このこと『相川アイズ』で報道しないの？」

美人チェリスト殺害事件は実は自作自演だった――これだけの特ダネなら、視聴率はとんでもないことになるだろう。でも、響妃はその過去を永久に葬り去るとたしかに言った。

「報道して、誰か幸せになる？」

言われてみると、たしかに響妃の言うとおりだった。秋山は首を横に振る。

響妃は頷く。

「真実が、人を幸せにするとは限らない」

響妃の透き通るような真摯な眼差しを受けて、秋山は、もしかして、と思った。響妃はこれまでも、真実を明かさないこともあったのかもしれない。

行きましょう、と響妃は秋山の手を引いて立ち上がる。

「行くって、どこへ？」

一台の中継車を見て、響妃は言う。

「ほら、うちの中継車がようやく着いた。スナイパーがいた現場を押さえる。それでスクープは十分よ」

響妃は、一階に喫茶店があるアパートの二階のベランダを指して言う。

「現場を押さえるって、中に入れるの？」

明良君さ、と響妃は髪をかきあげて言う。

「私を誰だと思ってるの？」

それは、決して、冗談ではなかった。おそらく、相手が相川響妃なら、大家でもビルの管理会社でも鍵を開けるだろう。

05
相川アイズ

「相川響妃だ」

テーブル席に座っていたカップルの男性のほうが、向かい合う女性の背後を指して言った。

その喫茶店の南側の壁面には、大きな液晶テレビが壁に掛けられていて、何気なく、民放のテレビが流されたままになっていた。

秋山明良も、その声につられてテレビのほうを見る。

そこには、言うとおり、アナウンサーの相川響妃が大きく映し出されていた。

「こんにちは、『相川アイズ』の時間です」

テレビの中の相川響妃が言うと、バラバラに進行していたそれぞれのストーリーが一時停止するかのように、店中の視線がテレビに集まった。今、最も注目を集めている若手アナウンサーが相川響妃と言っていい。テレビを通して見ると、いつも近くにいるあの響妃が「相川響妃」と同一人物であることが、なんだか仮想現実に思えるときがある。

響妃は単に用意された原稿を読むアナウンサーではない。役回りとしては、自ら取材して記事を構成するアンカーに近かった。独特の嗅覚からスクープを連発していて、ワイドショーの時間帯に突発的に流される相川響妃の「相川アイズ」は圧倒的な視聴率を誇っていた。

それに拍車をかけたのが、美人チェリスト狙撃事件の独占スクープ報道だった。

番組の背景では、現場の映像がまた流されていた。幾度となく流されたその映像を見たことのない日本人を探すほうが困難かもしれない。事件現場に居合わせた響妃がスマートフォンで撮った、臨場感が溢れるその映像には、狙撃直後の観客の混乱と、ステージ上で必死に蘇生を試みながら叶わなかった心臓外科医藤野楓の絶望の姿が、リアルに収められていた。

「美人チェリスト狙撃事件で新たなスクープです」

神妙な面持ちで、テレビの中の相川響妃は言った。

「音量大きくして」

マスターがスタッフの女性に言う。

映像が切り替わり、アパートの一室が映し出される。取材映像である。カメラを相川響妃が先導し、部屋の中に入っていく。

秋山は、このときこのカメラの後ろにいたんだよ、と周りの人に言いたくなるが、誰も信じるはずがないだろう。

照明が使われていないために、狭くて薄暗い部屋の中で、相川響妃の顔にも影が差している。一瞬、撮影を失敗したかに見えるが、次の瞬間、それまで暗い映像だった意図が明らかになる。キッチンからリビング、窓がある部屋に抜けて、ベランダまで出ると、一気に明るくなった。

そして、カメラの前には、人が多くいるビルに囲まれた公園が俯瞰で映し出される。

ベランダに出た相川響妃は、光の中で、自分に視線を十分に引きつけてから、マイクを握る。

「我々取材班は、美人チェリスト狙撃事件の犯人が狙撃した場所を特定しました。専門家によると、公園に隣接するアパートの二階にある、まさにこの位置から、犯人は高性能ライフル銃を使って、一発だけ銃弾を放ったということです」

言いながら響妃が右手をゆっくりと上げ、そのほうに顔を向けるのをカメラが追う。響妃の指差す方向に、豊島公会堂のエントランスが現れたとき、店内にどよめきが走る。

その位置からはたしかに、エントランスが一望できた。そして、客席へと通じる分厚い遮音性のドアも、はっきりと見えた。

もし、ドアが開けられれば、そのままステージが一直線に見える——。

オーバーラップで、スタジオに画面が切り替わる。スタジオには、相川響妃と、アーミージャケットを着た、髭面の男がいた。

「狙撃に詳しい専門家の横山直志《よこやまなおし》さんです」

響妃が言うと、その髭面の男、横山がアップで映され、胸元に名前のテロップが入る。

横山が出したフリップは、豊島公会堂と公園、そしてアパートの位置関係が俯瞰で描かれた見取り図だった。

そこに実にわかりやすく、赤い一本の線が引かれている。

線は、ベランダから一直線に、エントランスを突き抜け、ドアを突き抜け、ステージの中央まで結ばれていた。

説明がなくとも、ライフルから放たれた銃弾の軌跡だということが誰の目にも明らかだった。

エントランスに銃弾の孔らしきガラスの痕があったため、外から狙撃されたのだろうという見方が当初からされていたが、それでも警察もマスコミも半信半疑だった。なぜなら、まさに針の穴を通すような隙間から、一瞬の間に正確に心臓を撃ち抜けるスナイパーが存在することを誰も信じられなかったからだ。その狙撃の不可能性を説き、エントランスのガラスが割れていたのは、混乱し逃げ惑う観客がぶつかったためだと無茶な説明をする自称専門家まで現れていた。

相川響妃は、一連の説明を終えると、カメラのほうに向き直った。そして、自分がアップになるのを待って、締めくくるようにこう言った。

「今回の事件では、警備の不備が指摘されています」

その言葉に、秋山は心臓を摑まれるような思いをする。明らかに、直接、桐生七海に対して向けられた言葉だった。

「犠牲者の山村詩織さんは、脅迫を受けていたと、数名の親しい知人が証言しています。それなのに、なぜ、公演を強行したのでしょうか。しかも、直前になって、比較的警備のしやすい東京芸術劇場から、警備のしにくい、老朽化した豊島公会堂になぜ会場を変更したのでしょうか。この日、警備を担っていたイベント運営会社『レイニー・アンブレラ』の責任も問われるものと思います」

カメラを見据えたままに、声を荒立てることなく、相川響妃はそう言った。

最後に、ステージの下で呆然と立ち尽くす、七海の写真が大きく映し出された。その写真には©マークとともに「秋山明良」の名前が入れられた。

「響妃のやつ！」

思わず、秋山は立ち上がって、テレビに向かって言っていた。店内の視線が一斉に自分に集まるのがわかった。そんなこと、気にしていられなかった。秋山は立ったまま、テレビを凝視していた。

追い打ちをかけるように、テロップが入れられる。

「現場にいたイベント運営会社『レイニー・アンブレラ』代表取締役桐生七海」

まるで、犯人のような見せ方で、響妃の強烈な意図を感じた。

これは、響妃から桐生七海への宣戦布告だった。

「どういうつもりなんだ……」

秋山は画面を見つめながら、つぶやくように言った。会場を変更したのは、山村詩織の意志だったと響妃も知っているはずだ。それなのに、なぜこんな見せしめのような仕打ちをするのか。なぜ、桐生七海のことになるとこうもムキになるのか。

間違いなく言えることは、もう今度は平手打ちくらいでは済まされないだろう。これで桐生七海の「レイニー・アンブレラ」は、さらなる窮地へと追い込まれることになる。


なんて美しい猫なんだろう。

七海は、中央の台座に重ねられた本の上にちょこんと座り、猫のくせして背筋をすっくと伸ばして立つ、モモと名づけられたその美しい黒猫を見て思う。

時折、光を浴びるとシルバーの光を照り返すように見えるのは、偶然ではないだろう。飼い主の西城が、前に黒猫とロシアンブルーのハーフだと言っていたのを何気なく聞いていたが、たしかに、普通の黒猫よりも毛艶がいいし、線が細く見える。

黒猫なのに、黒の首輪をしていて、まるで人を小馬鹿にするように、目を薄らと開けて、何か言いたげだが、言わないというような、貴婦人の佇まいをしている。

天王星書店には、この日も客がいなかった。

思い返してみれば、初めてここに来た日より、およそ二年間、この店で客を見たことがなかった。

この書店の主である西城潤は、伝説では「世界最強のビジネス」を手にしていると言われているが、この店が世界最強だとは到底思えない。考えてみると、本名だけでなく、西城の本当のビジネスについても、七海は知らなかった。

豊島公会堂での狙撃事件以来、七海はマスコミから逃げるようにほとんど自宅マンションから外に出なかった。自宅に籠もりながら、なぜ西城は今がチャンスだと言うのか、様々考えてみたが、答えは見つけ出せずにいた。

現に、チャンスどころか、これまで受注していたイベント運営と警備の仕事のほとんどがキャンセルになった。

七海が興した会社「レイニー・アンブレラ」は早くも存亡の危機に陥っていた。このピンチを打開するには、西城の知恵に頼るしか方法は残されていなかった。おもむろに椅子から立ち上がり、七海は本棚を巡ってみた。

マーケティングに関する本、歴史に関する本、リベラルアーツに関する本。この二年間、西城に多くの本を勧められ、勧められるがままに七海は読んだ。

たしかに、要所要所では西城は七海に直接教えてくれたが、本に教わっている時間のほうが長かったように思える。もしかして、マーケティングに関する本の多くは、網羅してしまったのかもしれない。その証拠に、大型書店のマーケティングの棚を見ても、七海が読んでいない本は、ほとんど見当たらなかった。

「そこにある本、どれくらい、読んだ？」

いつのまにそこにいたのだろうか、声に振り返ると、天窓から光差す台座の中のカウンターには、黒猫モモと入れ替わるようにして、西城が座っていた。今日も銀髪が映えた。すでに手元では仕事をしているらしかった。かすかだが、キーボードの音が聞こえてきた。

「ほとんど、読んだと思います」

「悪くない。イベント運営と警備のほうはどうなった？」

「ほとんど、キャンセルになりました」

「そんなところだろう」

西城はなぜか満足そうに頷いた。

そして、西城はキーボードを打つ手を止めて、初めて七海のほうを向いて言った。

「桐生七海。どうやら、ようやく準備が整ったようだね」

「準備？」

ああ、と西城は頷く。

「マーケティングを学ぶ準備だよ」

七海は軽く混乱した。これまでの二年間、七海はマーケティングを学んできたつもりだった。「レイニー・アンブレラ」の売上は飛躍的に伸びたし、雑誌はこぞって七海と「レイニー・アンブレラ」の記事を書いた。

それは、これまで西城にマーケティングを教えられ、学んできた成果だと思っていた。

「これまでの、私の二年間は、何だったんですか？」

「準備運動だよ。マーケティングを学ぶためには、必要なことだった」

西城は、にべもなく言う。

「君は、成功のようなものを体験し、そして、それ以上に、今、失敗を体験している。これまで組み上げてきたすべてが、まるで砂上の楼閣のように、もろく崩れ去っていくさまを、今、君はこれ以上ないほどリアルに感じているはずだ。そして、夜も眠れないほどの恐怖を、痛いほどに感じているはずだ」

まさに西城の言うとおりだった。七海は、うんうんと大きく二つ頷いた。ともすれば、目に溜まり始めた涙が、零れ落ちそうだった。

でもね、と西城は一転して優しく言う。

「体験した失敗こそが、そして、今感じている恐怖こそが最大の財産になる。七海、ここからが本番なんだよ」

「ここからが本番……」

七海はその言葉の意味を噛みしめるようにして繰り返す。そして、改めて顔を上げて言う。

「先生、私は何をすればいいんですか？」

「単純なことさ」

西城は、立ち上がり、腰に両手を回し、台座を降りながら言った。

「今まで読んだマーケティングの本を、すべて忘れるんだ」

七海は、本棚に整然と並んだ、マーケティングの本の背表紙を見る。

「これを、捨てろって言うんですか？」

西城は、笑顔で大きく頷く。

「七海はこれらの本に書いていることよりも、はるかに重要なことを体験している。まずは、この失敗を大切に検証しよう。そして、その失敗を土台にして、本当に使えるマーケティングの技巧を育てていこう」

「じゃあ……」

ああ、と西城は頷く。

「『7つのマーケティング・クリエーション』を、七海に伝授しよう。今の七海なら、使いこなせるようになるだろう」

世界最強のマーケティング技巧として存在が囁かれ、世界最強のビジネスを手に入れた西城潤が見出したと言われる伝説のマーケティング・クラフト――

「本当に、存在したんですね」

「存在したとしても、使えなければ意味がない。今の七海なら、これを理解し、体得し、そして使いこなすことができるようになる。そして、七海の夢を実現できるチャンスなんだと僕は思うんだ」

　自信に満ちた表情で、西城は言う。

「受注数世界一の殺しの会社」

　そう、と七海の言葉に西城は頷く。

「今こそ、それを創り上げ、『7つのマーケティング・クリエーション』のポテンシャルを最大限に引き出せると思う」

「はい！　私、やってみたいです！」

　何か、腹の底から力がみなぎってくるように思えた。

　ただし、と西城は言う。

「今、七海には、二つ、やらなければならないことがある」

「何でもやります。それが、痛みが伴うことでも」

「いい覚悟だ」

　西城は満面に笑みを浮かべ、口髭を指で弄ぶようにツンツンとつまむ。

「一つ目は、『レイニー・アンブレラ』を清算するということですね？」

　舞台下の楽屋での話と今日の話を総合するとそういう結論が出る。

「そのとおり。ただし、会社をたたむのは、簡単な仕事じゃない」

「はい。社員が路頭に迷うことにならないように、最大限努力します。そして、経営者失格の烙印やバッシングも、甘んじて受けます」

マスコミに高く持ち上げられるほど、落とされたときの衝撃は大きい。それは、物理の法則のようなものだ。

これはいい。

ただ、やらなければならないもう一つのことが、七海はいくら考えてもわからなかった。

もう一つは、と西城は、人差し指を立てて言う。

「山村詩織を狙撃したスナイパーを、仲間として迎え入れることだ」

思考が停止した。それが一瞬の間となって、二人の間にわだかまった。

さすがに、そんな条件は考えられるはずがなかった。

「どういうことですか？　あの事件の犯人を仲間にする？」

そう言葉にすると、突発的に喉元まで怒りがこみ上げてきて、息苦しくなった。七海は抑え込むようにして、胸に手を当てて、じっとそれを呑み込んだ。

ああ、とそれでもなお西城は何事でもないように頷く。

「受注数世界一の殺しの会社を創るには、それしか方法がないんだよ。そして、あの事件が起きたばかりの今が、唯一にして最大のチャンスとなる」

七海は、自分の勘が悪いほうではないと思っている。けれども、西城が言っていることの意味が、このときばかりは少しも理解できなかった。

七海の内心を読み取ったのだろう。

西城は、古い本を棚から引き出して、読み上げる。

「楚人に盾と矛をひさぐ者あり」

どこかで聞いたことがあるフレーズだった。

「彼はこう言った。私の矛は究極的に鋭いので、これで通せないものはない。また、彼はこうも言った。私の盾は究極的に硬いので、これを通せるものはない。それを聞いていたある人がこう言った。それだったら、その矛で盾を通したら、どうなるのか——」

本を閉じ、本棚に戻して、西城は七海のほうを向いて言う。

「『矛盾』という言葉の元になった中国の逸話だね」

七海も聞いたことがあった。たしか、高校時代の国語の時間に教わった話だ。

「矛盾……」

そうつぶやいた瞬間に、七海は全身が貫かれるようなインスピレーションを覚えた。

西城が言わんとしていることが、たちどころにわかった。

「そういうことですか」

七海は西城の目をまっすぐに見て言った。その表情は、ここ最近ないくらいに自信に満ちていた。

「世界の要人のイベント運営と警備を担っていた『レイニー・アンブレラ』は、これまで最強の盾としての『ブランド』が構築されていた。でも、豊島公会堂の事件で、最強だと思われていた盾が、最強でないことが証明されてしまったんですね。最強の矛で、最強の盾を通したら、盾のほうが砕けてしまった。つまり、その瞬間に『最強』という名の『ブランド価値』が、矛の側に移ったということですね！」

そのとおり、と西城は頷いた。

「今や、最強の盾を粉砕した最強の矛の『ブランド価値』は、レイニー・アンブレラとおよそ反比例してうなぎ上りとなっている」

はい、と西城の言葉を引き継いで七海は言う。

「レイニー・アンブレラをクラッシュさせ、犠牲にすることによって、最強の矛の『ブランド価値』は、二次曲線を描くようにさらに急上昇することになります」

ほう、と西城は先を促すように言う。

「先生が言いたいのは、レイニー・アンブレラを犠牲にして、それによって最大の『ブランド価値』を持った最強の矛を手に入れれば、世界最強にして受注数世界一の殺しの会社が創れるということですね」

西城は、こくり、と一つ頷いてみせて言う。

「桐生七海」

七海をあえてフルネームで呼ぶ。

そして、はい、と言う七海の目の前に、指で大きな花丸を書いてみせた。

「よくできました」

七海の表情が、ようやく綻んだ。

「やはり、七海はもうすでに『7つのマーケティング・クリエーション』の多くの部分を理解している。そして、どうすればいいかももうちゃんとわかっている」

「どういうことですか？　私、まだ、教えてもらっていませんよね？」

いいや、と西城は首を横に振って、にやりと笑う。

「もうすでに、多くの部分を教えているんだよ。ただ、それを七海は『7つのマーケティング・クリエーション』とは意識していなかっただけさ」

06

7つのマーケティング・クリエーション

西城は台座の横の壁面に設えられた黒板に、白のチョークで文字を書き込んでいく。天窓からの光が、天使の尾のように射し込んでいて、たんたんと音を立てて文字を書き込んでいく西城の手元を照らす。

1. ストーリー　↓　旅立ちの理由
2. コンテンツ　↓　商品
3. モデル　↓　仕組み
4. エビデンス　↓　実数値
5. スパイラル　↓　上昇螺旋
6. ブランド　↓　信頼
7. アトモスフィア　↓　空気

書き終えると、西城はぱんぱんと手を叩いてチョークの粉を払う。それが、差し込んだ光の中でよく映えた。

「会ったときのこと、覚えているかな？」

西城は七海を振り返って言う。

こくりと七海は頷く。もちろん、ここに初めて来た日のことはよく覚えている。西城に「受注数世界一の殺しの会社」を創りたいと言ったのだ。あれから、二年が経つ。

「あのとき、七海には、『受注数世界一の殺しの会社』を創らなければならない『理由』があった」

そう言って、西城は「1．ストーリー　↓　旅立ちの理由」のところを、指差した。

「だから、僕は君にマーケティングを教えることにした」

「それが、『ストーリー』、旅立ちの理由ですか」

ああ、と西城は頷く。

「人に語れるようなストーリーがなければ、その旅立ちはそもそも失敗する。企業を大きくして売り抜け、お金儲けをしたいからなんて、ストーリーにならないだろう。誰も共感しないし、お金を儲けたいというインセンティブは、案外、人間にとって小さなことなんだよ」

そうなのかもしれない、と七海は思う。お金のためにビジネスに心血を注ぐというのは、なんだか、本末転倒のように思える。お金は、何かを実現するための手段に過ぎないことを、二年間、まがりなりにもビジネスを回してきた今の七海にならわかる。

「そして、2、3、4の三つ、『コンテンツ』『モデル』『エビデンス』は、同じ層にある概念だと思ってもらえればいい」

「層、ですか？」

「この理論は、積み上げ式なんだよ。下の土台をしっかりと創り上げていかなければ、上を積み上げることはできない」

そう言って、西城は本を七冊積み上げてみせる。

「だから、マーケティング・クリエーションなんですね！」

そのとおり、と西城は七海の顔を指す。

ただ、と下の二冊目から四冊目を抜いて、デスクの上に三角形に並べる。

「この『コンテンツ』と『モデル』と『エビデンス』は、同じ階層にあって、回転しているというイメージ」

それを、改めて黒板に描き、三角形に置いた「コンテンツ」から「モデル」へ、「モデル」から「エビデンス」へ、そして「エビデンス」から「コンテンツ」へと矢印を書いてすべてをつなぐ。

「『コンテンツ』があれば、売上が立つ。売上が立てば、その最大化をはかるために『モデル』が形成される。それは、雨が山肌を流れて合理的な形状を描くように、自然と形成されていく。吉祥寺小ざさが、結果的に売上の一割が羊羹になり、九割が最中になったようにだ。最適化された『モデル』を繰り返していくと、実績が積み上がっていく。それが『エビデンス』だ。小ざさの場合、四〇年以上行列が途絶えたことがないという『エビデンス』が生まれる。そして、

『エビデンス』を元に、人は期待をするので、『コンテンツ』は自ずから高まっていく」

なるほど、と七海は言う。

「そして、その層は、上昇していくんですね！　回転の一周目と二周目は、同じ高さではない。螺旋のように上昇していく。だから、五つ目の要素は『スパイラル』、上昇螺旋なんですね！」

西城は頷いて続ける。

「うまくいくと、この『スパイラル』は、まさに上昇気流のように舞い上がっていく。その上昇螺旋の行き着く先に『ブランド』がある。『ブランド』は、浮遊しているもので『スパイラル』が続かなければ、『ブランド』であり続けることができない」

西城は指を立てて、それをクルクル螺旋状に回してみせる。

「ブランド……」

七海は西城の言葉を繰り返した。「ブランド」、実にいい響きだ。

そして、ようやく、西城が言っていた意味がわかった。前に、西城はこう言っていたのだ。

――重要なのは10％の「殺し」のほうだよ。

「殺し」のビジネスがうまくいかなければ、警備などの「安心」のビジネスはうまくはいかない。

つまりは、こういうことだったのだ。

「『殺し』のビジネスがうまくいかなかったのは、小ささにおける羊羹がなかったからで、『コンテンツ』がない状況で、『モデル』を組み上げ、回転させて『エビデンス』を積み上げてしまったんですね。それで見かけ上の『スパイラル』が形成されて、見かけ上の『ブランド』が形成された」

それがレイニー・アンブレラだった。

そうだね、と西城は引き継いで言う。

「『コンテンツ』なきマーケティングは、まさに砂上の楼閣で、だから、一発の銃弾だけで、七海のビジネスは脆くも崩れ去った。殺しの会社なら、本来、絶対的なエース・スナイパーが不可欠。これを外注に頼っていたので、『コンテンツ』が実は空白になっていたんだね。それはまるで、小ざさが他の店から羊羹自体を仕入れてきて売っていたようなもの。この空白のままにビジネスを回転させてしまったので、いびつなかたちでスパイラルが起きた。そして、必然的に崩壊した。もし、豊島公会堂の銃撃がなくとも、このモデルが崩壊するのは、時間の問題だった。マーケティングにとってすべての『核』となる『コンテンツ』がなかったんだからね。そこに行列ができるはずもなかった」

だからなんですね、と七海は言う。

「だから、『コンテンツ』を補うためにも、豊島公会堂であの運命の銃弾を放ったスナイパー、『最強の矛』を仲間に引き入れる必要があるんですね！」

改めて、七海は黒板に書かれた「7つのマーケティング・クリエーション」を反芻する。

1．ストーリー　↓　旅立ちの理由
2．コンテンツ　↓　商品
3．モデル　↓　仕組み

4．エビデンス　↓　実数値
5．スパイラル　↓　上昇螺旋
6．ブランド　↓　信頼
7．アトモスフィア　↓　空気

もし、「最強の矛」であるスナイパーが仲間になれば、「2．コンテンツ　↓　商品」は、まさに最強となる。小ささの「幻の羊羹」に匹敵するハイパー・コンテンツとなるだろう。あの距離で、あの隙間で、あの一瞬の間に、狙撃を正確に成功させるスナイパーは世界でもそう多くはない。

レイニー・アンブレラをできるだけ大げさに終わらせて、「最強の盾」が「最強の矛」によって崩壊したという印象を世に与える。そして、「最強の矛」を中核に据えた、新しい殺しのビジネスを興す。「殺し」を行列にして、「安心」のバックエンド商品として売上を伸ばし、「3．モデル　↓　仕組み」を構築させ、その実績、すなわち「4．エビデンス　↓　実数値」を積み上げながら、高速で「コンテンツ」、「モデル」、「エビデンス」を回転させて「5．スパイラル」させ「上昇螺旋」を描く。やがて、その足跡が新しい「6．ブランド」になるだろう——

「先生！　今までのことって本当に無駄にならないんですね！　今までレイニー・アンブレラをやっていたからこそ、この理論がすっと入ってきます！」

そうだね、と西城は満足そうに頷く。

「最初から、これを教えていればどうだっただろう？　きっと、知識が上滑りして、頭でわかっていても、体にすっと染み込んでこなかっただろう。今の七海だから、『７つのマーケティング・クリエーション』を理解することができる」

はい、と頷きつつ、七海には一つ、気になることがあった。

「最後のアトモスフィアって何ですか？」

七海は黒板の最後に書かれている「７．アトモスフィア　→　空気」を指す。

「ああ、これかい？」

西城は黒板の文字を見て、また七海を向き直り、右の眉を上げて言う。

「もし、空気を創ることができたら、すごいと思わない？」

少年のように、西城は目をきらきらと輝かせる。

「空気を、創る？」

七海には、西城の言わんとしていることがわからなかった。

「今はいいよ、わからなくとも。でもね、いずれわかるようになると思う」

わかりました、と七海は頷く。とりあえず、七海はこれまでのビジネスを清算して、新しいビジネスを構築するのが先決だ。

「まずは、『最強の矛』が誰なのか、見つけるところから始めないとですね」

とは言うものの、そのスナイパーを探すのは、至難の業であることは七海もわかっていた。入念な準備をして、あの距離から狙撃しているところをみても簡単に捕まるような相手ではないことがわかる。もしかして、長期戦を覚悟しなければならないと思っていた。ところが——

「そう来ると思って、もう探しておいたよ」

西城が言う。

「え？」

聞き間違いかと思った。けれども、西城の余裕の表情は少しも崩れなかった。

「まさか、もう、誰が犯人か、わかっているんですか？」

ああ、と当然のように頷いて、西城は七海に一枚の紙を差し出した。

その紙は、スナイパーのプロファイリング資料か何かだと思って手に取ったが、まるで七海の予想に反していた。

桁の大きな数が並んでいた。

「一八億九〇〇〇万円って、何ですか？　請求書って……」

「あれ？　七海は僕のビジネスを知らなかったんだっけ？」

髭をツンツンと指でつまみながら、とぼけた口調で西城は言った。


「どうして、桐生七海をあんなふうに名指しで非難するんだよ！　あの子だって、被害者じゃないか！」

オンエアーを終えて、第四スタジオの分厚い扉の中から姿を現した相川響妃を見るなり、秋山明良は、ジャケットの胸ぐらを摑みかからんばかりの勢いで言う。

一緒にいたＡＤの若い女性が、間に入ろうとするも、響妃はそれを手で制する。テレビ局においては、秋山は、フリーアナウンサー相川響妃のマネージャーということになっている。

「しかも、僕が撮った写真に、何も、僕の名前を入れなくてもいいじゃん！」

もう桐生七海とは一生、まともな形で会うことはできないだろうと秋山は思った。それもこれも、響妃が暴走したせいだった。

響妃は、秋山の手をジャケットからぴしゃりとはねのけ、明良君さ、と至極冷静な声音で言う。

「何もわかってないよ」

「わかってなくないよ！」

どうしても、二歳年上の響妃にかかると、客観的には秋山は駄々っ子のように見えるだろう。

「本当にそう？　あそこで、一人、人が殺されたの。しかも、桐生七海はそれを事前に知っていたの」

「でも、脅迫があったからって、本当に狙われるって思わないよ、普通」

そうかな、と響妃は腕を組んで言う。スーツを着て仕事モードの響妃は、やはり、見慣れているとはいえかっこいい。残念ながら綺麗である。

「あそこにいた警備員、単なる泥棒対策の警備員じゃなくて、どう見てもプロよ。実戦経験が豊富なSPクラスの人材を、桐生七海は用意していた。つまり、知っていたのよ。本当に何かがあるかもしれないことを」

そう言われてみると、秋山も黙らざるをえない。たしかに、あの警備は物々しすぎたし、あの狙撃が起きる前に、響妃は何かが起きると予言していた。

そして、実際に、事は起きた。

「サイレンス・ヘルって聞いたことある？」

もちろん、秋山は聞いたことがあった。

「静寂の地獄、それとも名詞だから静寂と地獄って意味なのかな、どちらにせよ、都市伝説だろ？　二〇〇〇メートル先からの狙撃でも絶対に外さないっていう」

世界中で起きている政府の要人や企業のトップ、武装グループの幹部が変死を遂げるとき、ここ数年、必ず持ち出される名前がサイレンス・ヘルだった。

しかし、秋山は本当に存在するとは思っていない。

「架空のスナイパーをでっち上げ、背後で実際に動いているのはマフィアや政府の特殊部隊で、それがバレるとまずいから、自分たちがやったことを隠蔽しているんだよ、きっと。内政干渉だなんだ言われるのが面倒で、サイレンス・ヘルという名前を持ち出した。いつもの政治のやり口じゃないか」

秋山は新聞記者の父親が言っていたことを、そのままに言う。

「そう言われているよね」

響妃はソファーに腰掛けながら、思わせぶりに言う。ペットボトルの水を飲み、キャップを戻す。

「響妃、何か知ってるの？」

「ある人に、豊島公会堂の事件について、あんな狙撃をできるのはどういう人かって聞いたのよ。そしたら、その人、笑ってこう言ったのよ。あれをできるのはサイレンス・ヘルくらいだって」

「だから、それって冗談で言ったんだよ。サイレンス・ヘルは存在しないから」

「でも、もし、存在したら？」

まさか、と秋山は響妃の顔を見る。目が本気だ。

「山村詩織を殺したのはサイレンス・ヘルだって、本気で思ってるの？　それって、お化けとか幽霊がやったって言ってるのと同じレベルの話だよ？　ちょっと、響妃、しっかりしてよ」

秋山は、響妃の肩を叩いて笑う。ところが、響妃は笑わなかった。秋山の手を払うと、美しく真剣な表情でこう言った。

「たとえば、私と明良君があの日実際に見たことを誰かが聞いたら、本当だって思うかな？　客観的に見れば、これだって十分に都市伝説になるくらいの話だと思わない？」

「何を言いたいの？」

「間違いなく言えるのは、あの日、喫茶店が入っているアパートの二階のベランダからステージ上の山村詩織の心臓を撃ち抜いたスナイパーがいたってこと。誰もが神業と思えることをやってのけて、忽然と姿を消した。そして、それができると言われている人が、実際に存在するかもしれないとしたら、私なら、彼がやった可能性をどうしても考えてしまうけど」

これだ、と秋山は思う。これが相川響妃だと。

たとえば、専門家と言われる人なら、固定観念が邪魔をして、こういった自由な思考経路をたどらないだろう。だからこそ、真実を見落としてしまうということもありうる。ところが、響妃は違う。物事を直線的に見る癖がある。誰かが作った道を通らずに、自由に自ら道を作っていく。そして、誰よりも早く、真実に到達してしまう。

「でも、サイレンス・ヘルって本当に存在するとして、豊島公会堂の狙撃をやったとしたら、もしかして、今、日本に来ているってこと？」

それか、と響妃は立ち上がり、秋山に歩み寄って言う。

「元々、日本人だったか」

07

サイレンス・ヘル

「先生のビジネスって、本屋、ですよね？」

七海は周りを見渡して西城に言う。高台を中心として、この本屋には当然のように本がぎっしりと詰まっていた。棚から溢れて、台座に積み上がってしまうほどに本があった。ただし、相変わらず、客はいなかった。

「そう、僕は本屋だよ。間違いなくね」

西城が言う。

「ただ、商店街や駅前にある大型書店とはちょっと概念が違う。みんなが思っているよりも、原始的な、本質的な本屋だと言っていい」

「どういうことですか？」

「たとえば、この本を買うとして、七海はこの本の何にお金を支払っているのかな？」

西城は、棚から一冊の文庫本を取り出して、七海に手渡す。そこには『論語』と書かれている。

「何にって、中の情報ですか？」

そのとおり、と西城は七海の顔を指す。

「本を買うとは、別に、紙を買っているわけじゃない。紙を買うだけなら、そんな値段がするはずがない。僕らが本を買うときに、何に対価を支払っているかといえば『情報』にお金を払っていることになる。その知識はいろんな形態をしていて、記事だったり、小説だったり、ノウハウだったり、絵だったり、写真だったり、そのすべてが組み合わさったものだったりする。つまり、紙の本は『情報』を伝達するための一つの手段に過ぎないんだ。本が紙であることに、本質はない。たとえば、この本については、七海も知っているね？」

西城は七海に手渡した文庫本を指す。もちろん、七海は知っていた。

「『論語』は、中国の春秋戦国時代の孔子の言葉を弟子がまとめたものですよね？」

「孔子は大昔の中国の人だ。でも、僕らは大昔の中国の人の『情報』すらも、時空を超えてこうして手にしている」

「本は、時空を超えるんですね」

「それが、本の持つ最も重要な性質の一つだよ。ただね、理想はその情報を直接、孔子本人から聞くことだろうと思うんだよ。まさに、孔子の弟子の立場でね。でも、時代も国も違うから、それが不可能だから、僕らはこうして、仕方なく、本に頼るわけだ」

「なるほど、本は、仕方のない、ある意味妥協の産物なんですね」

「そのとおりだよ。それは、紙の書籍でも、電子書籍でも変わらないことだ。本当なら、孔子の言葉を直接、その場で聞いたほうが勉強になるに決まっている。そこには、動きがあり、声があり、体温があり、まさにリアルで情報量が比べ物にならないほど多いからね」

「ワード・ファイルとかテキストデータって送るのにそんなに苦労しませんが、動画のデータを送るときは、大変ですもんね」

「七海はさすがに勘がいい。そうなんだよ。理想的な『情報』の伝達は、リアルだ。そのときに、その場で直接一次情報として、得た情報が、『本』としての価値第一等となる。次に、動画のデータが優れていて、末端としてテキストのみの、いわゆる書籍のかたちをした本がそれに続く」

こういうことですか、と七海は西城の話を頭の中で整理して言う。

「先生は、『情報』自体を、『本』と定義しているんですね。書籍に限らず、あらゆる『情報』が『本』であると」

そうだね、と西城は頷く。

「『本』とは、その人にとっての有益な情報のことだ」

「それが、先生の『本』の定義ですね」

頷きつつ、西城は続ける。

「それだから、大学の授業も『本』であり、マスメディアという表面に上がってこない地下水脈に流れる『情報』も僕にとっては、『本』なんだよ。今までの書店が書籍を扱う狭義の意味での本屋なら、僕は、あらゆる『情報』を扱う、広義の意味での本屋ということになる。そう、僕は、正真正銘の本屋なんだよ」

そう言って、西城は、両腕を広げて笑って見せた。

「なので、この請求書なんですね。でも、ちょっと高くないですか？」

そうかな、と西城は首を捻る。

「それはレイニー・アンブレラが一年間に上げる収益と一緒。この金額で、受注数世界一の殺しの会社になくてはならない情報が手に入れられるんなら、安いと思うけどね」

七海は苦笑する。西城の言うとおりだった。ビジネスにとって、情報は重要である。情報が、ビジネスの行末を左右する場合が多い。それは、レイニー・アンブレラを経営して痛いほどわかった現実だった。たとえば、もし、今回の事件が山村詩織の自作自演だったということや、「最強の矛」となりうるスナイパーが、山村詩織を狙撃する、という情報さえ事前に入手できていれば、レイニー・アンブレラのブランドは崩壊せずに済んだのだ。

「その情報、一八億九〇〇〇万円で買います」

いい判断だ、と西城は頷く。

「ここに、二つの情報がある」

西城は、デスクの引き出しから、茶封筒を二つ、取り出してデスクの上に置く。

「これらは、まるで違った情報源から仕入れた、まるで異なる情報だ。この他に、豊島公会堂の案件に関して、三二個の情報を仕入れたが、結局、犯人にたどり着けそうな情報は、この二つのみだった。この二つを『編集』して新しい情報にする」

「情報を『編集』ですか」

「一次情報のままで使える情報って、実際には少ないんだよ。仕入れた情報を選別して、使える情報に『編集』する。それが、僕の仕事だ」

「なんだか、編集者みたいですね」

「まさにそう。素材としての『情報』を仕入れて、使える『情報』に『編集』して、付加価値をつける。そして、それを『情報』として販売する」

「使えるのだとすれば、一八億九〇〇〇万円は、妥当な数値になりますよね。それ以上の利益をもたらすのであれば」

「だから、七海は話が早い」

西城は笑う。

「今回はたどり着くのに苦労したよ。あのアパートは、架空名義で借りられていたからね」

相川響妃が自身のコーナー「相川アイズ」でレポートしたあの部屋のことだ。

「プロの殺し屋なら、きっと途中で情報を追えないように細工をしているはずだ。見つかるリスクを極限まで低める。だとすれば、そのままこの部屋を追っては見つからないと思って、その情報はクローズした。腕のいい殺し屋が追跡を攪乱するためによく使うトラップだよ。だから、経路を変えて、違う情報に当たることにした」

「どういうことですか？」

「あんな鮮やかな手口、相当な殺し屋しか無理だと考えたんだ。それなので、世界中の殺し屋をトップのほうからリストアップして、その中で日本にいる可能性が高い名前をピックアップした」

西城は簡単に言うが、普通なら簡単にはできないことだと七海は知っている。殺し屋は自分が殺し屋だということを公言しないし、自分の居場所は、最大の秘密だ。住所はもとより、どこの国にいるかということも、ほとんどは特定できない。しかし、西城は情報網とリストを手に入れることができる。

「その上で、知り合いの鍛冶屋に聞いてみたのさ」

そう言って、西城は一つ目の茶封筒から資料を取り出してみせる。

「鍛冶屋？」

「ガン・スミスだよ」

それなら、聞いたことがある。プロの殺し屋の銃を手入れする職工のことだ。銃工、あるいは、ガン・スミスと呼ばれる職人が、まるで入墨の職人のように、裏の世界には存在する。

「聞いてみたって、何をですか？」

「最近、銃を手入れに出した人はいないかってね。それが、このリストだよ」

資料の中から、一枚の紙を引き抜く。

なるほど、と七海は頷く。西城の言わんとしていることの意味がわかって、背筋あたりが少し寒くなった。繊細な精度を必要とする殺し屋なら、実行する前に、必ず、腕利きのガン・スミスに銃の照準の調整を依頼する。ピアニストが本番前に調律師に調律を依頼するのと同じことだ。プロであればあるほど、その作業を欠かさない。

つまり、絶対にプロが通る道に、西城は先回りして情報の網を張っていることになる。

それで、と西城は七海の前に一本の指を立てる。

「一人。たった一人だけ、このリストの中から候補が浮かび上がってきたんだよ。もちろん、その男の本当の名前はわからない。けれども、闇の世界での通称は知ることができた」

「その通称って……」

恐る恐る、七海は聞いてみる。この業界で商売をしていると、様々な名前を聞く。その通称が多くの人に知られているということは、数々の伝説的な殺しを成功させているということだ。そして、未だに現役として活動しているということでもある。

「サイレンス・ヘル」

西城は神妙な面持ちで、まるで忌み名を告げるかのように言う。

サイレンス・ヘル——

七海も聞いたことがある名前だった。

「本当に、存在するんですね……」

そう七海が言うのには理由があった。七海が聞いた伝説のすべてが、嘘のような話だったからだ。だから今まで、誰かが作り出した虚像だろうと思っていた。

二〇〇〇メートル先から、ターゲットの両目を撃ち抜いたという話。

自分の正体を知ったすべての人を、親兄弟も含めて、世の中から消したという話。

自分が殺した人の写真を撮るのが趣味で、それを作品としたポートフォリオを作っているという話。

たいていの殺害現場というのは、大混乱になる。けれども彼の行先は、とても静かになるという。なぜなら、一人残らず、殺してしまうからだ。

そこに現出するのは、静寂、そして地獄——だから、彼は「サイレンス・ヘル」と呼ばれるようになった。

ああ、と西城は頷く。

「彼は存在する。現役世界最強のスナイパーが彼だと言っていい。もし、彼を仲間に引き入れることができれば――」

「最強の『コンテンツ』を手に入れることができるようになる」

西城は頷き、二つ目の封筒を開ける。

中から出てきたのは、ドキュメント資料ではなかった。

青が印象的な、プリントされた写真だった。青色の世界の中に、人が大きく写し出されていた。被写体は、どれも生き生きとした目をしていて、まるで生命の躍動感が溢れ出てきそうだった。その熱さを、青で凍結させているというような、不思議な世界観を持った写真が、房となってデスクに広げられた。

その中の一枚の写真を、七海は手に取る。その手はかすかに震えていた。

「これは……」

ポートレートに写し出されていたのは、山村詩織だった。しかも、殺された当日に着ていた、あの真紅のドレスを着崩したヌード写真だった。

友人のヌードに衝撃を受けたが、それ以上に印象的だったのが、山村詩織の表情だった。少なくとも七海は見たことのない、生命力に満ち溢れた笑顔をしていた。その表情が、とても美しかった。

「デス・ポートレート」

左手をポケットに突っ込み、右手で一枚の写真を手に取りながら言った。

「デス・ポートレート？」

「彼は、殺す相手をこうして写真に収めていたんだ。どうやって殺害対象に殺す前に接触したのかは謎だけどね」

「じゃあ、この写真に写っている人たちは……」

七海は、改めて、デスクに広げられた写真を見る。老いた男性もいれば、幼女もいた。日本人だけではなく、およそ万遍なく、様々な人種の人がいた。国籍も人種も年齢も関係なく、様々な人が被写体となっていた。

西城は、小さく、頷く。

「もうすでにこの世にいない人々だよ」

西城の言葉が、うまく、頭に入ってこなかった。それほどに被写体として写っている人々は、どの人も生命力に満ちた顔をしていた。それでいて不思議と完結していた。その写真で、その人の人生を全うしているように思えた。これから先の未来を、想像させる何かが圧倒的に欠如していた。

あるいは、と七海は思った。覚悟なのかと。山村詩織は、自ら望んで、死を選んだ。そう覚悟するとき、人は流星の煌めきのごとくに最後に生命を燃焼させるのだろうか。

西城は、すっと七海に別の一枚の写真を差し出した。そこには、蔦で全体が覆われている、真っ白な古い建物が写っていた。入り口の扉が輸入物のようで、そこだけ切り取れば異国とも見えるが、電信柱に巻かれた看板に歯科医院の文字があって、ここが紛れもなく日本だとわかる。

「彼は今、日本の小さな写真館にいる」

「ここは……」

この写真館の外観をどこかで見たことがあるような気がした。しかし、はるか遠い記憶のようで、霞がかったように、さやかにはならなかった。

「そして、七海」

西城は改めて、丸メガネを押し上げて言った。

「僕が七海に協力できるのは、ここまでだ」

「どういうことですか？」

あまりに急なことで、言っている意味がわからなかった。

西城と会って以来、いつだって、西城は七海を助けてくれた。窮地のときもどこからともなく現れて、西城は導いてくれた。

「クライアントと少々トラブルを抱えていてね、姿を消さなくちゃならなくなった。当分は、連絡がつくだろう。けれども、もし、僕と二週間以上、連絡がつかなくなったら――」

そう言って、西城はデスクの別な引き出しを開けて、黒い封筒を取り出し、七海に差し出した。

「ここに行ってくれ」

「何があったんですか？」

西城は、七海の口の前に人差し指を立てる。

「今は、何も聞かないほうがいい」

聞くと、七海にも危害が及ぶのだろうと容易に想像がついた。だとすれば、平気な顔をしているが、西城は少々どころではないトラブルを抱えているのだろう。

「まずは、この写真館を当たれ。そして、何としても、世界一の殺し屋サイレンス・ヘルを仲間に入れるんだ」

七海は、言いたいことの大部分を呑み込み、黒い封筒を握りしめながら頷いた。

第二幕　一〇二歳余命三ヶ月の老婆

08

ひなた写真館

もしかして、来客のことなど、少しも想定していなかったのではないだろうか。

初めてその写真館を訪れたとき、七海はそう思った。

その蔦が蔓延《はびこ》った白亜の写真館は、まるで主を失った廃墟のようで、たしかに「ひなた写真館」と小さな看板は掲げられてはいるのだけれども、閉ざされた西洋風の重厚な扉は、ともすれば格式の高い女学院の生徒の膝のように、禁忌に満ちて固く閉ざされていた。

たとえ、鍵がかかっていなかったとしても、鍵よりも強い、ある種の拒絶や排他性が辺りの静けさに滲むようであり、事実、そこを通る人々は、まるでその写真館が日常にないかのように振る舞った。

それだからだろうか、七海がその写真館の前に初めて立ったときに、黒ずんだ金のドアノブの、ことのほかひんやりとした感触を覚えてもなお、中の様子を少しも現実味を持って想像することができなかった。

開けるとき、建てつけが悪いのか、その重厚なドアはぎぃと窮屈な音を立てた。

「こんにちは」

恐る恐る発した七海の声は、奥へと続く廊下にかすかに響き、何の反応もないままに儚く消えた。もう一度、より強く呼びかけてみても、結果は同じだった。

写真館というくせに、カウンターもなく、それだから無論、料金表やメニューのようなものもなく、大きなゼンマイ式の古時計だけが振り子を規則的に揺らし懸命に時を刻んでおり、この写真館が未だ死んでいないことを示していた。

ただ、廊下が一本、まるで勇気を試すかのように、暗がりを抱えて奥へと続いていた。

廊下の行き止まり、右手のドアには「暗室」とあった。写真についてほとんど知識がない七海も、そこがフィルム写真を現像する空間だということは知っていた。けれども、左手のドアに刻まれた文字には、馴染みがなかった。

「明室……」

七海はそうつぶやいていた。声に出しても、やはり、聞いたことのない言葉だった。

七海はそちらの扉を押し開けた。

一瞬にして燃え上がるように、おそらく全身が光に包まれた。最初は、ステージ上のようにライトを当てられているのかと思ったが、そうではなかった。

その部屋全体が、壁も床も天井もカーテンも、そして家具さえも、純度の高い白で整えられていて、窓から差し込む午前の光が部屋全体に回って、まるでライトを照らしているかのように明るく見せているのだった。

白い壁面はギャラリーになっていた。

そこには、写真が飾ってあった。すべて、人を写したものだった。

白から青にかけての、青になる一歩手前の世界観で統一されたその写真は、おそらく、一人のカメラマンによって撮られたものだろうと思った。写された人々は、肌が白く、そして唇が浮きたって紅に見えた。

静謐であり、清廉であり、それなのにどうしてだろうか、どの写真からも溢れ出る生命力のようなものを七海は感じた。何かを奮い立たされるような、何かを訴えかけてくるような。

別に若い女性を写したものだけがそういうわけではなかった。老若男女問わず、あらゆる人の表情の中に、決然とした生があって、その根底に、たしかに強い欲求のようなものを感じた——それを、エロスと言ってもいい。

一八枚目に写された、真紅のドレスを脱がされた、若い白い裸体を晒した女性が、チェリストの山村詩織だった。

改めて全紙サイズで大きく引き伸ばされたプリントで見ると、その写真の迫力が際立っていた。

それにしても、山村詩織の自信に満ちた振る舞いは何だろうか。溢れる生命力は、卑近ではなく、堂々たるエロスを誘発するのだと、七海は思った。

あまりに集中していて、その部屋に人がいることに、七海は気づいていなかった。いつからいたのだろうか、ドアのところに、生気が感じられないほどに色の白い、長髪の男が立っていた。

男は七海を見て、見下すように薄らと口元に笑みを浮かべてこう言ったのだった。

「人は極限状態に陥ると、性的欲求を強く覚えるという」

もしかして、ずっと自分の様子を見ていたのかもしれない。

「世界一の殺し屋にしては、不用心ね」

桐生七海は、玄関口のほうを指して言った。

長髪は後ろで結われているものの、前髪が垂れ落ちて、ちょうど七海の位置からは目元が髪に隠れて見えなかった。それでも、窓から入り来る陽の光が逆光となって男の全身を包み込み、光の中で垂れ落ちる髪は黄金色に煌めいて見えた。その男は、鼻筋が整った、美しい面立ちをしていた。両耳につけたイヤフォンから白いコードが垂れ下がっていた。

西城からの情報によれば、親から受け継いだ小さな写真館を営む男の名は、日向涼《ひなたりょう》。それが、本名なのか、はっきりとはわからない。けれども、彼が裏の世界ではこう呼ばれていることを七海は知っている。

サイレンス・ヘル――あまりに秘密が多すぎるために、実在するかも疑われている世界一のスナイパーである。

「何も、盗られるものがないから」

サイレンス・ヘルこと日向涼はうつむき、首から下げたオールドカメラを両手で弄ぶようにしながら言った。

申し訳程度に、七海のほうを見て、すぐに視線を戻した。

七海は視線が合った、ほんの一瞬に、強烈な違和感を覚えた。その眼差しがことのほか美しかったからではない。透明に澄んでいるように見えたからだ。

まるで清らかな行いを常とする聖者のような、あるいは、人生を諦観した世捨て人のような、どんな欲望をひけらかしたインセンティブを用意しようとも頑として動かないような、とても殺し屋とは思えない目をしていた。

「あなたのこのコレクションも？」

壁に掛けられ、並べられている写真を、横にゆっくりと一歩一歩移動しつつ見ながら、七海は涼に言う。七海は、このコレクションが「デス・ポートレート」と言われる、ある種の遺影だということを知っている。それなのに、なぜだろうか、少しも不気味には思えない。不気味に思えないことのほうが、余計に不気味だった。

おそらく、写真が表しているものに、不吉さや痛ましさを少しも感じないからだろう。むしろ、胸に徐々に何か湧き立つような、生命の躍動をどうしても感じてしまうのだ。いつしか、作品に引き込まれ、見ているうちに、禁忌に近い心地よさを感じるのは、もしかして、この明るすぎる部屋がもたらす効果なのかもしれないと七海は訝しんだ。

「プリントは、いずれ劣化して朽ちる。でも、頭の中のイメージは」

と、涼は自らの頭を指す。

「永久不変で朽ちることも、盗られることもない」

やはりそうだ、と七海は直感的に思った。この人には、取引も説得も通用しない。基本的な欲望が、おそらく、大部分、欠落しているのだ。

たとえば、金銭を積んだとしても、何ら効果がないだろう。

一瞬、七海は次の言葉に迷った。

その隙を待っていたかのように、涼は言った。

「桐生七海か。噂は本当だったんだね」

涼が七海のことを知っているのは、少しも不思議ではない。豊島公会堂の狙撃を成功させるために、あの日の「盾」を担っていた「レイニー・アンブレラ」と七海を調べていたと考えるのが自然だ。ただし——

「噂？」

主導権を引き渡すのがわかりつつ、七海は聞かざるをえない。

「何か良からぬことを企んでるって」

涼はそう言って唐突に破顔してみせた。これまでの無表情からしたら、あまりにギャップが大きい、刹那、心を奪われても仕方がないと諦められるような、まばゆい笑顔をしていた。

駆け引きは通用しないと思った。それなら、正面からぶつかるしかない。

「受注数世界一の、殺しの会社を創りたいの」

笑うか、驚いてみせるか。しかし、予想外に、涼は頷いた。

「ああ、知っている」

「知っているって……」

さすがに七海は動揺した。何かの間違いか、勘違いかと思った。けれども、涼は自分のスタンスを崩さず、こう肯定することによってそれをさらに強化した。

「いつ、ここに現れるかと思って待っていた。僕は、桐生七海、君が来るのを待っていたんだよ」

人は誰しも、人生で幾度か、頭が真っ白になるという経験をするだろう。そのとき七海が感じたのは、それ以上のことだった。

思考停止――。

何をどこから、どう考えていいのか、一向にわからなかった。

それを察したのか、助け舟を出すように涼は言った。

「そして、君からのオファーを、たとえどんな条件でも受けるつもりだ。理由も求めない」

「でも、どうして……」

サイレンス・ヘルは、豊島公会堂で山村詩織を狙撃した犯人のはずだ。山村詩織のヌード写真が、「デス・ポートレート」に混じっていることからしても明らかなことだ。その狙撃によって、七海が興した会社「レイニー・アンブレラ」は風前の灯火である。たとえば、山村詩織の要望があったとしてもだ。実質的に七海を窮地に追い込んでいる張本人が、七海を待っている理由などないはずだ。

「どうしてって……」

逆に涼は実に不可解そうに七海の顔を見た。

そして、思いついたように、唐突にこう言った。

「七海、蛙の子は――」

「おたまじゃくし……」

七海は間髪を容れずに、ほとんど無意識にそう答えていた。

答えると、なぜだろうか、深い森のイメージが頭の中に広がった。

その風景の中では、銃声が轟いていた。鳥が鳴き声を上げて、飛び出す音がした。

想像上の風景ではなかった。いつか、どこかでたしかに見た風景だった。

「本当に、覚えていないのか。僕のことを」

そう言われると、どこかで会ったような感覚が、胸騒ぎのように広がった。

前に仕事の依頼をしたことがあっただろうかと思ったが、そんなはずはなかった。七海は仕事をした相手のことは、絶対に忘れることはなかった。

それなら、昔の話だろうか、と思うと、なかなかうまく記憶と接続できない。七海には、どうしても、思い出したくない時期があった。

まあ、いい、と涼は言った。

「蛙の子は、蛙だよ」

そう言って涼が再び見せた笑顔は、笑顔とうらはらに、ともすれば見ているほうが哀しくなってしまうほどに寂しそうだった。

七海はその表情の中に、小さな少年の面影を見たような気がした。

09

沈められた村

「絶対におかしいって！」

車内に相川響妃の声が響く。秋山明良が運転する車は、群馬の山中を走っていた。対向車もほとんど来ないような奥地である。先ほどから、同じことを繰り返されて、運転しながら、秋山はもううんざりしていた。

「一〇二歳のおばあちゃんだよ？　もう少しで死ぬんでしょ？」

「そういう言い方はないだろ」

「でも、でも、でも、よく考えてよ。一〇二歳のおばあちゃんを殺して、何の得があるの？」

「誰に何の得があるか、僕だって知らないけど、でも親父からの情報によると、間違いないって」

秋山がその情報を得たのは、新聞記者の父からだった。自分では動けないから、この件、調べてみないかととても奇妙な話を秋山にした。

響妃に言われるまでもなく、秋山もおかしい話だと思った。けれども、あの父が言うのだから、ガセネタということはありえない。

「だからさ、ついて来なくていいって言ったのにさ」

「てか、もう、ここまで来ちゃったよ。どこ、これ。山奥？　遭難？」

響妃は両手を雨乞いするかのように天に向かって広げ、短い髪を振り乱すようにして言う。

先ほどから左手の森林の合間に、大きなダム湖が見えていた。

昼の光を反射して、水面が眩しく光っていた。

助手席に乗る響妃の髪が、光を受けて黄金色に煌めく。認めたくはないけれども、やはり、響妃の横顔は絵に描いたように美しいと秋山は思った。それを認めてしまうと、なぜか、無性に腹が立った。

このダム湖の周囲のどこかに、目標の老人ホームがあるはずだった。ところが、湖があまりに大きく、どこにあるのか、見当たらないのだ。

「この湖の底に、村が沈んでるって考えると、なんだか怖いよね」

響妃は、窓の外を眺めながら言う。

今から四〇年前、当時日本一の規模と言われたこのダムを建設するために、ある小さな村が沈められた。政権がかわるたびに、建設の是非が議論されたが、結局はこうして巨大なダムができている。

数千億円というお金が動いたという。その額は、もはや小さな経済とでも言えるような規模で、このプロジェクトで多くの人の運命が変わっただろう。工事を受注した大手のゼネコンばかりではなく、下請け、孫請けの会社、村の移転から生じる膨大な仕事など、数万人の人生に影響する事業だった。

「今から行く老人ホームには、その村のことを知っている人たちがいる」

うん、と響妃は頷く。

「でも、自分の生まれ故郷が湖の底に沈められるって、どんな気持ちなんだろう」

秋山は想像してみた。

自分が通った小学校が、遊んだ公園が、生まれた病院が、いつも通っていたスーパーが、そして、自分が育った家が、水の底に沈む。

思い出の拠り所となる、あらゆるものが沈められたとき、人は何を感じるのだろう。

「うまく、想像できないよね……。見えてきた、あれじゃないかな？」

秋山は、アクセルを緩める。深い緑が左右から覆いかぶさるように門があって、鉄扉が内側に開いていた。その林の向こうに、建物が見えた。

「大きい。老人ホームというより、美術館か、文化会館って感じね」

響妃の言うとおり、老人ホームにしてはとても大きな施設で、近代的なデザインがなされた最先端のコンクリート建築物が林の中にあった。

「ま、国から移転費用がだいぶ出たのがわかるよね」

ダムの対岸に、その老人ホームはあった。遠くに、コンクリート製のダムが、まるで万里の長城のように見えた。ここから、かなりの距離があるように見える。

庭がダムの湖畔に面していて、公園のように整備してあり、ベンチが置いてあった。空が、青かった。澄み切っていた。

「本当にいいところね」

響妃が言うように、そこは老人ホームの印象とはかけ離れた、楽園のような場所だった。

駐車場に車を停めて、外に出てみる。

冷ややかな山の空気が、肌にとても気持ちがいい。

「贖罪、なのかな」

秋山は目の上に手をかざして、ダム湖を眺めながらつぶやくように言う。村を沈める罪悪感が、この壮麗な建物に転化されたようにしか思えない。

「誰の、誰に対しての？」

わからない、と秋山は首を横に振る。

「でも、この施設なら一〇二歳まで長生きするのもわかるよね」


「よかった、来てくれて。あまり面会に来る人がいないんですよ。寺岡《てらおか》さんは」

気さくな介護福祉士の男性、大泉《おおいずみ》は屈託のない笑顔を向けて言った。顔中にニキビの跡があって、黒縁の四角いメガネをかけていた。レンズの奥の目が、とても素直な表情をしていた。

「そうなんですか。ちょっと私たちは寺岡澄子《すみこ》さんの縁者の方に頼まれて、自分は体が弱いから代わりに様子を見に行ってきてくれないかと」

響妃が大泉に言う。

よくもまあ、そんな嘘が次から次へと出るもんだな、と秋山は鼻白んだ顔で響妃のやり取りを見ていた。

寺岡澄子とは、命を狙われているという余命三ヶ月の一〇二歳の女性のことである。

家族が頻繁に来ていたらどうしようと思ったが、その心配はなさそうだった。ただし、と秋山の脳裏に新たな疑問が湧き上がる。

家族や親族との交流が途絶えているというのに、なぜ、命を狙われなければならないのか？

ふと、秋山は視線に気づいて、そのほうを見ると、車椅子に座った老年の男性が、秋山のほうを見ながら、不機嫌そうにブツブツ何かつぶやいていた。しかし、大泉は特段気にしていないようだったから、おそらく、いつものことなのだろう。

「職員さんから見て、最近の寺岡さんのご様子はいかがですか？」

さすが、プロのレポーター、と秋山は思う。やはり、響妃に一緒に来てもらってよかった。秋山一人ではこううまくはいかないだろう。

「それが、おかしいんですよ」

頭の後ろに手をやって、髪を掻きながら大泉は言う。

「前は、とても取っ付きにくい人だったんです。こう言ってはなんですが、気難しくて、人を寄せ付けない人だったんですが……」

大泉は、窓の外、湖のほうに目をやって言った。

「最近、とても上品になって、穏やかな人柄になったんです」

「気難しい人が、穏やかになる……。そんなことってあるんですか？」

響妃と秋山は顔を見合わせる。

「いや、見たことがないですね。気難しかった人が、認知症になって、子ども返りすることはよくあるんです」

それは、秋山も聞いたことがあった。年を取るにつれて、状態によっては、赤ちゃんのようになってしまうと。

「でも、寺岡さんの場合は、それとは違うんです。人格が入れ替わったような、もっと言ってしまうと、二重人格のような。ただ、物忘れが激しくなったことは確かです。今、寺岡さんはここにはいません」

「え？　どこかに移られたんですか？」

秋山は割り込むようにして言う。

いや、そういう意味ではなくて、と大泉は苦笑する。

「たとえとして言っているんですが、寺岡さんは今、現在にはいないんです。おそらく、四〇年ほど前が、寺岡さんにとっての現在になっています」

認知症が発症して、元々気難しかった人格が、穏やかな人格に変わる。そして、意識が時を超えてしまい、四〇年ほど前に留まってしまう。

そして、その人が、余命三ヶ月の今、何者かによって、殺されようとしている。

頭を整理して、秋山は再びこう思った。

そんなこと、ありうるのだろうか。

響妃のほうに目をやると、美しい面立ちを支えるように、軽く顎に手をやって何事かを考えているようだった。そして、考えがまとまったのか、口を開いた。

「四〇年ほど前って、もしかして、ダムができた時期と重なるんじゃないんですか？」

そうなんですよ、大泉は言う。

「どうも、その時代に、寺岡さんは戻ってしまっているようなのです」

再び、大泉は窓の外に視線をやる。湖畔に面したベンチがあった。

そこに、毛糸の帽子をかぶった、小さな背中があった。

「あのベンチに座っているのが、寺岡澄子さんです。もう末期のガンで、余命宣告を受けているんですが、ああやって、この時間になると、毎日ベンチに出るんですよ」

「湖に沈められた村が恋しいんでしょうか？」

響妃が言う。

「そうかもしれませんね」

突然、先ほどからブツブツ言っていた男性が、大泉のほうに向かって車椅子を進めてきた。そして、何か、糾弾するかのように大声でこう言ったのだった。

「かんすけだ、かんすけが来よった！　あれはかんすけだ！　かんすけが来よったんだ！」

大泉は、困ったような笑顔になって、その老人に言う。

「わかりました、わかりましたよ、誰か来たんですね？」

「かんすけって誰ですか？」

秋山が言う。

「いや、僕にもわからないんですが、昔なじみの誰かですかね。いつものことなんで」

大泉は困ったように微笑む。

「いや、かんすけだ、お前たちが来る前に、かんすけが来よった！　わしはあの男の顔を知っておるんじゃ！」

口元に泡を浮かべながら、必死の形相で、その老人は言い続けていた。

「疲れちゃったんですね、部屋に戻りましょうね」

大泉は、そう穏やかに言って、その車椅子の後ろに回り、廊下を押していった。その間も、老人は、大きな声で、意味不明な言葉をわめき続けていた。

「日常、なのかな？」

それを見送るようにして秋山は言う。

「ま、老人ホームだからね、こう見えても」

秋山はこくりと頷く。

思い出したように、大泉は振り返って言う。

「あ、こちらから、外に出られます。寺岡さんの気が済むまで、話し相手になってやってください。喜ぶと思いますんで、今の寺岡さんなら」

廊下の先には、表に出られるスロープがあった。

広くて清潔感のあるエントランスから、廊下を進み、談話室の横を通る。そこからは、ピアノの音と、主におばあちゃんたちの声が漏れ聞こえてきた。

秋山と響妃が、そこを通ると、元気なおばあちゃんの声が追ってきた。

「あ、あれ、相川響妃じゃないの？」

「愛川欽也がえ？」

「違うくて、相川響妃！　いっつも、テレビで観てんでしょ、ほら、そうだんべ？」

あっという間に、響妃は小さなおばあちゃんたちに囲まれてしまう。

「そうだんべ？　相川響妃じゃねんかい？」

そう言って、一人のおばあちゃんが、響妃の手を取って撫でた。それを皮切りに他のおばあちゃんたちも、響妃に取り付くようにして我先に手を取ろうとした。

こうなると、しばらく逃れることはできない。

響妃は、困ったように微笑みながら、秋山に言う。

「先に行ってて、すぐに行くから」

わかった、と秋山は頷く。

「こんにちは、相川アイズの時間です」

響妃がテレビのときのお馴染みのセリフを言うと、談話室は喝采に包まれた。

「ほら、そうだんべ！」

おばあちゃんたちの嬉しそうな声が飛び交う。

響妃は抜け目ないよな、と笑いつつ、秋山は外へといたるスロープに出る。

本当に気持ちのいい日だった。

天気が良く、穏やかな湖面には、空が映っていた。湖の周囲には、色濃い緑を纏った森林が連なっていて、空と湖面の青とともに、陽射しの中でとても高い彩度を表し、目に心地がよかった。

その美しい景色を独り占めにできるベンチに、寺岡澄子の小さな背中が座っていた。それは浮き立つようではなく、まるで絵画の一部であるかのように、景色に違和感なく馴染んでいた。

10 ククリコクリコクの粉

窓からは、東京の街が一望できる。

あいにく、空が霞んでいてさやかには見えなかったが、天気のいい日などは右手に富士山も望むことができた。

応接間には暖炉があって、大きな楕円形のアンティーク・テーブルがあった。季節外れなのに、暖炉に火が灯されている。それなのに涼しいのは、エアコンが効いているからだ。

窓に面する席には、すでに、短髪の、ブラックスーツを着込んだ背中の広い男が、入り口に背を向けるように座っていた。窓から、東京を一望しているのだろう。右手には、ティーカップがあった。

桐生譲《きりゅうじょう》が部屋に入ると、その気配に気づき、男が椅子を回転させてこちらを向いた。ティーカップをテーブルの上のソーサーに置き、縁なしのメガネをくいっと上げて、焦点を合わせるようにして桐生の顔を見た。

表情からは、あらゆる感情が読み取れなかった。そう訓練されているということも理由だろうが、元々、そういう性質の男なのだ。

「遅れてしまって申し訳ありません」

桐生が頭を下げようとするのを、鷹揚な仕草でその男は遮った。

「いいんだ、わかってる」

その男、児玉宗元《こだまむねもと》は、無表情なだけではなく、元々、感情の起伏が激しくはない。もしかして、この人は感情を平坦に保つことを自らに課しているのではないかと桐生は思っている。それも長い付き合いの中で気づいたことで、強面の風貌と経歴ゆえに、その人格を誤解されることが多い。

内閣総理大臣特別補佐官という役職が、児玉をそうさせているのかもしれない。その表向きの役職を、これまで三代の総理大臣の元で一三年間務めている。

児玉宗元は、裏の世界では「フィクサー」と呼ばれている。と言っても、この「目白台」の主宰ではない。密かに継承されてきた最高意思決定機関の事務局長である。

「例の物を」

児玉は手を差し出した。桐生は、持ってきた書類ケースを差し出す。児玉はそれを受け取り、慣れた手つきで書類を取り出し、メガネを上げて、焦点を合わせ直すと、まるでスキャンするような信じられないスピードで、目を左右に動かし、ページを捲り、書類を読み込んでいく。

瞬く間に読み終えると、躊躇することなく、児玉は文書を暖炉に投げ入れた。まもなく、文書は激しく炎を上げた。

機密文書は、電子的なファイルのやり取りを決してしない。必ず漏洩するからだ。そのため、ワープロか手書きで作成し、必要な人が読んだ後は、すぐに焼却される。

「まずいことになった」

炎をメガネのレンズに映しながら、児玉は言う。かと言って、言葉に感情を込めないので、まったく「まずい」ようには聞こえない。

しかし、今、児玉が頭に入れた内容は、極めてまずい問題だった。調査した本人である桐生譲も、これが公になれば、大げさではなく、後世の日本史の教科書が少し、書き換えられることになると思った。

「早急に手を打たなければならないでしょう。いずれ、誰かに気づかれます」

気づかれれば、インパクトとしてはロッキード事件以上の大スキャンダルとなる。

頷きつつ、児玉は楕円形のテーブルの首座に配置された、今は誰も座っていない、一人掛けの革張りのソファーを見つめて言う。

「しかも、あの方が、この件を摑んでいる」

桐生も、そのゴッドファーザー・チェアーと異名される椅子を見る。

その人物が、この件をもうすでに摑んでいると言う。

桐生にとって驚くことではなかった。児玉も桐生も、調査結果が記された文書が出てから告げようと思っていたが、たとえ隠したとしても、その人物が事を知るのは時間の問題だと思っていた。

「でも、あの方なら、判断を誤らないのではないでしょうか」

「自分の、実の母親だぞ？」

桐生は、言葉に詰まる。たしかに、これまでとはわけが違う。

児玉の胸元で携帯電話が鳴った。

児玉は携帯電話を取り出し、液晶ディスプレイを見て、桐生に小さく言う。

「官邸からだ」

桐生は、促すように頷く。

児玉は桐生の顔を見たまま、児玉だ、と電話を取る。

「なに？」

児玉の表情に影が差したように、桐生には見えた。珍しいことだった。

「あの方が？　本当にそう言ったのか？」

まるで、桐生に答えを求めるように、桐生の目を見つめながら言う。普段は言葉に感情を乗せない分、この言葉の微細な揺れから、感情の動きが手に取るようにわかる。

最後に児玉は、わかった、と言って電話を切る。

「なんと？」

待ちきれずに、桐生が言う。顔が強張っているのが自分でもわかった。胸が高鳴るのが抑えられなかった。

児玉は一度、背もたれに体重を預けるようにして、虚空を見つめた。そして、改めて桐生の目を見て言った。

「予定通り、執行せよと」

心持ち、低い声だった。

「自分の母親を、殺せと？」

声が上擦ってしまうのを、桐生はどうしても抑えることができなかった。

児玉宗元は神妙な面持ちで、こくり、と小さく頷いた。


「なに、あなたバカ言ってるのよ」

ベンチに座る寺岡澄子は上品に口に手を当てて笑った。

「私は見てのとおりのおばあちゃんで、それであと三ヶ月でお迎えが来るってお医者様にも言われているんだよ？　その私を殺して、何の得があるっていうの？」

その表情はとても一〇二歳とは思えないほど豊かで柔軟であり、その目はとても余命三ヶ月に見えないほど生気に満ち溢れていた。

話してすぐに、秋山明良は、この人が好きになった。初めて会った気がしなかった。縁遠くなって長年会っていなかった祖母に会ったような、不思議と懐かしい感覚になった。

介護福祉士の大泉は、以前の寺岡を評して、取っ付きにくい、気難しい、人を寄せ付けない人と言ったが、その形跡は微塵も感じられなかった。知性とウイットを感じさせる、好印象な老貴婦人にしか見えなかった。しかも、綺麗な標準語を使った。

ですよね、とその横に並んで座る秋山は、腕を組んで、しきりに首を傾げた。

「でも、本当なんですよ。情報源からの間違いない情報で、あなたは命を狙われているらしいんです」

「だから、私は元気に見えるけど、余命が三ヶ月で」

「ですよね、たとえ、あなたが巨大マフィアのボスだったとしても、あと三ヶ月で死ぬのに、わざわざ殺す必要はないですよね」

「でしょ？」

なぜか寺岡のほうが、納得しない秋山を説得するようなかたちになっている。

「たしかにそのとおりです。でも……」

「もう、でも、でもって本当に」

困った様子で寺岡は眉根を寄せて苦笑する。

「これじゃあ、私はまるで繰り返し同じことを言っている老人みたいじゃない」

「ん？　繰り返し同じことを言っている老人で間違いないと思うんですけど」

寺岡は、秋山の顔を見て、実におかしそうに笑う。

「まあ、そうね」

秋山は、寺岡とやり取りすればするほどにわからなくなってくる。どう見ても、知的な女性で、言われなければ年齢も八〇代と思ってしまうだろうし、認知症だということも、話しているうちにすっかり忘れてしまっていた。

この人を殺す意味が、どうしてもわからなかった。

まさか、父のネタが間違っていたのか？

寺岡澄子について、父から聞かされた情報は、断片的なものだった。

寺岡澄子は、ダムの底に沈められた村出身で、大昔、古来の名家にお手伝いとして働いていた経験があったという。お手伝いとして入った家は、大我《おおが》家といい、高度経済成長期に建設業で飛躍して、大我建設は全国でも屈指の建設業者となる。そして、その大我家の現当主こそが、内閣総理大臣大我総輔《そうすけ》だった。内閣総理大臣を出した名家でお手伝いをしていた、余命三ヶ月の老婆が、何者かによって殺されようとしているという。

この情報が、間違っているというのか。

いや、そんなはずはない、と秋山は腕を固く組み、首を横に振り、うなだれるようにして考え込む。父は疑り深いと言われるほどに慎重な男で、間違った情報を息子に摑ませるはずがない。

その様子を微笑んで見ていた寺岡は、秋山の背中にそっと手を置いて言う。

「私でよければ、とりあえず、あなたのお話を聞きますよ。どうして、そう思うようになったのか、詳しく話してちょうだい」

はい、と秋山は顔を上げて言う。

「そもそも、僕には情報源がいるんですけど、その情報源が言うには、世の中にはフィクサーという存在がいて、様々な場面を調整していると」

「フィクサー？　黒幕って意味かしら？」

「どうも、違うみたいなんです。黒幕って言うよりも、もっとこう、バランスを調整するための人みたいな。どこの国にもあって、ただ表に出ていないだけだって。新聞もテレビも雑誌も、そのフィクサーの意向を無視することはできないらしく」

「だから、あなたが記事を書いているって、そういう話ね」

「そうなんです！」

秋山はまた寺岡のほうを向いて言う。

「お年の割に、頭がしっかりしてますね！」

ま、と寺岡は口を丸く開けて、目を見開く。

「あんた、言うわね」

実に楽しそうに寺岡はケタケタと笑う。その表情が、柔らかい昼の光に包まれる。あるのは、永遠に続くのではないかと勘違いするような穏やかな日常だった。ここで何かあるはずがない、と秋山はもう直感的にそう感じ、安心しきっていた。何より、寺岡澄子との会話を、心の底から楽しんでいた。

「わざわざこんな還暦過ぎのおばあちゃんの相手をしてもらって申し訳ないから、面白い話を聞かせてあげるわ。そうね、これはトップシークレットね」

おお、と秋山は喜色を浮かべる。

「トップシークレット、大好物です！　まさか、それがフィクサーが隠したい秘密？」

「さあ、どうかしら？」

寺岡はいたずらっぽく笑って続ける。

「私がいた村には、と言っても、もう先月、ダムの底に沈んじゃったんだけどね」

秋山は、先月、というところに引っかかった。ダムの底に村が沈んだのは、先月ではない。およそ、四〇年前である。そういえば、先ほども自分のことを「還暦過ぎのおばあちゃん」と言っていたが、寺岡の年齢は六〇どころか一〇〇歳を超えている。スタッフの大泉が言った、四〇年前にいるという表現は、どうやら間違いではないらしい。

「そこには、なんと、虫歯の人が一人もいなかったの」

「虫歯の人がいない？　甘いものを食べなかったから？」

そうじゃなくて、と寺岡は秋山の腕を小突くようにして言う。

「ククリコクリコクの粉って聞いたことがあるかしら？」

「くりくりこく？」

「ちがう、ちがう。ククリコクリコクの粉よ。ククリコクリコクの粉」

「くくりこくりこくの……。で、それがどうかしたんですか？」

実はね、と寺岡は悪戯をする前の幼女のような顔を近づけて、小声で秋山の耳元に口を近づけて言った。

「なんと、それを歯に塗ると、虫歯がたちどころに治ってしまうのよ」

「虫歯が、治る？　そんな、まさか」

秋山は寺岡から離れて笑う。

「そしたら、歯医者さんがいらなくなるじゃないですか」

そんなことが本当にあったら、世界のルールが書き換えられる。どうやら、話半分で聞いたほうがよさそうだと秋山は思った。

だから、と寺岡は思いがけず真摯な表情で、膝を叩いて言う。

「その村には、歯医者がいなかったんだってば」

秋山は、目の前の波立たぬダム湖を見つめながら思う。

村には、歯に塗ると虫歯がたちどころに治ってしまう粉があった。そして、歯医者がいなかった。それはそうだ。虫歯がなければ、歯医者はいらない。

「それって、ダムの底に沈められた村には、虫歯の特効薬があったってことですか？　その……」

「ククリコクリコクの粉」

寺岡はもう一度、しっかりとその奇妙な名前を自信に満ちた口調で言った。

「そうね、虫歯の特効薬だったんでしょう」

笑うと、およそ一〇二歳の老女とは思えない、白く輝く整然と並んだ歯が見えた。その歯は陽の光に輝いて、まるで乳幼児の歯のようにエナメル質がうぶに見え、秋山はそのギャップに、少し怖くなった。

本来の老婆の口元ではなかった。この先の未来まで担保するかのような、あまりに健全で、生命力に溢れた口元だった。どう見ても、作り物には見えなかった。

「ちょっと待ってください。でも、もし、本当に虫歯の特効薬があったのなら、どうしてニュースになっていないんですか？　世界的な発見だと思うんですけど」

「さあ、どうしてかしら。発見されると困る人がいるんじゃないかしら」

「発見されると、困る？　だって、みんな虫歯になりたくないじゃないですか」

背後で、ドアが開く気配がした。

「明良君、ごめん」

振り返ると、響妃が眩しそうに手を顔の前にかざして、こちらに向かって来ている。緑をバックにした美術館のような建物を背景として、その姿があまりに絵になった。ようやく、老人ホームの人たちから解放されたのだろう。

それを見止めると、寺岡は、秋山の手に、すっと何かを握らせた。

手のひらを開いて見ると、それは表面が漆で塗られた、丸い木製の小さな容れ物だった。まるで、印を押すための朱肉を入れるケースのような、あるいは——

「まさか、これってククリコ……」

しぃ、と寺岡は口元に人差し指を持ってくる。

「トップシークレット、でしょ？」

寺岡は微笑んだ。歯が整っているからか、一〇二歳には見えない、実に艶やかな笑みに見えた。

11　たとえ話

「お嬢様、今回は久しぶりの里帰りになりますな」

桐生家のお抱え運転手、冴島耕造《さえじまこうぞう》はルームミラーで、後部座席に座る桐生七海をちらりと見た。

眉が白く、目に垂れ下がるほど長いので、小さなころから七海は「やぎ爺」と呼んでいた。小さなころから「爺」だったので、今はもう八〇歳を超えているはずである。七海の祖父の時代から桐生家に運転手として仕えていて、今も桐生家の湖畔の洋館で現役の運転手として働いている。

「久しぶりって言っても、一ヶ月ぶりじゃない。パパは元気？」

「はい、変わりなく」

よかった、と七海は窓の外を眺める。今日は、父が好きな白のワンピースを着ていた。亡くなった母のものだった。

七海を乗せた、博物館から出てきたようなオールドカーは、丸いヘッドライトで行き先を照らしながら狭山湖畔の雑木林を走る。林の向こうに湖面があるはずだが、暗く、今は見えない。左折して門を通り抜け、しばらく車を走らせると、左手の林の中に中世ヨーロッパの城のように巨大な洋館の影が見えてくる。七海が生まれ育った桐生家の洋館に住んでいるのは、今は父と運転手の冴島、そしてお手伝いをしている冴島の妻の三人となった。

やがて、車は雑木林を抜ける。

今日も静かな狭山湖には、少しだけ欠けた月が大きく映し出されていた。

慣れた運転で、冴島は車を車回しに入れると、壮麗なエントランスには、玄関のランプに照らされた人影が見える。

待ちきれずに、七海の父、桐生譲が迎えに出てきたらしい。

車が止まると、まるでホテルのベルマンのように後部座席のドアを開けて、七海の手を取った。

「おかえりなさいませ、マドモアゼル」

ふふ、と七海は笑う。

「ただいま、パパ」

桐生譲は、嬉しそうに顔を綻ばせて、二度、うんうん、と頷く。

「今、パパはね、人に言えないような重要な仕事を任せられているんだよ」

応接間のレザーチェアーに腰掛けた桐生譲は、年代物のブランデーをお気に入りのグラスに注ぎながら、いつものように言った。

桐生の背後、暖炉の上の壁には、巨大な肖像画が掛けられていた。桐生家を一代で隆盛に導いた、七海の曽祖父を描いたものだった。

口調と表情からして、すでに酩酊しているらしい。

きっと、今日も嫌な仕事を押し付けられたのだろうと七海は思った。

「言えないことなら、言わないほうがよくない？」

七海はそっけなく答える。これもいつものことで、二人の間では儀式のようなものだった。

「いいんだよ、七海だけはいいんだ、私が唯一信じられる存在だからね。それに、これはたとえ話だしね、あくまで」

ふ、と鼻で笑って、七海は言う。

「また、始まった、たとえ話」

「七海は、好きだろう、たとえ話」

「まあね、嫌いじゃないけど。この前のフィクサーの話、とっても面白かった」

「そうだろ、とっておきのたとえ話だったからね、あれは。そうだな、今日はこんなたとえ話はどうだろう？」

「あくまで、たとえ話ね」

「そう。座るかい？」

桐生はグラスを持って立ち上がり、七海に自分の椅子を勧める。

七海は素直に座って、白いワンピースの裾を翻すように脚を組む。

「もう四〇年も昔の話さ」

桐生は壁に設えられたランプの灯火をうろんな目で見ながら言った。

「とある村がダムの底に沈められたんだ。それ自体はよくある話で、高度経済成長期には日本中で多くの村がダムの底に沈められた。ただ、その村の場合は他とは違った。一緒に沈められた秘密があったんだ」

「秘密？」

桐生は七海に視線を移して頷く。

「その村は江戸時代のはるか昔から、長寿の村として有名だった。人生五〇年と言われていた時代にも、八〇、九〇は当たり前、中には一〇〇歳を超える人もいた」

「平均寿命が五〇歳のときの一〇〇歳って、倍生きてるってこと？」

そうだね、と桐生は頷く。

「七海は天海和尚って聞いたことがあるかな？」

ううん、と七海は首を横に振る。

「江戸時代初期に家康から家光まで三代の将軍に仕えて、なんと一〇七歳まで生きたという」

「一〇七歳！」

そう、と桐生は頷く。

「実はね、天海が長寿だったのは、この村の秘密を解き明かしたからだという説がある。それで、時の権力者たちは不老長寿の薬があるのではないかと考え、こぞってこの村を訪れたけど、誰もその秘密を解き明かすことができなかった」

「不老長寿の薬があったの？」

「いや、違うんだ。近年になってわかったんだけれども、あったのは、不老長寿の薬ではない。『ククリコクリコクの粉』というものだった」

「くくりこ？　何それ？　やっぱり、薬？」

「飲み薬ではなくて、塗り薬だったらしい。歯に塗る薬で、今でいう歯磨き粉みたいなものだったんだろう。これを毎日塗ると、虫歯にならなかったという。それだけじゃないんだ。虫歯の人が塗っても、虫歯が完治してしまうという」

「虫歯の特効薬⁉」

「そうだね。不老長寿の薬の秘密は、ほかでもない、この『ククリコクリコクの粉』だった。これで村人たちは虫歯にならずに済み、虫歯にならなかったから、年を取っても歯が丈夫で、何でも食べることができた」

「だから、栄養状態がよくて、結果的に長生きの人が多かった……。でも、そんな薬が本当にあったとしたら――」

そう、と桐生は頷く。

「歯医者が世の中から消えてしまうことになる」

虫歯がなくなる社会。それは一見、理想の社会のような気がする。しかし、世の中はそう簡単に割り切れないだろうと七海は思う。

「七海、今、歯科診療医療費がどれくらいか知ってるかい？」

どれくらいだろうと七海は考える。想像もつかない。首を横に振る。

「現在、日本の歯科診療医療費は年間で二兆七〇〇〇億円を超えている。それは診療医療費だけの話で、それを頂点として、様々な『虫歯経済』が存在する。もちろん、それは日本だけでなく、世界でも同じだ。つまり、歯医者だけでなく、歯科技工士や、歯科助手や、医療機器メーカーの人や、キシリトールなどのガムの会社の人、歯ブラシや歯磨き粉のメーカーの人など、経済規模にして、もしかして、五兆円以上の経済が虫歯に関わって生きている」

たしか、と七海はこめかみあたりに指を当てて言う。

「コンビニよりも歯医者さんの数のほうが多いって聞いた気がする」

桐生は頷き、続ける。

「たとえば、それが年間五兆円だと仮定しよう。すると、それは日本のGDPのおよそ一％になる。もし、虫歯の特効薬が見つかってしまったら――」

七海はそれを引き継いで言う。

「日本からGDP一％分の経済が消失してしまうことになる……」

簡単な数字の話だけでは済まないはずだ、と七海は直感的に思う。

「それは言い方を変えるとこういうことになるんじゃないかな」

桐生はあえて区切って言う。

「働き手の一〇〇人に一人が、職を失ってしまうことになる。全体の働き手がたとえば六〇〇〇万人だとすれば、実に六〇万人が路頭に迷うことになる。年間の自殺者は三万人ほどだけれど、その理由の上位には必ず、『経済・生活問題』が入ってきている。つまり、貧困問題だね。

全体の二位、働き盛りの世代では実質的に自殺の原因の第一位が経済的な理由なんだ。もし、働き手の一〇〇人に一人が職を失ったとしたら、どうなるだろうか？」

「結果的に自殺者が、増えることになる」

七海は思ったことをそのまま口にする。そして、続ける。

「現状より一％自殺者が増えると三〇〇人の増加……。たとえ、一％じゃなくてその半分自殺者が増えたとしても、その数は毎年一五〇人にもなる」

しかも、それが減りながらも続いたとしたら、自殺者の合計数は計り知れないほどになる。

おかしな話だと七海も思う。けれども、考えれば考えるほど、この仮説が間違いないことがわかる。

虫歯の特効薬が見つかっただけで、結果的に多くの人が死ぬことになる。

でも、と桐生は七海の目をまっすぐに見て言う。

「もし、虫歯の特効薬が見つからなかったとしたら、どうなるだろう」

それに対する答えは明確だった。

「結果的に、多くの人の命を、救うことになるってことね。それで、そのくくりこの……」

「ククリコクリコクの粉ね」

「それ！　それって、今もあるの？　科学で解明されているの？」

もし実在するとすれば世界が変わる。そして、その効能が科学で解明されてしまえば、人類は虫歯のない世界に向かって歩まざるをえないだろうと七海は思った。その正義の前に、失われる多くの命があることを、おそらく、世間は取り上げない。

「この名前自体が、暗号のようなものになっていたらしいんだ。作るための材料と作るための作業工程が、この言葉に集約されていたらしいんだけれども、その村でも一部の人しかこの暗号を解けなかった――」

ここで桐生は言い淀んだ。言うべきか、言わざるべきか、酩酊しながらも、わずかに残された理性が戦っているようだった。

けれども、やはり、言いたいという衝動には勝てなかったようだ。

「そして、それを知る最後の一人が、まもなく、亡くなろうとしている」

違う、と七海は直感的に思った。

亡くなろうとしているのではない。これから殺されるのだ。だから、罪悪感に苛まれて、父は酒に逃げているのだ。罪悪感が、七海に向かって懺悔させるのだ。

七海は、幼いときからずっと、父桐生譲の「たとえ話」という名の懺悔を聞いてきた。

「たとえば、それが殺されたのだとしたら……。たとえば、その村がダムに沈められたのが、材料や製法を封じるためだったとしたら……」

七海は、決して父を責めることなく、父の正義に沿うように言葉を足して、真実を話しやすいように促した。

「その殺しは巨大なマーケットを救ったことになる。そして、多くの人の命もね」

今にも泣きそうな表情で、桐生は言った。そう思っているというよりも、そう自分自身に信じさせたいように、七海には聞こえた。

「殺し屋のマーケティング、か」

七海はつぶやく。

そう、と桐生は言う。

「もちろん、これは全部たとえ話だけどね」

「うん、わかってる。ただ、一つだけ教えてほしいの。その多くの人を救う殺し屋はなんていう名前なの？」

一瞬、酔いがさめたかのように、桐生の七海を見る視線が鋭くなる。

「どうして、七海はそんなことを聞くんだい？」

「これから、代々、桐生家で語られていくと思うの。桐生家当主の桐生譲は、どうやって日本を救ってきたか。伝説として語り継がれていくと思うの。もちろん、たとえ話としてね」

「なるほど、それはそうだね、たとえ話としてなら、伝えていってもいいね」

「そのとき、物語の登場人物がわからなかったら、伝説にならないでしょう？」

たしかに、と桐生は頷く。

「七海は聞いたことがあるかな？　世界一の殺し屋の話を」

「世界一の殺し屋って……」

七海は胸騒ぎがした。しかし、たいてい、その手の胸騒ぎが外れることはない。

「サイレンス・ヘル。そう呼ばれる、世界最強のスナイパーが存在するんだよ。今回は初めて彼が引き受けてくれたんだ」

しまった、と七海は思った。

たちどころに、あの「明室」と名づけられた真っ白な光の空間が脳裏に蘇ってきた。

あの部屋には、生命力に溢れたポートレート写真が所狭しと掛けられていた。

それは、「デス・ポートレート」と言われる、ある種の「遺影」だった。

豊島公会堂で狙撃され殺された山村詩織の写真は、入り口から入って、最後から二番目にあった。つまり、山村詩織のあとに、殺される人がいるとあのとき考えてもよかったはずだ。けれども、あまりに山村詩織のヌードの写真が鮮烈だったので、その隣に掛けられた写真を、ほとんど気にも留めないでいた。

たしか、その隣に掛けられた写真には、老女が写し出されていた――。

「パパ、ごめん、急用ができたから行くね！」

慌てて、七海は部屋を出て、冴島に車を用意するように言う。

父は、まもなく亡くなろうとしていると言った。つまり、まだ亡くなっていない。

すぐにサイレンス・ヘルの足取りを摑むことができれば、まだ間に合うかもしれない。

七海は携帯電話を取り出して、涼に電話をする。

電源が切られているようで、着信音も鳴らなかった。

彼のことだ、入念に準備は整っているだろう。あらゆる邪魔が入らないように細心の注意を払って行動しているに違いない。

それでもなお、七海は涼を見つけなければならなかった。殺されようとしている人を、救わなければならなかった。

「間に合って」

冴島が運転する車の後部座席で、祈るように手を合わせて、七海はそうつぶやいた。

桐生家のエントランスでは、怪訝な顔をして七海を乗せた車を見送る桐生譲の姿があった。

七海がタクシーから降り立ったのは、群馬の山中だった。

あまりに静かな、巨大なコンクリートの建造物に向かって歩みを進めた。強大な国家権力によって生み出された屋島ダム。その総工費は当時の金額にして二六二九億円に及んだという。その数値が多いのか少ないのか七海にはわからない。

ただ、間違いなく言えることは、そのダムの建設によって、虫歯の特効薬「ククリコクリコクの粉」を生み出す村が沈められたということだ。

そして、今まさに、「ククリコクリコクの粉」の最後の伝承者が強大な力によって密かに殺されようとしている。

豊島公会堂での正確無比な狙撃からすると、サイレンス・ヘルの伝説は嘘ではないことが明らかだ。その伝説とは、二〇〇〇メートル先の標的の両目を撃ち抜いたという信じがたいものだった。胴体に一発命中させるだけでも至難の業である。それなのに、両目を撃ち抜いたということは、連続で放った銃弾が、どちらも狂いなく、極めて小さな的を正確に捉えたということだ。

二〇〇〇メートルが半径の円は、円周がおよそ一二五万六〇〇〇センチメートルとなる。両目の瞳から瞳の距離がおよそ六・五センチだとすれば、それは円周全体の〇・〇〇〇五％なので、角度にして、〇・〇〇一八度の極小の微調整で標的を捉えたことになる――

伝説が誇張だったとしても、サイレンス・ヘルの射程距離は二〇〇〇メートルはあるとみていい。彼が世界一と言われるのは、この超人的な射程距離を持っているからだ。

スナイパーは、できるだけ遠い位置から射撃をしようと考える。なぜなら、狙撃後、射程距離は警察など捜索する側にとって、ちょうど捜索範囲の半径になるからだ。半径が大きければ大きいほど、それに比例して、捜索範囲の円の面積は拡大する。逃げるスナイパーとしては、その面積が拡大すればするほど、見つかる可能性が低くなる。

「ククリコクリコクの粉」の最後の伝承者寺岡澄子がいる老人ホームは、湖畔にある。老人ホームの周囲は、まるで守られているかのように、森林が深い。唯一、開けているのが、湖の方向である。そこからまっすぐに線を引くと、ちょうど、屋島ダムに至る。

距離は、一五七六メートル。

射程十分。

間違いない。もしサイレンス・ヘルが狙うとしたら、ここしかない。

問題は、いつ、狙撃するかだ。

七海は使えるだけの資金を投入して、一日で集められるだけの情報を集めた。

実家を出た後、西城に依頼し、豊島公会堂の件で話に上がった通称「鍛冶屋」ことガン・スミスに当たってもらい、サイレンス・ヘルが昨夜自分のライフル銃を引き取りに来たことを確認している。〇・一度未満のズレが致命的になる一流のスナイパーは、ほんの少しの射撃コンディションの違いも気にする。湿度や温度で、状態がわずかでも変わるのを嫌い、必ず、狙撃の直前に銃を引き取りに来る。

そうだとすれば、狙撃が行われる可能性が最も高いのは、今日だ。

しかも、寺岡澄子が毎日、昼食後に湖畔のベンチに座って湖を眺めるという情報を摑んでいる。昼食後の時間帯というのが、ちょうど今だ。

いつ、どの瞬間に銃声が轟いても、少しもおかしくはない。

けれども、ダムの上、アスファルトの道路になっている部分に、人影はない。

七海は、自分の推測が間違ったかと思った。

殺しにはいろんな方法があって、至近距離からの射殺、爆殺、毒殺……七海は大きく首を横に振る。サイレンス・ヘルのやり方ではない。彼なら、必ず、自分の射程距離を活かして、狙撃を立案するはず。だとすれば、やはり――

「あっ！」

七海はダムのある箇所を見て、思わず声を上げてしまう。ダムに人影がなかったのではない。単に、見えなかったのだ。気づかなかったのだ。

男の体は、まるでダムのコンクリートに一体化したかのように生命を感じさせず、それだから、異物感がなく、着ているグレーの服も手伝って、カメレオンのように完全にダムに擬態していた。ただ、不自然に細長い筒が、対岸に向かって伸びていた。

間違いない、サイレンス・ヘルだ。

「やめて！　待って、涼！　撃たないで！」

大声で叫びながらダムに向かって全力で走り寄る、七海の視界が大きく振動した。

走り寄る七海にも、当然、気づいただろう。けれども、サイレンス・ヘルこと日向涼は、それに動じることもなく、微動だにせず、冷静沈着に引き金を引いた。

それは堂々たる射撃だった。

ライフルの銃口からは三発の銃弾が連続して放たれ、小さな火花として日光の中でかすかに見えた。

それを証すかのように、ほんの少し遅れて銃声がこだました。どん、どん、どん、と圧縮した空気を繰り出すような、重厚で腹に響く音だった。

紛うことなき、プロの業だった。彼が世界最強のスナイパーと言われる理由が、はっきりとわかった。

おそらく、かなりの高い精度で全弾、命中しただろう。

対岸で胸に銃弾を受ける一〇二歳の老女の姿が、ありありと想像できた。銃弾を受けた彼女は静かに、崩れ落ちるようにして、ベンチに伏したのかもしれない。外れるイメージが少しも湧かなかった。

すべて、わかっていた。情報が揃っていた。ここまで来ていたのだ。

それなのに、あとほんの少しのところで、間に合わなかった——

「なんで殺したのよ！」

七海は全力で走ってきたままの勢いで、今まさに銃撃を終えたばかりのサイレンス・ヘル、日向涼にぶつかっていった。

涼は、なされるがままに突き飛ばされ、尻もちをついた。衝撃で、右側のイヤフォンが外れた。それでも、擬態のために布に包まれたライフルは、しっかりと抱いたままに離さなかった。

七海はその前で仁王立ちになって、追い打ちをかけるようにこう言った。

「なんで私に黙って仕事を受けたの！」

涼はライフルを杖のように使い、実にゆっくりとした所作でのっそりと立ち上がり、初めて、七海に視線を向けた。

涼の目を見た瞬間、七海は息が詰まる思いをした。

最初、撃たれたのは涼のほうではないかと七海は錯覚した。

そう思ってしまうほど、涼から生気が少しも感じられなかった。まるで、死者のような、今にも死にゆく人のような目が、そこにはあった。

深海からたった今浮き上がってきたように、しばらくの間、肩で息をして、呼吸を整え、最後にふうと息を吐き、何事もなかったように改めて七海の目を見て言った。

「なんでって、これが僕の仕事だからだ」

涼はそう言って、外れたイヤフォンを冷静に耳に戻した。

「そして、七海の仕事を受けるとは言ったが、他からは受けないと言った覚えはない。僕は、自分が受けたいときに、受けたい仕事を受ける。今までも、そして、これからもそれは変わらない」

開き直るでもなく、淡々と言う涼に、七海は腹が立った。

「あなたには、正義ってものがないの⁉　人を殺すにも、理由が必要でしょう？　正義が必要でしょ？　余命三ヶ月の一〇二歳のおばあちゃんだったから死んでもよかったわけ？」

涼は、何か言いかけて、うなだれて面倒そうに首を横に振る。

「ねえ、答えなさいよ！」

七海は詰め寄る。

涼は七海の目を静かにじっと見つめてから言う。

「僕には、これしかないんだ。僕が生きていくためには、人を殺すしかない。理由はそれだけだよ」

今にも、泣きそうに、声を震わせて言った。七海の目には、なぜか、涼の姿が深手を負った小さな動物のように見えた。溢れ出る生命力も、猟を成功させたばかりの狩人の全能感も少しも感じることができなかった。

七海は、涼に何か言おうとするが、うまく、言葉にならなかった。

何も言えなかった。言える立場になかった。

そして、サイレンス・ヘルとして生きてきた彼の人生のほとんどを、七海は知らないことに今更ながらに気づいた。

彼は、これまでどうやって生きてきたのだろうか。どうして、人を殺すしか生きる道のない人生になってしまったのだろうか。

自分もそうだということに、ふと七海は気づいた。気づくと、その現実が怖くなった。

「もう、いい」

その場を逃げるように去ろうとした。

「待てよ」

七海の背中を追いかけるように発した涼の声が、ダムのコンクリートにこだました。声には、明らかに苛立ちが混じっていた。

七海は、立ち止まる。

「逆に聞くけど、七海は何のために人を殺すんだ？　世界一の殺しの会社を創ろうとしている七海が、正義を語れるのか？」

涼の言うとおりだった。

どんなに正義を振りかざしても、その歴然たる事実を変えることはできなかった。間違いなく、「死」と背中合わせの場所に、今の七海はいた。日常的に、「死」がごく近くにあった。

これは、明白な事実だった。

だが、七海には言いたいことがあった。

七海は、ゆっくりと涼を振り返って、その目を見つめた。そして、意を決したように、あるいは開き直ったようにこう告げた。

「人を、救うためよ」

そのとき、二人の間をぼうと音を立てて風が駆け抜けた。その言葉は、風にさらわれてしまわないかと心配になるくらいに弱かった。

しかし、涼の耳にはしっかりとその言葉は届いたようだった。

表情は目に見えて徐々に変化していった。驚きなのか、揶揄なのか、それとも疑念なのか、七海にはわからない。もしかして、そのすべてが一緒くたになったのかもしれない。最後は、表情が歪んでいるように見えた。

「人を、救うだって……」

その目には、驚き以上に、もしかして、七海に対する憐れみが混じっていたかもしれない。

その先を聞くのが耐えきれずに、七海は涼の言葉を打ち消すようにこう叫んだ。

「私は、そう信じてるの！　そう思わなきゃ、やってられないの、こんな仕事！」

七海の苦悶が込められた言葉が、コンクリートに響いた。この仕事を始めてから誰かに言いたかった、七海の秘められた本心だった。

七海は、本当にこの仕事を始めてよかったのか、と毎日のように悩んでいた。チェリストの山村詩織が目の前で死んでから、その想いが日に日に強くなっていた。

しかし、七海には、世界最大の殺しの会社を創らなければならない本当の理由があった。

涼は、七海の意図を探るかのように、じっと七海の目をまっすぐに見つめていた。もしかして、言わずとも、通じるものがあったのかもしれない。

七海は、いつしか頬を伝っていた涙を指で払いながら言った。

「とにかく、これからは私が持ってきた仕事だけ受けて」

努めて強い口調で押し切ろうとしたが、最後は震えるような声になった。

「涼、お願い……」

それをどう捉えたのかは、七海にはわからない。けれども、世界最強の殺し屋サイレンス・ヘルは、七海から視線を外して、こうとばかり言った。

「わかった」

いつしか、涼の手からは魔法のようにライフルが消えていた。その代わりに、オールドカメラが握られていた。照明機材を背負うと、風景写真を撮りに来たカメラマンにしか見えなかった。

12

町おこしコンサルタントの野心

　秋山がテレビ局に着いたときには、スタジオの分厚いドアはすでに閉ざされていた。

「一〇二歳余命三ヶ月老女狙撃事件についての続報です」

　秋山は、スタジオの外に設えられたモニターを見上げた。画面の中で神妙な面持ちでニュースを読み上げているのは、相川響妃だった。

　秋山は、ポケットの中の漆塗りの容器を握りしめていた。殺される前日に一〇二歳の老女寺岡澄子に渡されたものだった。

　あのときは半信半疑だった。けれども、寺岡澄子が殺されたことが、秋山には何かを証明しているように思えてならなかった。信じがたい話だが、寺岡が言っていたことが本当だとしたら、話の筋が通る——。

　そう思うと、寺岡から託されたこの容器を持っていることが怖くなった。

　もしかしてこの中には虫歯の特効薬「ククリコクリコクの粉」が入っているかもしれない。もし、寺岡澄子が、この薬のせいで殺されたのだとしたら、今秋山が持っているものが、この世で現存する最後の「ククリコクリコクの粉」かもしれない。

容器のことは、新聞記者の父にも、そして、相川響妃にも伝えていなかった。

この事実をどう伝えていいのか、あるいは伝えていいのかどうか、わからなかった。

「今日は、亡くなった寺岡澄子さんと事件前に交流があった、町おこしコンサルタントの岩井《いわい》翔《しょう》太《た》さんにお越しいただいています。岩井さん、どうぞよろしくお願いします」

画面が切り替わり、ツーブロックにした若い男性が映し出される。その胸元に「町おこしコンサルタント　岩井翔太」のテロップが入って消える。

秋山は、何か、嫌な予感がした。不安な面持ちでモニターを見つめた。

「岩井さんは、寺岡さんとどういう関係だったんですか？」

単刀直入が代名詞の響妃は、のっけから核心に切り込む。

おそらく、渡されていた台本と違ったのだろう、岩井は、面食らったように一瞬、言葉に詰まり、目を泳がせる。どうも、テレビに出ているという現実に、自意識が過剰に反応してしまっているらしかった。顔が徐々に紅潮してくる。

響妃は構わずに続ける。

「町おこしコンサルタントを名乗られているということは、地方再生とか、そういったことを、国民の税金をもらってやっていると考えていいですか？　寺岡澄子さんともそういった場で会ったと？」

まるで詰問するかのように響妃は言う。

そうだよな、と秋山は思う。響妃は常日頃、町おこしコンサルタントなどと名乗る自称コンサルタントを「補助金泥棒」と呼んで憚らなかった。世の中で最も嫌いな人種だと。響妃は正直な性格で、たとえ隠そうとしても言葉の端々に嫌悪感が滲み出てしまうようだった。いや、そもそも、隠そうともしていないようにも見える。

「僕がやっていることは……」

「あなたのやっていることはいいんです、寺岡さんのことをお話しください」

響妃がぴしゃりと言うのを、秋山は少し痛快に感じた。

番組の様子から見て、響妃は町おこしコンサルタント岩井翔太を自分の番組に出したくはなかった。それでも出しているということは、岩井しか知り得ない情報があるということなのだろう。

そう考えると、嫌な予感が拡大して再燃した。

「前に、群馬の限界集落を活性化させるための、町おこしプロジェクトがあって、そこで妙な噂を聞いたんですよ」

「妙な噂？」

「『不老長寿の薬』を作れる村があったって」

「不老長寿ってそんなまさか」

響妃が笑う一方で、秋山は冷や汗をかいていた。鼓動が高鳴り出した。ポケットの中の漆塗りの容器を握る手が、湿り出した。

「僕もそう思いましたよ、最初はね」

そう言う岩井は、笑ってはいなかった。

「ただ、その薬を封印するために、その村がダムの底に沈められたって聞いたときに、俄然、興味が湧いたんです。そして、調べていくと、その薬について知っている一〇二歳の人がいるってことを知って」

「それが、殺された寺岡さんだった」

「そうです」

岩井は大きく頷く。

そのときだった。廊下を初老の男性が全速力でこちらに向かって走ってきた。近づくにつれ、その形相が必死なのがわかった。秋山もよく知る、番組プロデューサーの笹野《ささの》だった。

笹野はオンエアー中のスタジオの前に来ると、秋山のほうを一瞥だけして、スタジオのドアを開く前に、悪態を吐くように言った。

「まったく、響妃のやつめ」

勢いよくドアを開けると、慌ただしく中に入った。

テレビのスピーカーから「ＣＭ、ＣＭ」と言うプロデューサーの声が聞こえてきた。

岩井は響妃から視線を外し、明らかに動揺している様子だったが、響妃は少しも動じず、何事もないかのように続けようとしていた。けれども、強制的に音楽が入り、カメラは広角になって、相川アイズのコーナーロゴが出され、ＣＭが始まる。

プロデューサーの笹野の後からも、何人かのスタッフがスタジオの中に入る。いつもの制作スタッフではないことは、スーツを着ていることからもわかる。この番組に関して、上層部が動いたのだろう。

どさくさに紛れて、秋山もスタジオの中に入る。

「どうしてですか！　このコーナーは、私に任せてくれるって言ったじゃないですか！　権力が怖くてメディアなんてやってられますか！」

怒鳴っているのは、笹野のほうではなかった。照明とカメラの前で仁王立ちになって、腰に手をやって言っているのは、響妃のほうだった。やれやれ、と秋山はため息を吐く。

「盗人猛々しいとは、まさにこのことだな。この放送、俺は認めてないぞ。相川、こんなゲリラ放送で公共の電波を私物化することは許されない」

「ゲリラ放送！」

秋山の声に、その場の冷たい視線が集まる。すみません、と無言で頭を下げる。いくらなんでも、やりすぎだと思った。

「でも、真実は……」

食い下がろうとするのを、今度こそ笹野は怒号で応じる。

「真実かどうかなんてどうでもいい！　そいつが殺されたら、相川、お前責任を取れるのか！」

笹野はまっすぐに腕を伸ばし、町おこしコンサルタントの岩井の顔を指差す。岩井は、この事態に、完全に硬直してしまっている。

「すみません」

響妃は初めて頭を下げる。

それを見て、笹野は困ったように頭に手をやって、頷いてみせる。

「何も、お前の取材方針を否定しているわけではない。ただし、慎重にやれと言っている」

笹野は相川響妃の最大の理解者だった。上層部が何を言っても、笹野が響妃を守ってくれていると聞く。

「まずは、裏を取ってこい。否定できないくらいに証拠で固めろ。追い詰めるのは、それからだ」

響妃は、神妙な面持ちでしっかりと頷いてみせる。

ポケットの中で握った手は、汗でびしょびしょだった。

裏はここにあります、と言いたい衝動に駆られた。「ククリコクリコクの粉」のことを、テレビが公表してしまえば、大げさではなく、世界は大きく変わることになる。

言葉を呑み込み、代わりに出てきた言葉は、その場の空気を読んだものだった。

「僕が、岩井さんを送ってきます」

「ああ、頼んだ。相川、リカバリーさせるぞ。CM明け！」

笹野は全体に指示をする。

「CM明け、五秒前！」

ADの声がスタジオ内に響き、スタジオ特有の緊張感に包まれる。

本番が始まる前に、秋山は岩井を連れて、スタジオを後にした。

町おこしコンサルタント岩井翔太は、さすがに意気消沈しているようだった。

響妃が毎日のようにテレビに出ているので、そして秋山自身もスタッフとしてではあるがテレビ局に出入りしているので、ともすれば、その価値を忘れがちになってしまう。けれども、そうでない人にとって、テレビに出ることは、もしかして一生に一度あるかないかの大事件なのかもしれない。

秋山が運転する車の助手席には、岩井が乗っていて、先ほどからため息がやまない。秋山が岩井を送ると言ったのにはわけがあった。通常、出演者だからといって、車で送ることはまずない。

「ククリコクリコクの粉ですよね。岩井さんが言いたかったのは」

秋山が試すようにそう言って、岩井のほうを見ると、絶句していた。肯定以外の何ものでもない。

警戒して、心を閉ざさないように、秋山は顔色を窺いつつ言葉を続けた。

「実は、僕も相川響妃と一緒に、あの群馬の山奥の老人ホームに行ってきたんですよ」

「じゃあ……」

はい、と秋山は頷く。

「僕たちは、死ぬ前の日に寺岡澄子さんと会っているんです」

そう言いつつ、ポケットから名刺を出して、秋山は岩井に手渡す。

「コードブレイカー編集長……。メディアの編集長なんですか？」

「はい、Ｗｅｂメディアの編集長をしています」

月間五万ＰＶ程度だけどね、との自嘲はこの際、胸にしまっておく。今重要なのは、岩井から知っていることを聞き出すことだ。

「道理で。あの相川響妃から連絡があるなんて、おかしいと思ったんですよ」

ようやく安心したのか、岩井は笑った。

「しかし、田舎の家族に何て言おうかな」

「田舎の家族って？」

「テレビに出るからって言ったら、親戚や近所の人たちに言いふらしちゃったみたいで、今頃、ひどくがっかりしているだろうなって思って」

案外、悪い人ではないかもしれない、とツーブロックにした横顔を見ながら秋山は思った。

「さっき、テレビでは途中になった話、よかったら、僕に聞かせてもらえますか？」

「編集長は、どこまで知っているんですか？」

編集長と呼ばれると、悪い気はしなかったが、さすがにちょっと後ろめたくなった。

「ダムに沈められた村には、ククリコクリコクの粉と呼ばれる虫歯の特効薬があった。そして、その最後の伝承者である余命三ヶ月、一〇二歳の寺岡澄子さんが何者かに殺された。そんな噂です」

フロントガラス方面を見ながら、淡々と秋山は言った。

「さすがです、編集長。噂には、続きがあって、ここからはちょっときな臭い話になるんですが」

「いいですね、きな臭い話、大好きです」

「その村出身のある人が、ダムが作られた本当の理由を摑んだというんです」

「ダムが作られた本当の理由？　つまり、ククリコクリコクの粉の封印ですか？」

はい、と岩井は頷く。

「その情報を得たその人は、ダムの巨大な利権を裏でコントロールをして、莫大な資金と権力を握ったって」

本当にきな臭い話になってきた、と秋山は思いながら聞く。

「資金って、何に使う資金ですか？」

「選挙に使う資金ですよ」

岩井は自信に満ちた顔で断言する。

ってことは、と秋山は言う。

「その秘密を盾にして、中央を脅して、補助金や助成金を引き出して、選挙に出たってことですか？」

そうです、と岩井は神妙な面持ちで頷く。

「しかも、当選して、その莫大な資金を背景として、権力の階段を上り詰めていくことになった」

岩井は右肩上がりの線を描くように、手を斜め横に払った。

「え、ちょっと待ってください。それって群馬県の話ですよね。その限界集落出身で、権力の階段を上り詰めたってまさか……」

次の瞬間、何か短く衝突音が鳴った。

反射的に、危ないと思うやいなや、フロントガラスがスモークガラスになってしまったかのように、一瞬にして視界が不明瞭になった――秋山は何が起きたのか考える前に、直感的に急ブレーキを踏んでいた。まもなく、側道の縁石にタイヤがぶつかり、制御が利かなくなり、助手席のほうから、電信柱に激突して停車した。一瞬のことで、何が起きたのか、秋山にも理解できなかった。

フロントガラスが割れたものの、幸い、秋山に目に見える怪我はなさそうだった。ただ、どこかに頭を強く打ちつけたのか、頭がふらついていた。軽く、めまいと吐き気がするようだった。けれども、そんな違和感など気にしている場合ではなかった。

最初、フロントガラスに石か何かがぶつかったのかと思った。けれども、ひび割れて放射状に、くもりガラスのようになったその線の中央に、一つの小さな孔が、空いていることに気づいた――嫌な予感がした。

「岩井さん！」

助手席の岩井に声をかけた。ところが、返答がなかった。

肩を揺さぶってみると、力なく、首が斜め右に傾いた。

「嘘だろ……」

秋山は慌てて、シートベルトを外して、起き上がり、岩井の様子を見た。顔面蒼白になり、揺さぶっても反応がなかった。岩井の右胸に、赤黒い染みが広がっていくのを秋山は夢うつつのように見えていた。頭がどこかぼんやりしていて、視界が定まらなかった。秋山は頭を振って、正気を保とうとした。

「銃撃……」

振り返ると、やはり、フロントガラスには、小さな一つの孔があった。

笹野プロデューサーの声が蘇ってくる。

——そいつが殺されたら、相川、おまえ責任を取れるのか。

車の周りには、野次馬が群がり始めている。携帯電話を手にしている人もいる。そうだ、救急車を呼ばなければと、どうにもふらつく頭で、ようやく、やるべきことに気づいた。外の人が呼んでくれているのかと思った。けれども、どうも様子が違う。携帯電話を助手席に向けているのだ。カメラで、この事故を撮っているのだ。もちろん、助手席の人間が銃撃されていることは知らないだろう。

「大丈夫ですか？　すぐに救急車が着きます」

手に携帯電話を持ったマスクをした若い女性が、ガラス越しに言う。よかった、と秋山は安心する。携帯電話で救急車を呼んでくれたのだろう。

すぐに、救急車のサイレンの音がした。

近づくサイレンの音を聞きながら、何が起きたのか、秋山は考えてみた。

突然、フロントガラスにひびが入り、助手席の岩井の胸では血が色濃く広がっていた。おそらく、ガラスで傷を負ったわけではない。フロントガラスにひびが入ったのも、岩井が反応しないのも、銃弾のせいだ。フロントガラスの助手席のほうに空いた小さな孔が、それを如実に物語っていた。いまいち焦点が定まらないが、孔が空いていることは間違いなかった。

救急車のサイレンの音がやみ、助手席のドアが開けられる。ヘルメットを被り、マスクをした救急隊員が呼びかけてくる。

「大丈夫ですか？　意識はありますか？」

「僕は大丈夫です。でも、岩井さんが」

秋山は答え、助手席の岩井のほうを指す。

「聞こえますか？　岩井さん、聞こえますか？」

救急隊員は、岩井の反応がないことを知ると、身体を確認し始める。すぐに、右胸の染みに気づき、手で脈と呼吸を確かめる。

助からないな。

もしかして、それは声になっていなかったのかもしれない。けれども、秋山にはたしかに救急隊員の口がそう言ったように見えた。救急隊員が背後を振り返って、手招きをする。他の隊員たちが担架を持って駆け寄ってくる。

ふと、その向こう、ドアが開け放たれた救急車の中に、白衣を着た女性がいるのが目に留まる。秋山が目を細めて見ようとすると、あちらも秋山に気づいたのか、奥へとそっと身を隠す。

その美しい面立ちをどこかで見たような気がした。

けれども、吐き気が強くなり、えずいてしまい、思い出すどころではなくなる。頭だけでなく、視界も定まらないように思えた。救急隊員は、秋山の様子も気にしていたが、大丈夫大丈夫と追い払った。

隊員たちは手際よく岩井を担架に乗せると、そのまま救急車に乗せ、サイレンをまた鳴らしながら救急車は急発進した。

秋山は運転席のドアを開けて、道路に出てみた。すぐに平衡感覚を失い、まっすぐには立てなかった。めまいがして、吐き気も酷くなった。脳震盪《のうしんとう》を起こしているのかもしれないと思った。

救急車を見送りながら、岩井は助からないだろうと秋山も思った。

周囲は、ビルが林立する地域だった。どのビルからでも、この道路は狙撃できるのではないかと思った。ただ、時速五〇キロ以上で走る車の中の人を、遠くから誤りなく狙うのは、尋常なことではない。

遠くから、またサイレンの音が複数、聞こえてきた。幻聴だろうと思った。なにせ、救急車は今行ったばかりだった。警察かもしれないと思った。

立っていられないくらい、めまいが酷くなり、秋山はその場にうずくまった。

サイレンを鳴らして姿を現したのは、救急車だった。

忘れ物でもしたのだろうかと、ありえないことを思った。それか、別の現場に向かうのだろうと。ところが、救急車はごく近くに停まった。

先ほどの救急隊員と同じ格好をした、救急隊員が降りてきた。

「大丈夫ですか？　怪我はありませんか？」

秋山をまっすぐに見て、間違いなくそう言った。

「いや、僕は大丈夫なんですが、さっき、もう一台救急車が来てくれて、同乗者を搬送していきました」

救急隊員は、怪訝な顔をして、一瞬間が空く。

「そんなはずはありません。ここには、我々しか向かっていませんでした」

秋山を凝視する救急隊員の顔が、さらに深刻になる。

「おい、担架をすぐに！」

他の隊員に言う。秋山に向かって、手のひらを見せて、改めてゆっくり言葉をかける。

「できるだけ、そのまま、動かないでください。首を安定させて、担架に乗せますので、そのまま動かずに」

どうやら、重症だと勘違いしているらしい。

「いや、大丈夫です。僕は本当に大丈夫なんです。同乗者のほうが重傷で、彼はもう運ばれましたから」

ふらつく足取りで歩み寄ろうとすると、救急隊員は鋭い口調で言う。

「いいから、動かないで！」

秋山はまるで逮捕されるように取り囲まれ、首に固定具を当てられ、担架に横たわらされる。

空が真っ青で、隊員たちの間から差し込む太陽の光がまぶしかった。

もしかして、本当に、頭を強く打って自分は重症なのかもしれないと、秋山は思った。そして、これまでは幻想を見ていたのかもしれない、と。走行中の車の助手席に座る人間が狙撃されるだなんて、あまりに現実離れしている。

そうか、頭を強く打ったのか、と秋山は思った。だから、救急車の中に、いるはずのない知った顔がいると思ったのだ。

そうなのだ、と秋山は朧《おぼろ》気《げ》な意識の中で思った。

自分は、単独事故を起こして、頭を強く打ったのだと。

そうとでも考えなければ、何もかもがおかしかった。

そして、秋山は救急車の中で気を失った。


町おこしコンサルタント岩井翔太を乗せた救急車は、サイレンを止めると、一方通行の細い路地を何度か曲がり、人気のない、寂れた工場地帯へと出た。

その中の廃工場の中へとひっそりと姿を消した。

救急車の後部は、まるで野戦病院だった。

狭い空間の中、医療用のマスクをした一人の女性医師が、看護師たち医療スタッフをよく統括していた。

「バイタルは？」

「問題ありません！」

「よし、出血止まった。縫合して様子を見て」

「オペ、後日にしますか？」

「いや、このまま一気に行きましょう。露見するリスクを最小限に抑える。二時間後にオペ強行！　それまで様子を見て、みんなも休んで。今回もいい仕事だった」

統括していた女性医師は、医療用のキャップとマスクを外し、一息つき、妖艶な笑顔を浮かべる。心臓外科医、藤野楓であった。

「藤野先生」

その笑顔を受け、頷くのは桐生七海だった。

「本当に注文通りにやってくれて助かったわ。肺も傷ついていないし、その他にも大きな損傷はない。見た目は重傷だけどね。まさかとは思うんだけど、世界一のスナイパーは動脈の位置までわかるのかしら？」

言いつつ、藤野は躊躇なく手術着を脱ぎ捨てて、下着姿になる。豊満な白い胸が溢れ出るようで、女性の七海としても戸惑ってしまう。

「そこまではどうかわかりませんが、二〇〇〇メートル先のターゲットの両目を射貫くと言われていますから、彼にとっては当たり前のことでしょう。藤野先生が、誰もできない仕事をするのと同じですよ」

タンクトップを着ながら、藤野は一瞬、寂しそうな顔をする。

「詩織の願望を叶えたスナイパーだもんね」

笑おうとするが、うまく笑顔になれない。

七海は、藤野が豊島公会堂で死んだ山村詩織と、とても深い関係にあったことを思い出す。

「藤野先生、それなのに、今回も受けてくれてありがとうございます」

七海は、深く頭を下げる。

よしてよ、と藤野は両方の眉を上げるようにして今度こそ笑う。

「私たち、パートナーよね？　もう、あなただけのことじゃない」

「はい」

七海は笑顔で頷く。

岩井翔太は、深く眠っていた。麻酔をかけられているために、意識は戻っていないが、医療用の機器が規則正しく鳴り、バイタルが正常なことを教えてくれていた。


東京は、煙るほどの雨だった。

目白台の高台の屋敷から見える光景は、強大な自然が強引にこの巨大な街を洗い直しているかのようだった。

桐生譲は、楕円の一枚板のテーブルの、末席付近、いつもの席に座り、背筋を伸ばし、腿に手を置き、黙って東京が洗われる様子を見つめていた。

一方の首相特別補佐官児玉宗元は、窓の前に立ち、腰の後ろで両手を組み、じっと外を眺めていた。時折、腕時計を気にするたびに、メガネのレンズが外の光に反射して青白く光った。

桐生譲は、ごくりと唾を呑み込む。その音が、部屋に響くのではないかと懸念を覚えるほどに、部屋は静かだった。防音性に優れた強化ガラスを全面に張り巡らせていたので、これほどの豪雨だというのに、雨音も一切聞こえなかった。

この仕事に就いて、決して短くはないが、この瞬間だけは慣れることはない。

「イーグル、到着しました」

耳に仕込まれた無線に、ＳＰから連絡が入る。

イーグル、とは内閣総理大臣のコードネームだった。

実質的な国家の最高意思決定機関である「目白台」の主が、現役の内閣総理大臣である例は、極めて少ない。その人物は表と裏の権力をほぼ掌握し、絶対的な力を持って今、この国に君臨している。

史上最低の内閣支持率とマスコミに叩かれても、たとえ、内閣が退陣に追い込まれたとしても、彼にとっては痛くも痒くもないだろう。そうなったとしても、自分は本来の「元老」の地位に戻って、傀儡内閣を立てて、院政を布けばいいだけの話だ。総理大臣の任期中に、公然と世界に人脈を広げつつ、後に、最強の元老として隠然と目白台に君臨し続けようとしているのがわかる。

四〇年以上の歳月をかけた壮大な計画が、今、成就しようとしていた。ようやく、我が世の春を謳歌すべき下地が完成しようとしていた。

ところが、予想外のところから、綻びが生じた。

完璧だったはずの計画が、ほんの小さな綻びで完全に崩壊してしまう危機に瀕していた。それはまるで、巨大なダムに生じた一筋の亀裂のようだった。

桐生譲は、いかに防ごうとしても防ぐことができなかった亀裂が生じたときに、何かの運命であるかのように思った。

本当に、あと少しだった。三ヶ月後には、彼の強固な帝国が築かれるはずだった。

ところが、ある一つの事件が起きた。いや、事件とも言えない小さなことだった。少なくとも、小さなことで済まされるはずのことだった。

一〇二歳の老女が認知症を発症した。

目白台がその一報に触れた際、誰もが大したことではないと考えていた。年齢が年齢だし、末期ガンで余命宣告されていることも摑んでいた。むしろ、認知症になってもらったほうが、秘密を守れるのでいいと少なくとも桐生は考えた。

しかし、明らかに目は「裏目」に出た――。

廊下から、複数の足音が近づいてきた。

緊張が高まってくる。

桐生は、立ち上がって、ドアに対して直立不動になる。

まもなく、応接間のドアが開かれ、いつものようにSPは廊下に待機させて、一人、ブラックスーツに身を包んだ男性が入ってくる。

齢八〇を超えるその人は、一八〇センチを超える長身ながら、未だ腰が曲がることもない。足取りも淀むことなく、堂々たる風格をしている。

「群馬の怪人」と国会で恐れられた若き日の異名は、今なお健在である。

目白台の継承者にして、遅咲きの内閣総理大臣、大我総輔その人である。

「さて、諸君、単刀直入に行こうかのう」

しわがれ声だが、しっかりとした口調で、いつもの決まり文句を言い、着座するように手で促し、自らもゴッドファーザー・チェアーに当然のように座り、老人にしては異様に長い脚を組み、肘掛けに両肘をついて、両手を口の前で組んだ。

堂々とした振る舞いと、しわがれながらも不思議とよく通る声で繰り出される物言いによって、王者の風格すら漂わせている。

その威風に、桐生は慣れることがない。会うときには必ず緊張してしまうのだ。もちろん、時に、軽く話を振ってくることもあるが、その目の力を緩めることはなく、おそらく、プライベートどころか、生きている間中、その姿勢を貫くのだろうと思った。桐生も所属柄、世界中の為政者や経済的な権力者、現役の軍トップに会うが、この人ほど、全身を鎧《よろ》うような緊迫感を持つ人を未だかつて見たことがない。

「児玉、封じ込めは、どこまで進んでいるのか」

大我は児玉と桐生を睥睨し、まるで対象が新型ウイルスであるかのように言う。まさに、情報とはウイルスのように拡散する危険性があって、その場合、新型のウイルスに対するように、封じ込め作戦を展開する必要がある。そして、実際に児玉や桐生が行っている「執行」とは、大きく見ると、情報の封じ込め作戦だった。

世界的な流行、いわゆる「パンデミック」が起きる前に、情報の拡散元を押さえる必要があった。

「新たな拡散者として特定された町おこしコンサルタント岩井翔太ですが、これを滞りなく執行しました」

「今回は、少々、派手にやってしまったんじゃないか？」

大我がそう言うのは、岩井翔太の狙撃について、ネット上で事故車の画像が出回っていたからだ。狙撃直後の事故車の様子を何者かがアップして、様々な憶測を呼んでいた。

はい、と児玉は恭しく頷く。

「たしかに、ネット上で出回ってはいますが、都市伝説とみなされています。すでに裏ではイレーザーが、岩井翔太を綺麗に消し去っています」

そう言って、児玉はイレーザーから送られてきた数枚の写真を大我に手渡す。

そこには、横たわる岩井の写真、患部の様子が様々な角度から記録されていた。

大我は顔をしかめながら、それらグロテスクな写真をパラパラとめくる。

「また、これは死体を処理する際の記録……」

児玉が言おうとするのを、大我が制する。

「もういい、わかった。児玉、この件はお前に任せる」

ありがとうございます、と児玉はもう一つの写真の束を引っ込める。その行動もはじめから
そう言われるとわかっていたかのように、無駄がなかった。

それと、と児玉はあえて区切って、大我を見て言う。

「むしろ、今回の件はよかったのではないでしょうか」

たしかに、と大我は頷く。

「いい見せしめになったということだな？」

「仰るとおりです。これで、くすぶっていたすべての火を、鎮火できました」

怖い会話だと桐生は思う。

情報とは、どこから漏れて、どう広がるかが予想できない。あらゆる情報は、漏れると考えていい。

たとえ漏れたとしても、たいていは政治的な圧力で封殺することができる。ところが、それが通じない、「情報に未成熟な連中」が中にはいる。

特に最近ひどいのが、「相川アイズ」というコーナーを持つ、若手アナウンサー相川響妃である。

「情報に未成熟な連中」は、正義感を振りかざして、事をややこしくする。しかし、たいていは、自らの生命にまで危険が及ぶことを示唆してやれば、その「正義感」を取り下げることになる。

たしかに、今回の「目白台」の標的は、岩井翔太だったが、岩井を標的にすることによって相川響妃とテレビ局にも警告を与えたかった。

最初は桐生たちも、一人のアナウンサーなど歯牙にもかけなかったが、姉川事件以来、相川響妃はスクープを連発した。ただし、全国的に人気のある相川響妃を標的にすることは難しいので、この勢いが本物になる前に、何かしら対応しておく必要があると考えていたのだ。

しかし、今回、あからさまとも言える手段で、岩井翔太を消したことは、「情報に未成熟な連中」にも効果があっただろうと桐生も思う。下手をすると次に標的にされ、綺麗に「イレーズ」されるのは、自分かもしれないからだ。

「残るは、一人か」

嘆息するように、大我は言う。

今回の件で、真っ先にリストの最上位に名前が挙がったのが、寺岡澄子であり、次に名前が挙がったのが岩井翔太だった。

そして、そのリストにはもう一人の名前があった。

「相変わらず、足取りは一向に摑めません」

児玉は無表情のままに言う。

「一向に摑めない？　国家権力をもってしてもか？」

大我は国家権力というところを強調して言う。

「ひとつ所に留まることは決してなく、同じ携帯電話を二日と使うこともありません。先日、宮城にいるとの情報を得て、エージェントを向かわせましたが、察知され姿を現すことはありませんでした。それ以降、どこにいるのか、まるでわかりません」

「それを我々に対する宣戦布告と受け取っていいな？」

「宣戦布告？」

そうだ、と大我は言う。

「逃げるのは、やましいことがあるからだ。国家転覆の意図があるとみていい」

そんな、とたまらず桐生譲が言う。

「本屋が、国家転覆ですか？」

冗談で言っているのかとも桐生は思ったが、様子が違っていた。

「そうか、お前は知らないのか」

児玉は桐生に言った。児玉の言うとおり、その男について、本屋の経営者という以外に詳しいことを知らなかった。

「あれは、ただの本屋ではない。とある業界ではオフレコ・コレクターと呼ばれている」

「オフレコ、コレクター？」

桐生にとって、まるで馴染みのない言葉だった。その意味するところは想像もつかなかった。

そう、と児玉は頷く。

「芸能人、プロスポーツ選手、企業人、そして政治家のゴーストライターがやつの正体だ。やつは様々な要人の『オフレコ』を握っている。だから、誰もやつに頭が上がらない」

「なるほど、オフレコを集める人だから、オフレコ・コレクター……」

感心する桐生の言葉をかき消すように、大我は苛立ちを隠そうともせずに言う。

「なにが、オフレコ・コレクターだ！　ゴーストライターの分際で！」

そうして、目の前の楕円のテーブルを拳で叩いた。

テーブル上に飛び散る紅茶を見ながら、桐生はどういうことなのかようやく理解することができた。つまり、大我総輔自身も、本を作る過程で、あの男に「オフレコ」を握られたということだろう。その「オフレコ」の一部が、おそらくダムに関することなのだろう。

「とにかく、なんとかして本屋に伝えろ。姿を見せなければ反逆とみなすと」

大我は言う。

「それでもだめなら？」

児玉の言葉に対して、大我は何も言葉を発することなく、じっと児玉の目を見続けた。

「わかりました」

児玉は頷く。執行せよ、という意味だ。児玉の目配せに、桐生も頷く。

「今日は以上だ」

大我はふっと席を立つ。それと同時に、児玉と桐生が席を立つ。廊下が一気に騒がしくなる。

風のように、大我総輔とＳＰの一団が廊下の先へと消えていく。

「桐生」

廊下の先で一団が右に曲がり消えたところを見計らうように児玉が言う。

「はい」

「おそらく、本屋は屈服しない。やつの防衛網もこれまで以上に強固だ」

長年の付き合いだ。児玉の言いたいことはわかっていた。

つまり、必ず執行しなければならなくなるが、それも一筋縄ではいかないということだろう。

言おうか言うまいか、迷った。けれども、桐生は次の瞬間にはこう言っていた。

「切り札があります」

児玉は一度、改めて桐生のほうを見て、ほう、とだけ促すように言った。

「会わせたい人がいます。私の古い弟子です」

考える間もなく、児玉は無表情のままでそう言った。

「まさか……」

桐生は、しっかりと頷いてみせた。それだけで児玉には通じる。

「会いたいと、向こうから接触してきたんです」

「大丈夫なのか？」

「それは、私にコントロールできるか、という意味ですか？」

桐生はそう言って、児玉の表情を窺い、そして笑った。

「私にも異名があることを、お忘れではないでしょう」

「ジョー・キリューか。懐かしいな」

「ある界隈では、未だに通用するんですよ、不思議なことに」

そう言って、桐生譲はメガネを外してみせた。そこには、官僚とはほど遠い、むき出しの猛々しい目があった。

13

田園の哲人

西城潤の行方が知れないのは、いつものことだが、最近では連絡も取れなくなっていた。忙しいから、と桐生七海との最後の電話では笑っていたが、雰囲気からして、どうも忙しいだけが理由ではなさそうだった。

ついには、二週間、連絡が完全に途絶えた。

七海は唐突に、西城の言葉を思い出す。

――クライアントと少々トラブルを抱えていてね、姿を消さなくちゃならなくなった。

そのとき西城は、二週間以上連絡がつかなくなったらここに行けと黒い封筒を七海に手渡したのだった。ついに、それを開けるときが来た。

七海は嫌な予感がした。

あのときは本人には言わなかったが、二週間以上連絡がつかなくなったらここに行け、とは、二週間以上連絡が途絶えたら生きている可能性がほとんどないから、万が一のためにある場所に、ある「こと」を用意している、ととれなくもない。

一度、脳内で仮定を走らせてしまうと、もうそれ以外に考えられなくなった。

その「こと」が物なのか、あるいは人なのか、まるで想像もつかなかった。もしかして、トラブルの原因の手がかりがそこに存在するのかもしれない。

ともかく、七海はその黒い封筒を開けてみた。

書かれていたのは、住所や郵便番号などではなかった。電話番号でも、メールアドレスでもない。一行のURLが、黒い厚手の紙に白い文字で書かれていた。

https://www.google.co.jp/maps/@38.7781725……

「グーグルマップ?」

アドレスの頭のほうを見て、七海は思い当たる。スマートフォンを立ち上げ、このURLを一文字ずつ打ち込む。

最初に出てきたところは、まったく思いがけない場所だった。間違えたかと思い、もう一度、声に出して確認しながら打ち込む。

けれども、間違いではなかった。

地図上では、その周りには、ほとんど何もなかった。グーグルマップで航空写真に切り替えて見ても、周りは畑と田んぼらしかった。畑に囲まれるようにして、小屋が一つ、あるようだった。

本当に、何かあるのだろうかと疑いつつ、七海はこの場所に向かうことにした。

行き先は、宮城県栗原市である。

もちろん、七海はここを訪れたことがない。

それから四時間後、桐生七海は、田園にぽつんと建てられた新幹線の駅前にいた。

「本当に、ここでいいんだよね……」

たとえ、独り言を全開で言ったとしても、おかしい目で見られることは決してないだろう。なぜなら、人がいないからだ。

モニュメントのように建てられた大きな水車は、回っていなかった。

しかも、くりこま高原駅と、駅名に「高原」という名前が入っているので、どんな高原かと思って降り立ったが、高原どころか、紛う方なき平野だった。田園のど真ん中だった。遠くに、奥羽山脈が見えるが、「高原」らしいところは、見渡しても少しも見当たらなかった。

タクシー乗り場にもタクシーはおらず、電話をかけて到着するまで、一五分かかった。

スマホを見せながら行き先を告げると、見るからにご老体のタクシーの運転手は、なぜか曖昧な返事をして、猛スピードで車を走らせた。行き先を正しく理解しているかどうかも疑わしい。

本当に大丈夫だよね、と七海はまた不安になる。

姿を消さなければならないトラブルって、いったい、何なんだろう。そもそも、西城潤という名前も本名かどうか怪しいと、七海は思っている。「潤」と書いて、普通「うるお」とは、読ませないだろう。たしかに「潤い」の「潤」だが、普通は男子の名前なら「じゅん」と読ませるはずだ。

本人も、こう言っている。

「本名？　そんなもん、あぶなっかしくてとうの昔に捨てたさ」

ということは、きっと、西城潤は本名ではない。

急にブレーキを踏むので、七海は前のめりになった。子どもか動物が道路に飛び出してきたのかと思って、フロントガラスから外を見ると、その先はもはや道路ではなかった。広大と言ってもいい、畑が広がっていた。

「なんだべ、やっぱり、ここがよ」

運転手がそうつぶやくように言って、舌打ちするのが聞こえた。

「え？」

「着きました」

聞き返す七海に、にべもなくそのご老体タクシー運転手は言った。

「そんな……」

本当に何もない場所だった。航空写真で上から見て小屋だと思っていたのは、横から見ると鉄骨を組んで屋根をかけただけの、おそらく農具の物置きだった。

「いや、着きましたから、四二二〇円です。領収書は、ここです」

なぜか、運転手は焦っているようだった。フロントガラスの向こうを気にしながら言う。年齢からか、緊張からか、レシートを差し出す手が震えている。

「ここって何なんでしょうね？　誰が持っている土地かわかりますか？」

「とにかく！」

そう言うご老体運転手の剣幕が尋常じゃなかった。

「着いたんで降りてください。私は巻き込まれたくないんです！」

北方の民族のように彫りが深い顔立ちをしていて、窪地のような深さにある瞳は、白目が充血していた。

後部座席左側のドアが自動で開けられる。

冗談で言っているようには、見えなかった。被害妄想の可能性もあったが、運転手は明らかに何かに怯えていた。広大な畑の中央で、まるで命に関わることのように言う。

お釣りは要りません、と七海は思い切って二万円を運転手に差し出す。そして、運転手がその金額に目を向け、少し躊躇した後に手を伸ばした瞬間、その皺立った手を七海は摑み、二万円を握らせる。

「どういうことか、教えてください。私は、何も知らないんです」

その運転手はじっと七海を見つめて、緊張を解くかのように、ため息を吐く。

「んだべな、こんな若げえ娘っ子が、んなわげねえが」

いきなりの方言で、七海にはほとんど意味が通じない。ただ、若い娘がそんなわけがない、というような意味にとれる。

「ここ一ヶ月くれえがな、新幹線の駅から、外国人だの、偉い人だの、今までにねえくらい乗せでで、こりゃあ、バブルだなって営業所でも騒いでだのっさ。ボーナス出るんでねえべが、そしたら、農協のトラクターの借金、なんぼが返せるんでねえがってな」

運転手はそう言い、軽く拝むような仕草をして二万円を素早くポケットに入れる。

方言だが七海もなんとなく、言っていることはわかる。七海は先を促すように頷く。どうやら、この運転手は緊張すると片言の標準語になって、緊張が解けると地元の言葉に戻って流暢になるらしかった。

「外国人や偉い人って前にはこの町には来なかったんですか？」

ご老体運転手は、笑って首を横に振る。

「だあれ、来るわげねえべや。タクシー使うのは、帰省した若げ人達か、病院に通うおら達みでえな年寄りか。あんな、テレビでも見たごとのあるような人達がこの町さ来るごと自体がニュースなのっさ」

「テレビにも出るような人たちが、来てたんですか？」

「ああ、来でだのよ。ほれ、何って言ったがな。あれ、テレビにいっつも出でる……。最近、はっぱ、人の名前出で来ねくてさ」

運転手は頭を捻る。

ともあれ、この年代の人が、テレビで見て知っているようなレベルの人が、立て続けにこの町を訪れていたことになる。運転手の言うことが正しいとするならばではあるが。

そうだとすれば、彼らの目的が、西城潤である可能性もある。

でも、そうだとしても、運転手が七海に怯えていた理由にはならないだろう。

「それで、何があったんですか？」

うん、と運転手は神妙な面持ちになって、ハンドルに目を落として言う。

「この前のこどさ。おらが運転して乗せできた黒服のやづ、この辺まで乗せで来るど、いぎなり脅すような口調で、この男は知らねえがって写真見せで来て、おら、知らねがったから、知らねって言ったんだげっとも、はっぱ、信じねくて」

「その写真に写っていた男の特徴、覚えてますか？」

名前がなかなか出てこなかった運転手だったが、これにはすぐに頷く。

「変わった人だったっかね。ほれ、頭は天然パーマでさ、おらより白髪でさ、丸っこいメガネかげでで……」

間違いない、西城だった。様々な要人たちがここまで西城に会いに来て、その中には、西城を狙う人もいたということだろう。もしかして、裏の世界に通じる輩かと七海は推測した。というのも、西城は実は裏の世界で金を稼いでいるのではないかという噂もあったからだ。

が、すぐにその推測は覆された。

「でも、なんで政府の役人がそごまでやんのがなって営業所のみんなも社長も言ってでさ」

「え？　政府の役人？」

運転手は頷く。

要するに、政府の役人を名乗る黒服の男たちは、どうやら西城潤の行方を血眼で探していたという。営業所も書類から勤務データからひっくり返されて、どんな人物がこの町を訪れたかという情報を、すべて持って帰ったという。

そんなこと、ありうるだろうか、と七海は訝しむ。

それを感じ取ったのか、運転手はつけ加えて言う。

「おらの近ぐの議員さんに頼んで、警察署長に言ってもらったのっさ。なんだが、怪しい奴らが来て、営業妨害するからパトカー回してくれって」

「そしたら？」

「それは、政府の役人に間違いねえがら、協力しろって」

政府の役人と聞いて、七海の脳裏に一人の男の顔が過《よぎ》った。

父の桐生譲である。

ありえない、とそれを打ち消す。もし、父やその同僚たちがここまで出張《でば》ってきたとすれば話は厄介である。西城は本当に面倒な敵を作ったことになる。

結局、七海は何もない畑の真ん中に降ろされた。そこは西城が指定した場所に、やはり、間違いないらしい。

見渡す限りの畑。遠くに海に浮かぶ小島のように集落が見えるが、そこまで一キロ以上はありそうだった。

あると言えば、畑。農具が置かれた小屋。そして、いると言えば、のどかに耕運機のエンジンをかけようとしている麦わら帽子の二人だけ――。

「ん？」

七海は目を凝らしてそちらのほうを見る。片方の男は、丸いメガネをかけているように見える。

まさか、と思う。

「先生！」

大きな声でそちらに向かって叫んでみる。こだまになって、声が田園に響き渡る。

しかし、その麦わら帽子の男は、耕運機のエンジンをかけるのに夢中で、こちらの声に気づかない。仕方なく、七海はバッグを肩にかけてそちらに向かって駆け出す。

舗装道路が終わり、その男の元に行くには、砂利道を通らなければならない。周りは三つ葉などの草が覆っていたが、二本の轍があり、そこだけが禿げて白い土がむき出しになっていた。

「先生！　先生！」

手を振って、近づくと、ようやく、二人の麦わら帽子がこちらを向いた。

「遅かったじゃないか」

西城はこちらに笑顔を向ける。ということは、西城は七海がここに来ることを見越していたことになる。遅かった、というのは、今日が西城と連絡が取れなくなって、一六日目で、二週間を二日過ぎていたからだろう。

「何してるんですか？　どうしてここにいるんですか？」

聞きたいことは、山のようにあった。けれども、何から聞いていいのかわからなかった。それより何より、久々に走ったので、息が切れていた。

その様子を見て、西城は笑顔になる。

「ちょうどいい、たばこにしよう。信《しん》くん、たばこにしよう」

西城はもう一人の麦わら帽子の男に言った。

信くんと呼ばれた割に、その男は、そんなに若くはなかった。西城とよく背格好が似ていて、後ろ姿からすれば、どちらがどちらかわからなくなるほどだった。もしかして、西城と同年代か、下手をすると西城よりも上か、四〇代という可能性もあったが、農作業で真っ黒になった顔に浮かべた笑みが、少年のように素直だった。

「たばこ、たばこ」

話し方も少年そのものだった。七海は、そういうことか、とすぐに理解する。ただし、なぜ西城が信くんと呼ばれるこの純朴な男性と一緒にいるのか、想像もできなかった。

七海の疑問を察したのか、西城は草むらにレジャーシートを敷きながら七海に言う。

「信くんはね、僕の師匠なんだよ。ねえ、信くん」

信くんは、嬉しそうに頷く。

「耕運機って、ほら、あれを引っ張ってエンジンをかけるんだけど、なかなか難しくてね」

西城はオレンジ色の耕運機の横についている、黒い取っ手のようなものを指して言う。七海も何かで見たことがあった。黒い取っ手には、紐がついていて、勢いよく引くことによって、エンジンが回転して、そのままエンジンがかかる仕組みだった。どうやら、それにはコツがいるらしい。

「でも、信くんは一発でできるんだよ。やってみて、信くん」

信くんは頷くと、軍手をはめて、黒い取っ手を掴み、勢いよく自分の背中方向に一気に腕を引き、一発でエンジンをかけて見せる。ぶおん、ぶおんと軽快にエンジン音が田園に響く。ピンクの半袖のポロシャツから出た腕は、筋肉で隆々と盛り上がっていた。

「かっこいい」

自然と言葉がこぼれ出た。一連の動きと、耕運機のエンジンの音と、それを奏でた信くんの右腕が、七海の目にはしなやかに美しく映った。

「信くん、かっこいいってぞ！」

西城が麦わら帽子の上から頭を撫でようとすると、信くんは照れくさいのか、喚《わめ》くように、それから逃れようとした。けれども、顔がことのほか嬉しそうだった。

さらに、西城は続けた。

「信くんはね、『田園の哲人』と呼ばれているんだよ」

「田園の鉄人？」

七海は、うまく漢字に変換できなかった。

哲学の哲人ね、と西城は、近くの地面に石で書いて見せる。

「信くん、空はどうだろう？」

西城は、眩しそうに青い空を見上げて言った。

「広いね」

信くんは同じように空を見上げながら、何か、感慨深そうな顔をして言った。

「じゃあ、信くん、世界はどうだろう？」

今度は西城は空に向かって大きく両手を広げて言った。

「おもったよりも、小さいね」

信くんは言った。

ほらね、と西城は笑う。

「深いですね」

七海もつられて笑った。

「この前、遊びに来た、何ていったかな、世界的なアーティストなんだけど……」

そう言うと、信くんはポケットからスマートフォンを出して、嬉しそうに写真を見せてくれた。

「これって、本物ですか⁉」

そこには、本当に世界的な女性アーティストが写っていた。しかも、麦わら帽子の信くんとのツーショットで、背景は、間違いなく、この畑だった。背後の老いた柳の木が印象的に写っていた。

「本物だよ、本物。彼女なんか、信くんととても仲良くなってね、それで信くんとやり取りしているうちに、信くんの才能を見抜き、『田園の哲人』って言ったんだよ」

話に乗ってもよかったが、このままではいつまで経っても埒が明かない。西城は核心から逃げる癖がある。核心とは、往々にして、面倒だからだ。

七海はあえて、至極冷ややかな口調と目線で言った。

「で、先生、ここで何してるんですか？」

だから、と西城は、大きな魔法瓶から紙コップにコーヒーを注ぎながら言った。

「見てわからない？　『田園の哲人』に畑仕事を教えてもらっているんだよ」

「だから、どうしてここにいるんですか？　どうして畑仕事を教えてもらっているんですか？

どうして、世界的なアーティストや要人たちが、毎日のようにここを訪れているんですか？」

西城は、実に面倒そうにため息を吐いた。顔があからさまに歪んでいて、今にも舌打ちでもしそうな雰囲気だった。

「なんで僕がここにいるかって？」

本当にそれを聞くのかという顔で、西城は言う。

七海は頷く。

「僕は、政治とは関わりたくないんだよ、面倒だから」

「政治から、逃げているんですか？」

うん、と西城はうつむき、草をいじりながら言う。

「前に、依頼人とこじれてね」

「依頼人？」

「ああ、内閣総理大臣だよ」

「へ？」

思わず、七海は変な声を出してしまう。

「内閣総理大臣って、今の首相？　大我総輔のことですか？」

そう、と西城は頷く。

「前に、彼がそんなに偉くないときに知り合って、頼まれたから仕事を受けてたんだけど、なんだか偉くなりすぎて、あの当時と事情が変わってきたらしい。まったく、面倒な話さ、悪魔の証明をしろって求めてきたんだよ」

「悪魔の証明？」

「そう、ないことを証明してみせろってね。そんなの不可能だよ。それに、頭の中にあることは、ないことにはできない」

「どういうことですか？」

西城は麦わら帽子を取って、空を仰ぐように手のひらで天然パーマの銀髪をなで上げると、改めて七海を見た。

「七海、これから僕が言うことは、遺言だと思ってもらっていい」

「遺言……」

まるでにわかにざわめいた七海の胸騒ぎを抑えるかのように、七海の口の前に一本指を立てて西城は言う。

「もっとも、僕は次の瞬間死ぬか、あるいは、七〇年後に一〇〇歳をゆうに超えて死ぬかわからない」

それを聞いて、七海は安心する。そういう前提なら聞いてもいい。

「僕は、大我総輔のゴーストライターだったんだよ」

「え？　先生が内閣総理大臣のゴーストライター⁉」

「と言っても、実際に書いた原稿は本にはならなかったんだけどね。ただ、僕は、なんというか、聞き出すのがとってもうまいんでね」

西城は笑う。

「余計なことまで、全部、聞き出しちゃったんだよね」

「まさか……」

七海は自分でも、顔が強張るのがわかる。

「屋島ダムに沈められた村と『ククリコクリコクの粉』の件、先生は最初から知っていたんですか？」

西城は、七海の顔をじっと見つめていた。あるいは、言うか言うまいか逡巡していたのかもしれない。やがて、一度遠くの奥羽山脈に視線を逸らし、目を細めてコーヒーをすすると、観念したように七海のほうを見て、しっかりと頷いてみせた。

「大我総輔は、いったい、何をしたんですか？」

マスコミでは様々な言われ方をしていたし、父の話からすれば、余命三ヶ月の一〇二歳の老女寺岡澄子を殺させたのも、「目白台」であることは間違いがない。そして、七海の会社への依頼で、町おこしコンサルタント岩井翔太を消させたのも、「目白台」だった。その「目白台」の現在の最高権力者が、内閣総理大臣の大我総輔だった。

おそらく、四〇年前の屋島ダム建設を巡って、大我は暗躍し、凄まじいほどの力を得た。そして、その真実を知る人たちが殺されたというのが、今回の一連の事件だろうと七海は思っている。

「大我総輔が、四〇年前、屋島ダムの件で何をしたか？」

西城は、七海の質問を繰り返して言った。

「すべてだよ」

「すべてって……」

「大我総輔本人がそう言ったんだ。あれはすべて自分がやったことだってね、笑いながら、実に愉快そうに言っていたよ、オフレコだけどと言いつつね」

七海は、よくテレビで見かける「群馬の怪人」と呼ばれる大柄な男の実に怖そうな顔を思い出す。内閣支持率が低いのは偶然ではないだろうと七海は思っている。どうしても、親近感を抱かせない、卑屈で陰険な表情をしているのだ。表情を歪めるようにして、いやらしく笑ったさまを想像するだけで、なんだか背筋が寒くなるようだった。なぜこの国の政治のトップに君臨しているのか、七海には不思議でならなかった。

「すべては、大我総輔が仕組んだことだった」

改めて西城は言った。

「まずは、自分の生まれ故郷の村に代々秘密裏に受け継がれてきた、不老長寿の薬に目をつける」

「虫歯の特効薬『ククリコクリコクの粉』ですね」

そう、と西城は七海の言葉に頷く。

「そして、それを東京の出版社に持ち込んで、大々的な特集記事を組ませるように仕向けつつ、一方で、時の『目白台』にも接触を図った」

「時の『目白台』? どういうことですか?」

「『目白台』は、明治以降、時の元老たちによって受け継がれてきた場所で、隠然たる力を持った組織だ。その当時の『目白台』の総帥は、戦中に短い間首相を務めた老人で、この人物に対して、若き日の大我総輔はこう詰め寄ったんだよ。『ククリコクリコクの粉の存在が知られたら、虫歯経済が崩壊し、一気に不況になる。そうならないための方法を自分は用意してある』と」

「一人を殺さなければもっと多くの人が死ぬ、この戦争は永久平和のための最後の戦争だからと、殺し屋が自らを正当化する論法、すなわち、『殺し屋のマーケティング』ですね」

　まさに、と西城は続ける。

「言い換えれば、政治家とは、一人を殺して一〇人を救うという『殺し屋のマーケティング』を担うのが仕事なんでね、大我総輔の申し出は、彼らがいつもしてきたことだった。大我総輔の怖いところは、なぜか政治家のその特性をよく知り抜いていて、政治家の弱点とも言えるその部分を突いたということだろうね」

「そのとき、大我総輔が提案した内容というのが、『ククリコクリコクの粉』を産み出せる唯一の村をダムの底に沈めるということだったんですね」

　さすがは七海、と西城は嬉しそうに言う。

「そうなんだよ。大我総輔は、躊躇することなく、自分の生まれ故郷の村を沈めるようにと時の絶対権力者に提案したんだ。それが、唯一、日本が救われる道だと。つまり、政治家にとっての『断れない条件』を、大我は提示したことになる」

「断れない条件？」

「これは、本来、マフィアのやり方なんだよね。映画『ゴッドファーザー』において、最強マフィアのボスであるゴッドファーザーは、いつもこう言うんだよ。大丈夫、断れない条件を出すからって。それで、断れない条件を出して、断ってきた場合は……バン！」

　と、西城は突如として大声を出して七海を撃つ真似をする。

　七海は、驚いて、後ろのこんもり盛り上がった畑の土の上に、尻もちをつく。それを見て、西城と信くんは文字通り手を叩いて、嬉しそうに笑う。

「僕は映画『ゴッドファーザー』シリーズは、ビジネスの教科書として幾度となく観ているんだけど、その中でも『断れない条件』は、ビジネスにおいて核となるものだと思っている。ビジネスとは、至極簡単で、取引先にとって、そして顧客にとって、断れない条件を提示すれば成立してしまうものなんだ」

「どういうことですか？」

簡単さ、と西城は人差し指を真っ青な空に向けてぴんと立てる。

「顧客に対しては『買わない理由がないくらいのメリット』を与え、取引先に対しては『取引しない理由がないくらいのインセンティブ』を与えればいい」

「なるほど、それがゴッドファーザー式の『断れない条件』なんですね！」

そう、と西城は頷く。

「そして、大我総輔が絶対権力者に対して、『断れない条件』を提示できたのは、彼が一流のビジネスマンだからだよ」

「大我総輔がビジネスマン？」

「彼は群馬で有数の建設業者に成長した、大我建設の社長だったんだよ、元々。先代に認められて、名門大我家の家督を若くして相続し、戦後の高度経済成長期の大波に乗って、一躍全国でも屈指の建設業者へと飛躍した。その飛躍のきっかけとなったのが、屋島ダムの受注だった」

待ってください、と七海はこれまでの話を整理する。嫌な予感がした。

「もしかして、自分の故郷の村を沈めたのは、自分が経営していた建設業者だったということですか？」

「そのとおり。大我総輔は、大我建設とその関連企業で、総工費二六二九億円にも及ぶ屋島ダムの工事を請け負った。入札は形ばかりで、用意周到な談合による実質的な随意契約だった。談合を成立させるために、他のいわゆる大手ゼネコンや地場の建設業者にも大我総輔の懐から莫大な資金が流れた。と言っても、その資金を裏で工面していたのは、時の『目白台』が支配する日本政府だったけれどもね」

「たしかに、『ククリコクリコクの粉』の秘密が漏れるリスクを考えると、政府としても、事情を知っている大我建設一社に実質的にやらせたいと思いますもんね。まさに、『断れない条件』だったんですね」

しかもだ、と西城は言う。

「大我総輔は、この段階から政治家になろうと思っていた。いや、本人に言わせると最初から総理大臣を狙っていたらしい」

「二六二九億円のたとえ一〇％が利益だったとしても、その金額は二六二億円にも及びますよね。これだけでも、政界進出は十分じゃないですか？」

それだけじゃない、と西城は立てた人差し指を横に振る。

「彼が総理大臣になれたポイントは、談合だったんだよ」

「談合が、ポイントですか？」

「大我建設が実質的に一社で屋島ダムの大工事を請け負うために、莫大な資金が他の大手ゼネコンや地場の建設業者に流れた。ポイントは、これが大我のポケットマネーから流れたものだと各社は錯誤していたことなんだよ」

「どういうことですか？」

七海はいまいち、想像できなかった。

「たとえば、ある大手ゼネコンに大我総輔がこう言って頭を下げたらどうだろうか。『このダムの建設は、我々群馬県人の悲願だったんです。利益の話じゃないんです、代々群馬で世話になっている我が大我家で担わなければならないんです』こう言って、大我建設から一〇〇億円を捻出したと思わせる」

「そうだとすれば、断れないですよね。第一、総工費二六二九億円と言っても、それほどの大工事だと一社で請け負うことはできない。しかも、数十年にもわたる大プロジェクトで、様々なリスクが生じる。そのリスクを負うことなく、一〇〇億円がすぐに手に入るとすれば、大手ゼネコンといえども、乗らない手はない」

そうだね、と西城は言う。

「経営者ならではの視点だと思う。無駄な争いなくして、キャッシュフローが潤沢になることは企業にとって願ってもないことだ」

「まさか」

七海は思い当たって、鳥肌が立つ思いをする。

「ん？」

西城は探るような、試すような目線を七海に向ける。

「まさか、それを一社だけではなく、大手ゼネコン各社に対してやったんですか、大我総輔は！」

おそらく、その金額は企業の規模や状況に応じて変化させたのだろう。けれども、口説く論法は同じだった。それぞれにとっての「断れない条件」を、大我総輔は提示していった。しかも、実際は大我建設の金ではなくて、政府の裏金を使ってだ。

「そのとおりだよ、七海。大我総輔は、時の『目白台』と大手ゼネコンや建設業者の多くを手玉に取ったんだ。そして、自身は政治家になるための莫大な資金と、総理大臣になるときに必要となる大きな貸しを作ることに成功したんだ」

七海は頷いて続ける。

「大手ゼネコンに、資金を配分したのは、自分が総理大臣になるときの貸しだったんですね……」

怖い男だと七海は思った。入念にすべてを計画し、着実にすべてを成し遂げていった。しかも、四〇年以上の歳月をかけてだ。

「王様の耳はロバの耳」

西城はつぶやくように言う。好きな話なのか、信くんが本当に嬉しそうにする。

「大我総輔は、なるべくして、総理大臣になったんだ。きっと、この壮大なる成功物語を、誰かに話したくて仕方がなかったんだろうな。まさに王様自身が理髪師になって、真実を叫びたかったんだろう。誰にも話せない成功物語だったから。だから、未だ出版社が決まっていない本のインタビューを、僕にさせた。なにせ、インタビューのほとんどがオフレコだったからね。誰かに自分の本当の偉業を知ってほしいという強烈な欲求が働いたんだろうと思う。その証拠に、このインタビュー中の大我総輔は終始上機嫌だったよ」

西城は苦笑する。

「だとすれば、先生は、井戸の穴ですね」

自分だけが知っている王様の秘密を、理髪師は秘密にすることを次第に我慢できなくなってくる。そして井戸の穴に向かって、こう叫ぶのだ。

王様の耳はロバの耳、と。

たしかに、と西城は手を叩いて笑う。

「そうなるね、僕は井戸の穴か、イソップ童話ではね。けれども、大本になったギリシャ神話では、穴ではなくて、葦ということになる。言葉を話す葦。そして、今の時代は葦の代わりにレコーダーというものが存在するんだ」

そう言って、思いがけず真摯な顔で、西城は七海に小さな青いＳＤカードを差し出す。

「まさか……」

目を見開く七海を見て、西城はふふ、と笑ってみせる。

「僕らは習性で、インタビューのときは、万が一録れていないときのことを考え、常に二台のレコーダーで録音する。オフレコと言われたときは、そのうちの一台は止めるけれども、もう一台は録り続けている場合が多い。そして、オフレコを話す際は、そもそも人はある種の興奮状態になっているので、そんな細かいことは気にしない」

七海は西城の手から、その青いＳＤカードを震える手で受け取る。

「これに、今の話が……」

西城は、黙って深く頷く。

「七海に持っていてほしいんだ。僕に万が一、何かあったときのためにね」

途端に、今手にした、小さなSDカードがとてつもなく重いように感じられた。鼓動がいやおうなく高鳴った。

「このSDカードは世の中に存在しないことになっている。それなので、大我総輔が処分を急ぐとすれば、それはこのSDカードではなく」

と、西城は自分の頭を指す。

「僕のメモリーということになる。寺岡澄子と岩井翔太を殺害すると決断した大我総輔にとって、自分のゴーストライターを消すことに何のためらいもないだろう」

西城が言うとおりだった。数十年かけて陰謀を結実させようとする人間が、一人の人間を消すことに、何のためらいがあるだろうか。ましてや、自分の故郷の村をダムに沈めるような男なら、なおさらのことだ。

こんな何もない田園に逃げてきても、先ほどの運転手の話が本当であれば、すでに大我と「目白台」は、西城の居場所をほとんど摑んでいることになる。

いつ、西城が殺されても、おかしくはない。

だとすれば、七海が取れる手段は、一つしかない――

そう思った矢先のことだった。

「七海、それだけはやめてくれ」

今にも泣きそうな顔をして、西城は首を横に振った。

「え……」

まだ、七海は何も言っていなかった。

けれども、西城はまるで七海の心が読めるかのように言う。

「岩井翔太と同じスキームでは、たとえば、僕が助かったとしても、七海が助からない」

ああ、と七海は全身から力の抜ける思いをした。

「知ってたんですね」

吐く息に任せて言葉を乗せる。

「僕を、誰だと思ってるんだ？」

そう言って、西城は笑ってみせる。そうだった。西城潤は本屋で、西城の本屋では「情報」を売るのを生業としていたのだ。

「いつからですか？」

「驚くと思うよ」

西城は少年のように見開いた目を輝かせる。

「まさか、最初から？」

西城は口元に笑みを浮かべたままに、こくりと頷く。

七海は大きく嘆息する。

「正確に言うと、会う前からかな」

「会う前って……」

そう、と西城は引き継いで言う。

「僕に会うために税込みで一二〇万円払った女子大生がいると、情報屋の高野弁護士から情報を得たときに、すでに七海のことを全部調べていたのさ。七海の交友関係全般と、特に目白台に席がある七海のお父さんのことをね」

「でも、父のことを調べたって、わかりませんよね？」

七海の父がジョー・キリューだということは、広く知られている。ただし、そのジョー・キリューが「目白台」で裏の仕事をしていることは、もちろん、知られていない。

「たしかに、七海のお父さんのことを調べただけじゃわからなかった。でも、手がかりにはなった。今は表向き防衛省の高級官僚で、防衛大学校で教壇にも立つお父さんはジョー・キリューと呼ばれる伝説のスナイパーだった。オリンピックのライフル射撃で三大会連続の金メダリストだったんだね。今でも、カウンター・スナイプの世界的な第一人者だってことがわかった。つまり、守備的狙撃のプロだ」

西城の言うとおりだった。

カウンター・スナイプとは一般では、馴染みのない言葉だが、たとえば戦地において狙撃（スナイプ）された際に、逆に狙撃手を狙撃して仕留めることを言う。ボクシングで相手が繰り出したパンチをくぐり抜け、こちらが逆にパンチを入れることを「カウンター」と言うが、それの狙撃版と考えていい。

特に、カウンター・スナイプの狙撃兵は、指揮官の付近に配置されたり、腕のいいスナイパーが敵の中に現れた場合、それを潰すために配置される。狙撃されてから、狙撃点を正確に割り出し、あるいは狙撃される前にある程度狙撃点を推測し、相手の狙撃を確かめてから間髪を容れずに、その狙撃点を逆に狙撃するという、非常に高度な技術を要求される射撃方法だ。

銀縁のメガネをかけ、穏やかそうな表情をし、仕立ての良いスーツを行儀よく着こなしている桐生譲の見た目は銀行員そのものであり、決してそうは見えないが、西城が言うとおり、間違いなく、桐生譲はカウンター・スナイプの国際的な第一人者で、世界の士官学校から講義の依頼も来る。日本より、むしろ世界で有名だったという。

「その世界的な狙撃のプロを、政府が放っておくはずがない。特に目白台界隈はね。そして、七海のお父さんに、ある一人の人物の情報をかけ合わせると、面白い仮定が僕の中に浮かび上がってきたんだ」

西城は弾むように七海を指して続ける。

「天才心臓外科医藤野楓」

そう西城が言った瞬間に、七海はすべてを観念した。やはり、西城はすべてを知っていたのだと。

「七海の交友関係を調べていくうちに、藤野楓という名前が出てきた。その当時、七海はレイニー・アンブレラを起業する前でメディアに取り上げられる前だったから、著名人と関係があるのは不思議だった。最初は、誰か親族か友人が、重い心臓病を患って藤野楓の執刀を受けたのかと思ったが、そういった形跡は出てこなかった。でもね、藤野楓のことを調べていくうちに、彼女がある女性だけが集まる地下組織の会合に出席していることを摑んだんだ。その会合の通称はブルーバード。その実態は、AV出演被害者の社会復帰のための組織だった」

「私は――」

七海が反射的に言うのを、西城は笑顔で制する。

「わかっている。七海は別にＡＶに出演していたわけではない。その会合に何度か出席したけれどもね。七海がそこで接触したかったのは、藤野楓だったんだろ？」

七海は西城の言葉に安心するとともに、何もかも筒抜けなことを怖く思った。西城の言うとおりだった。

「七海が欲しかったスキルは、完璧なまでの整形の技術だった。そこで調べていくうちに、ある一つの都市伝説的な話に出合ったんだろう。ＡＶに出演していた女性たちを整形して社会復帰させている神の手を持つ女性医師がいるってね。ただし、その話は都市伝説ではなくて真実だった」

はい、と七海は頷く。

「ＡＶへの強要出演の被害者を装って、私は藤野先生の整形を受けることになったんです。もちろん、本当に整形したわけではありませんが、そうすることでしか、藤野先生にゆっくり私の計画をお話しするチャンスがなかったので」

あのときのことを、七海はよく覚えている。藤野楓との接点を見つけ出すのは、西城を探すのと同じくらいに時間を費やした。「世界一の殺しの会社」を創るためには、マーケティングでは西城、そして、どうしても藤野楓の神の手が必要だった。

結果的に自分を騙して貴重な時間を割かせた七海に対して、藤野は怒ることもなく、名もなき女子大生の、一見荒唐無稽な話に真摯に向き合ってくれた。誰かのために生きる。藤野楓という人は、そういったスタンスで生きている極めて高潔な人だった。

「そこで、七海は神の手を持つ藤野楓にこう言ったんだね」

西城は、人差し指を天に立てて言う。

「私は、一人でも多くの人を救うために、世界一の殺しの会社を創りたいんだと。そのためには、あなたのその技術がどうしても必要なのだと」

なぜわかるのだろうと七海は全身に鳥肌が立った。ほとんど、そのとおりのことを、そのとき、七海は藤野楓に訴えた。

ターゲットを殺したと見せかけて、整形して別の人生を創り、その人を生かすためだった。そして、天才心臓外科医にして、完璧な整形の技術を併せ持つ藤野楓は、少しもためらうことなく、笑顔で頷いたのだった。

――私で力になれるのであれば、喜んで。

あのときのどこか諦めたような、その根底で隠しきれない妖艶な笑みを、今でも七海はよく覚えている。

「七海、君は優しすぎるんだよ」

西城は、声を詰まらせて言った。無理に笑おうとするが、うまくいかなかったようで、西城の左目からつうっと涙が頬を伝い落ちた。西城は、柄にもなく慌てた様子で、メガネを押し上げ、手のひらでぞんざいに涙を拭って、何事もなかったように、遠くの空を見つめながらまたこう言った。

「七海は優しすぎるんだ」

その声が包み込むように優しくて、にわかに七海の視界が曇った。涙が伝い落ちた。

本当に、何もかも、この人は知っているんだ。この人は、私の苦しみもちゃんと理解してくれているんだと、震えるほど嬉しく思った。

「すべては、お父さん、桐生譲を救うためだったんだね。お父さんに、人殺しをさせたくなかったから、七海は世界一の殺しの会社を創ろうと考えた」

もう駄目だった。西城がそう言い終えた瞬間に、七海は自分の膝に突っ伏してうずくまるように、田園の中心で嗚咽した。

最初におかしいと思ったのは、高校生のときだった。大学で先生をしているはずの父が、たまに家で酒に酔うことがあり、そのときに話してくれる「たとえ話」が、数日後にニュースになることを度々経験した。

そして、七海はある日、泥酔した父が「たとえ話」の中で自分の仕事について打ち明けたことがあった。そのとき、父が使った比喩が「殺し屋のマーケティング」だった。

たとえば、一人の人の命を諦めれば、一〇人の人の命を救えるとしたら、七海ならどうするだろう。

わかっていた。誰かがやらなければならない、必要なことだと七海にもわかっていた。どうしても殺しが必要となった際に、カウンター・スナイプの世界的な第一人者であり、伝説のスナイパーであるジョー・キリューに白羽の矢が立つのは至極当然のことだということもわかっていた。

けれども、家族として、泥酔するほどに心をすり減らしていく父の姿を見ていられなかった。母が亡くなってから、一身で七海をかわいがってくれた父を、七海は世界中の誰よりも好きだった。そして、尊敬していた。

西城が言うように、父を救うためだった。それが「世界一の殺しの会社」を七海が創らなければならない理由だった。

泣きやまない七海の背中に、そっと手が置かれた。とても温かい、そして思ったよりも繊細な西城の手だった。

七海の耳元で囁くように、西城は改めて言った。

「七海、僕を殺すという依頼は受けるな。僕を助けようとするな」

その言葉で、泣きの衝動がやんだ。

岩井翔太の件が「成功」したので、また必ず「目白台」は七海の組織に依頼をするだろう。ビジネスでは、初めての業者よりも、一度組んだ相手のほうがリスクが低い。共犯関係ならなおさらのことだ。もし、西城が狙われるのだとすれば、七海は西城も「イレーズ」して生かそうと考えていた。

けれども、西城が勘づいているように、それはとても危険が伴うことだった。もし、殺していないことが露見すれば、西城ばかりでなく、七海も、そして藤野楓も命が危うくなる――西城はそのことを言っているのだ。

七海は仰ぎ見るようにして、隣に座った西城の横顔を見た。麦わら帽子を被って、空を眺める西城の横顔は、田園に降り注ぐ太陽の光の中で、際立つように晴れやかで、やはり美しかった。

「大丈夫、僕は大丈夫だから。僕は強いから。絶対に負けないから」

その言葉には、芯に強さがあった。

それを感じた七海は、ようやく、笑顔になった。

そう、先生は負けるはずがない。

西城も笑顔で大きく頷いた。

「先生、私、帰ります」

七海は急にぴょんと立ち上がり、西城に背を向けて、砂利道を来た方向に歩き始めた。涙でぐちゃぐちゃになった顔を見られたくなかった。

タクシーが拾えそうな、車通りの多い道に出るまで相当ありそうだった。しかも、駅にさえ、タクシーが待っていないような町である。そうそうタクシーが捕まるとも思えない。でも、歩こうと思った。涙が収まるまで歩きたいと思った。

「七海」

背後から声がした。振り返ると、西城がこちらに向かって手招きをしていた。

「信くんが、駅まで送っていくって」

言いつつ、自分の背後を指す。

青い軽トラックに、信くんが乗り込もうとしていた。

運転はできるのだろうか。

七海の心配を汲み取ってか、西城はこう言う。

「大丈夫、信くんは、耕運機だけじゃなくて、トラクターも、コンバインも、そして車だって運転できる」

言葉通りに、世界的なアーティストに「田園の哲人」と称された信くんが運転する軽トラックは、滑らかに七海の横に付けられた。運転席には、日焼けした顔に満面の笑みを浮かべた、信くんがいた。ハンドルを握る隆々とした腕に、やはり、目が行ってしまう。助手席に乗り込み、手動で窓ガラスを下ろす。

先生、と七海は改めて西城に言う。

「それではまた、いつか、どこかで」

麦わら帽子姿の西城は笑顔で頷く。農作業着姿も悪くないと思う。

七海を乗せた軽トラックは、一気に砂利道を加速した。

サイドミラーに映る西城の姿が、みるみる小さくなっていった。

西城は、大きく麦わら帽子を振っていた。

窓から入ってくる風が、ことのほか、気持ちがよかった。

見渡す限り、田園しかなく、空が怖いほどに広いことを、ここに来て初めて気づいた。

七海はなんだか、試してみたくなった。運転する信くんの横顔を見て言った。

「信くん、空はどうだろう？」

信くんは、目の前に広がる空を感慨深そうに見上げて、こう言った。

「広いね」

そう言う信くんが、不思議と本当の哲人に見えてきた。

「じゃあ、世界はどう？」

信くんは、今度はまっすぐに七海の目を見て、こう言った。

「思ったよりも、小さいね」

本当にそうかもしれない、と七海は思った。

一人の想いや企みが、世界に大きく影響するのだとすれば、本当に世界は思ったよりも小さいのかもしれない。

桐生七海にとっての生涯の師匠、西城潤があの田園で狙撃されて亡くなったとの報せを受けたのは、それから三日後のことだった。

それでもなお、七海は西城潤の本名を知らなかった。

第三幕　サイレンス・ヘルの野望

14
クラウド・シンジケート

おそらく、あの事件は、よくある殺人事件の一つで、すぐに忘れてしまっても一向に差し支えない類のものだったろう。

小さな本屋の店主が田園で射殺されたというニュースは、およそ一般の殺人事件と同程度に取り上げられ、同程度に忘れ去られていった。

当時、僕はアナウンサー相川響妃とともに事件後すぐに現地に向かったが、すでにあの田園の肥沃な色濃い土は、血の色も綺麗に吸い尽くした後だった。最後に彼と一緒にいた田辺《たなべ》信という男性は、ショックが強すぎたようでパニックが収まらず、結局は会うことができなかった。タクシーの運転手の話では、一緒にいたその男性がすぐに一一九番通報できれば、確実に助かったはずだったという。もっとも、それもどこまでが本当かわからない。

スクープにできそうな何ものもなく、意気消沈して帰京した僕に、新聞記者の父が、嘆息しながらこう言ったのが、今でも印象に残っている。

これで大我総輔を止められる人間は、この世に一人もいなくなった、と。

現在、あの事件から一年以上時間が経っている。それだから、今なら冷静にあの事件について検証できると思っている。

この原稿を書くに当たって、僕は改めて西城潤と名乗っていた人物のことを調べた。父も彼の「取引相手」だったというので、彼に関する情報は比較的多く集めることができた。

彼がゴーストライターとして関わった本のリストには、芸能人、経営者、スポーツ選手、政治家など数々の著名人が名を連ねた。大我総輔の名前があったのは、発売されなかった「未刊行リスト」の中だった。

彼を「オフレコ・コレクター」と呼んだのは、いったい、誰だったのだろう。

ともあれ、彼の元に集まった「オフレコ」は、彼の裏の裏の生業にとって、とんでもない資源になったのは間違いない。

裏の裏の仕事は、もはや、表と言ってもいいだろうが、彼は小さな「本屋」を営んでいた。その本屋は当然、紙の書籍も販売するが、彼が本当に売っていたのは、「情報」だった。

あらゆる業界の著名人たちは、人のピラミッドにおける頂点付近で、有機的につながっているものである。様々な角度から集められた「オフレコ」は、「オフレコ」同士リンクを繰り返すことによって、あたかも囲碁で敵地を奪うように、そのピラミッドの山頂付近をことごとく網羅したことは想像に難くない。ピラミッドの山頂を網羅するということは、すなわち、ピラミッド全体を掌握することでもあった。

彼はこの網羅された情報によって、裏のビジネスの世界に小さいながらも無視できない存在感を示し続けた。そして、いつしか世界最強のビジネスを有すると謳われるようになった。

西城潤という「情報」のいわば「極」を失った裏の世界は、再び、政商入り乱れる戦国時代に突入した。そして、その情報の世界に、新たに王手をかけたのは、やはり西城を葬った大我総輔と「目白台」だった——。

今こうして、「大我総輔」という名前を原稿に打ち込むごとに、どうしても電流のごとき緊張感が全身を貫くのを抑えることができない。恐怖と言ってもいいだろう。

けれども、もう家に帰ることもやめて、僕の横に張りついて、ほとんど同時にパソコンのモニター上でできあがったばかりの原稿を読んでいる著名な編集者は、「大我総輔」の名前が出るたびに手を叩いて喜んだ。

まるで、狙撃手の横に寄り添い双眼鏡で敵を見ながらナビゲートするスポッターのように、その編集者は、僕が「大我総輔」という銃弾を放つたびに、銃弾がヒットしたかのように歓声を上げた。

去年出した一〇〇万部の本の報奨金でゴルフに明け暮れ、肌が真っ黒に日に焼けていた編集者は、僕に快活な笑顔を向けて、本気でこの本でも一〇〇万部を狙えると言った。それどころか、もうこの原稿に自分の編集者人生を賭けるとまで言った。

その言葉に後押しされて、僕はこうして実に危険な原稿を書いている。

「この物語はフィクションであり、実在の人物・団体・事件などには一切関係ありません」

そう宣言したところで、真実の匂いは消せるものではなく、嘘だと宣言すると余計に本当のように人は感じてしまうことだろう。

ここで僕は正直に告白せねばなるまい。ただ恐怖でしかなかった真実を書く際に生じる電流のような刺激が、いつしか、心地よくなってきている。逆に、この刺激がなくなったとしたら、物足りなく思うはずだ。

もしかして、これがライターズ・ハイというものだろうか。

ある種の麻薬的効果をもたらす脳内物質が、今まさに止めどなく溢れ出ていることを噛みしめている。こうして痛覚が麻痺している間に、書きにくいことも一気に書いてしまおうと思う。

実は、あの田園に逃げたときでさえも、西城潤を名乗る人物は、大我総輔と「目白台」に対して圧倒的に優位な状況にあった。世界から著名人や有力政治家をあの田舎の田園に招くことによって、「目白台」に対して絶大なる結界を張っていたとみていい。あたかも、それは目に見えない「情報」の塀で幾重にも囲んだ難攻不落の城のようなものだった。

西城潤にとって、あの田園ほど安全な場所は、世界中を探してもなかった。事実、幾度となく「目白台」の攻撃を撃退している。もしかして、西城潤は、この自らが築いた鉄壁の城を過信してしまったのかもしれない。

彼の額を貫いたのは、一発の銃弾だった。

彼を守るためにあの田園の八ヶ所に配備されていた狙撃兵たちは、誰一人としてそれに応戦することができなかったという。そして、足跡を辿ることもできなかった。なぜなら、想定される射程のはるか外から狙われたからだ。

この陣を敷いたスナイパーの一人は、西城に対して、事前にこう説明していた。

狙撃に成功する可能性は、万に一回程度であり、人間には到底不可能であると。

そんな狙撃を、成功するかしないかの五〇%まで引き上げられるスナイパーは、世界広しといえども、彼一人しかいなかった――

サイレンス・ヘルである。

しかし、なぜサイレンス・ヘルが、西城潤の暗殺に関わったのか、未だに謎である。

あるいは、サイレンス・ヘルが実行犯だったという僕の推測が間違っているのか。サイレンス・ヘルの伝説を隠れ蓑に、真実の犯人が他に存在するとも考えられる。

西城潤が死んでから一年、サイレンス・ヘルの名前は再び脚光を浴びることになった。

彼が所属する新興の殺しの組織が彗星のように現れ、急成長を遂げ、スナイパーとしての彼の伝説が再び世界中で語られるようになったのだ。

世界中の権力者や裏組織や一般人までもおしなべて行列を作る、その殺しの組織は、受注数が世界一になったと、アメリカの有名な経済誌が報じるまでになった。

ところが、この受注数世界一の殺しの組織については、エース・スナイパーがサイレンス・ヘルだということ以外、誰も実態が摑めなかった。そう、まるで雲のように実態が明らかではなかった。ゆえに、いつしかこう呼ばれるようになった。

クラウド・シンジケートと。

（秋山明良著『殺し屋のマーケティング』より）

ジョン・F・ケネディ国際空港を飛び立ったボーイング787型機は、暗闇へと消えゆく飛行機の列を脱して、高度を上げつつ、機体を傾け微調整しながら自らの航路を形作っていた。

「まるで渋滞ですよね」

窓の外、次々に着陸する飛行機の光を見つめながら七海が言う。アメリカの空港は、日本よりもはるかに発着間隔が短い。

ファーストクラスの隣に座る藤野楓は、肘をつき、手で顔を支えるようにして妖艶な笑みを浮かべて頷く。

「ほんとにそう。いつかぶつかるんじゃないかって冷や冷やする」

この飛行機には何人の乗客が乗っているだろうか、と七海は思う。おそらく、二〇〇人は下らないだろう。もし、この飛行機が落ちたとしたら、二〇〇人の命が一瞬にして失われてしまう。しかしそれよりも世界にとって損失となるのは、天才心臓外科医藤野楓を失うことだ。藤野の執刀件数は年間二〇〇を超えるという。しかも、そのほとんどが他でさじを投げられた件だ。たとえば向こう一〇年で藤野楓が救う命は、少なくとも、一〇〇〇を超えるのではないか。

七海の「殺し屋」としての事業がうまくいっているのは、心臓外科医としての藤野の腕が世界中のどこでも渇望されているからで、今回のように七海の組織にアメリカから「殺し」の依頼があっても、アメリカで藤野の執刀を待っている無数の患者が存在する、そのオペをするという表向きの理由に隠れて、七海と藤野は、「イレーズ」してまた人を救っているのだ。

何かで見たんだけど、と藤野は言った。

「前にコロンビアの麻薬王が旅客機を爆破して落としたって」

「テロですか？」

「ま、テロなんだろうけど、大統領が乗るのを狙ったんだって。しかも、大統領はその飛行機には乗っていなかったの」

一人を殺すために、大勢を殺してもかまわないと思う人間が世の中にいる。

大勢を救うために、一人を殺してもかまわないと思う人間がいる。

一方で、自らの命を危険に晒しても、その一人を救わなければならないと思う人間がいる。

今回、アメリカで救ったのは、八四歳の男性だった。新しい顔と名前で新しい人生を生きてほしいという七海の提案に対して、彼は、面倒だし、病気を患っているし、そもそも身寄りもないので、できれば七海が本来依頼されたままに殺してほしいと言った。そのほうがおまえたちも簡単だろうと。

それに対して藤野は綺麗な英語で毅然とこう言ったのだ。

「生きるか死ぬかは、私たちが救った後で自分で決めればいい。あなたの人生なんて知ったことではない。ただ、目の前に失われそうになっている命があることを知って、私はそれを放っておくことなんてできない」

そう、藤野楓という人は、人の命を救うことに理由を求めない。

一方で、人を殺すことに理由を求めないあの男は、今回も完璧に仕事をやり遂げて、姿すら見せなかった。もちろん、この飛行機にも乗っていない。世界最強の殺し屋は、見つかるリスクが少しでもあるのなら、それを神経質なまでに回避しようとすることを、もう何度も一緒に仕事をして、七海はようやく理解できるようになった。一%にも満たないリスクがどれだけ危険であるかも。

危ういバランスの上に、このチームは成り立っているのだと七海は改めて思う。

人の命を救うことに理由を求めない世界最強の天才心臓外科医。

人を殺すことに理由を求めない天才心臓外科医。

そして、私は何なのだろうかと七海自身はいつも疑問に思う。

あの事件の後、七海はそのことを忘れるかのように仕事に没頭した。西城のおそらく最初で最後の弟子として、果たさなければならないことがあると気づいた。必死で仕事をしているうちに、殺しを依頼する人が世界中で行列を作るようになった。

皮肉なことに、天才心臓外科医藤野楓に命を救ってもらおうと行列する人がいる一方で、七海の前には、人を殺してほしいと思う人が行列を作っているのだ。

「噂を聞いたんだけど」

唐突に藤野は言った。

「噂？」

こくり、と藤野は頷いて言う。

「サイレンス・ヘルってなぜそう呼ばれているか、知ってる？」

「彼は確実に標的を消すから、ですよね。周りが静かになるって私は聞きましたけど」

そうよね、と藤野は言う。

「じゃあ、違うのかしら」

「先生はどう聞いたんですか？」

「静寂になると、地獄になるって。つまり、サイレンス・アンド・ヘルの略として、サイレンス・ヘルって呼ばれているって」

「どういうことですか？」

「ほら、彼って、イヤフォンをずっとしてるでしょ？」

藤野は自分の耳を指して言う。

「あれが外れると人格が変わるって、私の先輩の精神科医が言うのよ。昔、そんな患者を見たことがあるって。その少年は、想像を絶するひどい環境で育ってきて、音楽療法によってなんとか現実世界に踏みとどまっているって」

「それがサイレンス・ヘルのことだとは限らないですよね？」

「もちろん。でも、そうだとしたら？」

「いつも彼がイヤフォンをしている説明がつきます」

藤野は頷く。

ただし、また新たな疑問が浮かんでくる。

彼はなぜ、音楽療法を受けるに至ったのだろうか。

彼はどんな少年時代を送って、サイレンス・ヘルと呼ばれるようになったのだろうか。

改めて、七海は思う。サイレンス・ヘルすなわち日向涼について、何も知らないのだ。


「明良君さ、最近、私に何か隠してない？」

相川響妃は、車の後部座席から運転席の秋山明良に言う。番組本番が終わったばかりだというのに、なぜか、ファンデーションやらアイラインやらメイク道具一式を出して、入念に化粧直しをしていた。

意図せずして、秋山はごくりと唾を呑み込む。

「隠してるって、何が？」

秋山はルームミラーで見ながら、車の後部座席に座る相川響妃に、平静を装いながら言う。秋山が運転する車はちょうど六本木の交差点で、赤信号で停まったところだった。

「いや、隠していないんなら、別に、いいんだけどさ」

ビューラーでまつげを上げながら、響妃は間延びした口調で言う。

本当に、響妃は怖い、と秋山は思う。

日に焼けた編集者に誘われて、小説を書き始めたのは、ほんの一〇日前のことだった。その編集者は、Ｗｅｂメディア「コードブレイカー」のファンだと言った。ファンと言われて、さすがに悪い気はない。そして、自分も「コードメーカー」の秘密を追っている同志だと言い、秋山に小説を書くように勧めた。君になら絶対にできるとその男は太鼓判を押した。

絶大なる力を有して、裏の世界を生き、そこから世の中を支配していると言われる「コードメーカー」。以前はこの秘密を明かそうと、「コードブレイカー」を立ち上げたのだが、この一年あまりの期間に、本当に強大な力を見せつけられ、若気の至りだったことを思い知った。

しかし、小説なら、書いてもいいのではないかと思った。

響妃が喜ぶと思い、それを言おうと思ったが、その編集者はこう秋山に言ったのだ。

――どうせなら、一〇〇万部の小説を創って、出版してからみんなを驚かせないか。

そのほうが、かっこいいからと。

秋山もそれに乗ることにした。男としての意地だった。ジャーナリストとしては、到底、響妃に追いつくことはできない。でも、あるいは小説なら、逆転ができるのではないかと。

あ、そうそう、と響妃は顔を上げて言う。

「イレーザーって聞いたこと、ある？」

話の風向きが変わって、秋山は内心ほっとする。

「イレーザー？　消す人のこと？」

まあ、そうなんだけど、と響妃は言う。

「テレビで報道される殺人事件って、実際に行われている殺人のうち、どれくらいなのか、考えたことある？」

「うーん、半分くらいかな」

「一％にも満たないって調査報告もある。正確な数字はわかりっこないよね、だって分母が見えていないんだから。ただ、ちょっと参考になる数値があって、家出人捜索願の数。これは発表されているのでわかる」

「それって、どれくらいいるの？」

そう聞きつつ、秋山は嫌な予感がした。

「一説では毎年八万人以上」

「八万！」

「もちろん、その中の九割以上は見つかるらしい。でも、九割以上見つかったとしても、数千人が消えたままになっていることだよね」

秋山は想像してみた。家出人捜索願と言っても、たとえば家出人や行方不明者全員に出されているわけではないだろうし、夜逃げなど、自ら何らかの事情で姿を消す人もいるだろうから一概には言えないだろう。けれども、その中にもし、本当の殺人を紛れさせようと思えば、想像するよりも簡単に紛れさせることができるのではないか――。

考えているうちに、秋山は思い当たる。

「もしかして、イレーザーって……」

そう、と響妃は言う。

「数値の闇に、殺人を葬る人のことよ」

表面上は、この国はとても穏やかだった。世界でも類を見ないほどに安全な国だとも言われている。しかし、数字は嘘をつかない。数字の盲点となる闇が、ぽっかりと口を開けている。その口を自在に出入りしている人間が、魑魅魍魎のように世の中のどこかにいるということだ。

「つまり、殺人があったことをなかったことにするプロが、平和なこの国にもいるってことだね……、まさか」

言っているうちに、秋山は思い当たる。

「もしかして、町おこしコンサルタントの岩井翔太が見つかっていないのは、そのイレーザーの仕業だったたって言いたいの？」

秋山の助手席で狙撃されて以来、岩井は忽然と姿を消した。意識が朦朧とする中だったが、たしかに秋山は救急車と救急隊員たちの姿を見たはずだった。しかし、どこに問い合わせても、岩井が病院に運び込まれた形跡はなかった。それだけではなく、岩井の事務所も引き払われ、岩井の妻までも消息がわからなくなっていた。

響妃は、しっかりと頷く。

「私ね、クラウド・シンジケートの強さの秘訣って、サイレンス・ヘルだけじゃなくて、イレーザーもなんじゃないかと思ってるんだ」

ようやく、秋山にも響妃が言いたいことが見えてきた。

「どのビジネスでも、オフェンスを重視されるけど、案外、勝因はディフェンスだったりする。そうじゃない？」

たしかに、と秋山は頷く。

「サッカーでも野球でもディフェンスが強いチームが結局は強い。クラウド・シンジケートは、サイレンス・ヘルだけ注目されるけど、実はディフェンスが強い組織かもしれないってことか。たしかにそう考えると、これだけ世界中でクラウド・シンジケートについて報道されても、実態がまるでわからない理由が見えてくる」

不思議な現象が起きていた。クラウド・シンジケートという名前が出てから、誰もがすぐに組織の全容が解明されるだろうと考えていた。なぜなら、殺しの受注数は世界一だと誰もが認め、そのスナイパーがサイレンス・ヘルだということもわかっているので、露見するのも時間の問題だと思われていた。

ところが、クラウド・シンジケートは、いつまで経っても「雲」のままだった。

それが、響妃が言うように、「イレーザー」の働きによるものだったとしたら、話の筋が通る。

「もし、最強のイレーザーがいたとしたら、その事件のことを決して表に出さない。数値の闇に紛れ込ませて、事件自体を起こらなかったことにするから」

「でも、だとしたら、どうして僕らはクラウド・シンジケートがやったって思っているんだろう」

そこなのよ、と響妃は化粧を中断して、後部座席から身を乗り出すようにしてルームミラー越しに秋山を指す。

「実際は、私たちが思っているほど、やっている殺しの数は多くはないのかもしれない。でもね、私たちはきっと実際よりも多くの殺しをやっているような印象を受けている。だから、殺人事件が起きて未解決になると、まっさきにあれはクラウド・シンジケートがやったんじゃないかと思ってしまう。でも、ほとんどはきっと彼らがやったことじゃない。思い込みによる『錯誤』がそこには生じている」

待って待って、とたまらず秋山は言う。

「頭がこんがらがってきた」

ちょうど赤信号で車は停まる。

「思い込みによる錯誤って、もしかして、クラウド・シンジケートは殺しをやっていないってこと？」

「それはないと思う」

きっぱりと響妃は言う。

「だって、世間には公表しなくたって、依頼人にはこうして殺しましたって報告するでしょ？

そうすると、どんなことが起きると思う？」

「依頼人が、満足する」

それはそうだろうと秋山は思う。確実に殺しを遂行してくれて、完璧にその痕跡まで消してくれれば、依頼人としては言うことなしだ。

「満足するとどうなる？」

「また頼もうと思う。それか、よかったよ、と誰かに伝えたくなる」

そのとおり、と響妃は運転する秋山の肩を強く叩く。ちょうど、発進するタイミングで、ハンドルが少しぶれる。

「危ないって！」

ふふ、と響妃は何事でもないように笑って続ける。

「それがビジネスで重要になる『リピーター』と『口コミ』ね」

「でも、殺しのリピーターになる人っている？　ラーメンとかスイーツとかと違うと思うけどな」

「わかってないな、明良君は」

響妃は歌うように実に楽しげに言う。

「私たちが報道する殺人事件のほとんどは、素人の殺し。だから、すぐに露見して報道される。それは殺人事件の中でもほんの一部に過ぎない。おそらく一番多いのは、国家による殺人。日本にいるとあまりわからないけど、世界では、国同士で人を殺し合っている。国に準ずるような巨大なマフィアもテロ組織もね。戦争ってその拡大版に過ぎない。思うよりも、多くの『殺しの需要』が世界にはあるのよ」

　なるほど、と秋山は言う。

「国やそれに準ずるような組織だとすれば、たしかに『リピーター』にもなるだろうし、同盟関係にある組織同士なら『口コミ』もありうるよね」

「それに、国家が依頼人となったら、どうなると思う？」

　そうか、と秋山は思いつく。

「『御用達』になる！」

「そのとおり！　将軍家御用達ってある種の『ブランド』だよね。国家が発注しているのなら、間違いないだろうってそれより下の格の組織もこぞって発注するようになる」

「御用達の看板には、行列ができる。そうすると、とんでもない数の殺しの依頼を受けることになる。だとしたら、クラウド・シンジケートってそれこそ国家規模の組織ってことにならない？」

「案外そうではないかも」

「どうして？」

「大きな組織だとすれば、これほど『雲』のままでいられるはずがないから」

　たしかに、と秋山は思う。必ず、組織の末端あたりが破綻して、情報が漏れる。漏れてしまえば、雲が晴れて、組織の全容が明らかになってしまう。まるで、雲が晴れた「天空の城ラピユタ」のようにだ。

「でも小さな組織で、そんなに数多くの殺しを遂行ができるかな」

「もしかして、多くの殺しを遂行していないのかも」

「え？　でも、だって、クラウド・シンジケートは世界一の殺しの組織なんでしょ？　それは嘘だってこと？」

「世界一って、『受注数』がね。誰も『遂行数』とは言っていない」

ふと、秋山の頭に妙な言葉が浮かんだ。そのままを口にしてみる。

「殺しの限定化……」

そうね、と響妃は言う。

「『限定化』すると、人はそれに並びたくなる。それがやがて行列となる。行列は『コンテンツの質』をわかりやすく保証するから、行列は、行列を呼ぶ」

「そして、たとえ遂行数が少なかったとしても、それは『限定』という概念に置き換えれば、顧客にとっては決してデメリットではない。行列が伸びるということは、殺し待ちの『受注数』が加速度的に増加していくことになるってことだね。まさに、予約が取れない半年待ちの三ツ星レストランのように」

さらには、予約が取れない需要に対して、圧倒的に供給が足りないという条件が整えば、「価格」を引き上げることができる。そうすると、「執行数」を増やすことなく、組織としての収益は絶大になる。また、「ブランド」も高まる。

「おかしな話だけど」

そう前置きして響妃は言った。

「クラウド・シンジケートは、世界で最も殺しを抑止する組織なのかもしれない」

ちょうど、秋山も同じことを思っていた。結果的にそうなっただけだろう。けれどももし、意図的にこのモデルを構築したとしたら——クラウド・シンジケートには、世界でも屈指のマーケターがいることになる。

「ところで、池袋でいいんだよね？」

秋山は青い標識を確認して言う。珍しく、響妃は行き先に池袋を指定していた。しかも、ドレスアップしてメイクもしっかり直していた。

「そう、藤野先生に誘われているんだ」

藤野先生って、と秋山の脳裏に、豊島公会堂で慟哭していたあのセクシーな後ろ姿が蘇った。

「あの美人心臓外科医の藤野楓？」

響妃は頷く。

「２６２９っていう、女性だけの秘密の夜会に連れて行ってくれるんだって」

意外そうに、秋山はルームミラーで響妃の顔を見た。

「否定しないんだね」

「何が？」

「ほら、今、僕は美人って言ったんだけど」

この前は、美人という言葉で秋山は本当に痛い目に遭った。それはこの前だけではなかった。

ああ、と響妃は笑う。

「だって、藤野先生は、本当に超・絶・美人だから」

藤野楓が開くという秘密の夜会がどんなものなのか、秋山は興味を持った。

「あの……」

「だめよ。男子禁制だから」

2629という数字を、最近、よく聞くような気がする。たしか、そのタイトルの本がヒットしていたはずで、女性主体のセクシーについて説いた本だった。

秋山は舌打ちして、アクセルを踏み込んだ。

「わかったよ」

いつもよりも、響妃が綺麗なのも、なんだか癪にさわった。


「これは、いったい、どういうことなんだ?」

桐生譲は押し殺した声で、現地の情報提供者に言った。

桐生は大分県別府市の総合病院にいた。「未確認情報」を確かめるためだった。たいていその手の情報は、都市伝説だったり、フィクションだったり、錯誤だったりと、いわゆるガセネタの場合がほとんどなので、上級スタッフのところにいく前に消去される。

ところが稀に、「未確認情報」の中に、世の中を揺るがすような情報が入っている場合がある。特に最近では、SNSの普及により、玉石混淆の個人メディアの中に、第一級の情報が紛れ込むことが多くなった。それでも、情報の確認は、普通なら全国の各地域にいるスタッフが担当するのだが、今回はまだ詳細な調査が終えられていない段階にもかかわらず、上級スタッフの桐生譲が直々に詳細を確認するために九州まで飛んだ。

たしかに、その案件は目白台とは直接関わりのないものだった。だが、娘の七海に、少なからず関わりがある案件だった。しかし、それ以上に、なぜか胸騒ぎがした。目の前の光景を見ると、胸騒ぎが嫌なかたちで的中してしまったと言うしかなかった。

今、若い美しい女性が、生まれたばかりの赤ん坊を抱いている。

それについては、何の問題もない。娘の七海と同年代と思われる女性が出産するのも、その女性が実に幸せそうな表情をしているのも、好ましいことだろう。

問題は、ただ一点のみ。その女性の「顔」だった。

桐生は、見舞客の振りをして、廊下から病室の中の様子を窺っていた。手元にあるリサイタルのチラシや、写真と、目の前にいる若き母の顔を何度も何度も見比べていた。

その度に、どういうことなんだ、という疑問の声が漏れた。

同行した現地のエージェントが、桐生に耳打ちをして言う。

「言われたとおりに調べましたが、今住んでいるアパートの住所に住民票を移してはいません。病院に確認したところ、救急車で運ばれてきたそうです。もしかして、自宅で密かに出産するつもりだったのかもしれないですね。保険証も提示していなかったということだったので、あれも本名かどうかはっきりしません」

病室に掲げられた名札を指す。そこには、「両角《もろずみ》さやか」と書かれていた。

「つまり、自発的な失踪者である可能性が高いということだな？」

エージェントは桐生の目を見据えたままに頷く。

どういうことなんだ。そして、どうすればいいんだ。

桐生譲は、大きくため息を吐いた。

目の前にいる若い母親は、豊島公会堂で狙撃されて死んだ山村詩織と瓜二つだった――いや、どう見ても、山村詩織、その人だった。

美人チェリスト山村詩織は、娘の七海が、警備を請け負いながらも救えなかったはずの人だった。

死んだはずの山村詩織が、人知れず、九州は大分の地で母として生きている……、しかも、この土地は、山村詩織にとって縁もゆかりもない土地だった。

ふと、脳裏に目白台の継承者にして内閣総理大臣、大我総輔の声が蘇った。


――バグを修正できていない。これがどういう意味かわかるな？


情報が漏れていると、大我総輔はしわがれた声で言った。

そして、バグを修正できていない、ということは、殺すべきターゲットが死んでいない、という意味だった。

「まさか、そんな。我々は一つひとつの現場をしっかりと確認しています」

たまらず児玉が抗弁した。

「本当にそうか？　ちゃんと死体の処理も確認したのか？」

長く垂れ下がった眉から、目を剝くように見開き、児玉と桐生を睨むようにして言った。

殺害の様子や証拠は確認しているが、死体の処理の確認まではしない。そのためにプロの殺し屋やプロのイレーザーに依頼しているのだ。イレーザーの仕事は「執行」の痕跡すらも跡形もなく消すことだ。

しかし、そこまで大我が言うということは、何か独自に情報を摑んだということだろう。大我は目白台ばかりではなく、公の捜査機関や官公庁から情報を吸い上げることができる。しかも、バグの執行はこれまで無数にしてきていて、どの執行について言っているのかも桐生と児玉にはわからない。

「イレーザーとは？」

大我は二人に問いを重ねた。

「ご存じでしょう。死体が絶対に見つからないように後始末をする『人を消すプロ』のことです」

児玉が答えた。

「私もね、そう解釈していたんだよ。化学薬品で死体を溶かしたり、山中に埋めたり、海中に沈めたりと、とにかく死体処理のスペシャリストだと思っていた」

「思っていた？　そうじゃなかったと？」

「これは、仮定の話だよ。一緒に考えてみようじゃないか」

大我総輔は、間を取るようにして、いつになく穏やかに言った。大柄な大我は、穏やかに話すときのほうが緊迫感を帯びて全体的に迫力があった。

「人を消す、とはどういうことだろうか」

「殺して、痕跡を残さない」

桐生はそう答えた。児玉もそれに同意した。

「それが、一番、シンプルでわかりやすい。でも、もう一つ方法があるんじゃないかと私は思ってね」

そう言われて、児玉も桐生も考えた。

人を消す、もう一つの方法を。

すると、二人はすぐに思い当たった。その人が生きている痕跡を消すことも、人を消すことになる、と。つまり、名前と顔を変え、平然と他の人生を生きている可能性もあるということだ。

その場合、イレーザーの役割は、死体の処理ではない。極めて精度の高い整形手術の技術が必要とされるだろう。そのような技術を持つ人物など、限られている。

「すぐに、執行します」

児玉は言い、その場を後にしようとした。

「違うんだ」

大我はそれを呼び止めた。そして、こう言ったのだった。

「イレーザーを捕らえるんだ、生きたままな」

大我の意図は明白だった。どこまでも思慮が深いのかと桐生は怖くなった。殺してしまえば、顔を変えて別の人生を生きている人がどこにいるのか、今、どんな人生を送っているのか、永久にわからなくなってしまう。そして、こちらとして怖いのは、その人物とともに、消滅したと思っていた「情報」が何らかの形で世間の表面に現れることだった。

「なるほど、捕まえ、口を割らせて全員の居場所を突き止める」

児玉の言葉に、大我は頷いて言った。

そうしないとバグの修正は完了しないと――。

山村詩織に瓜二つの若い母親は、幸せそうな表情で赤ん坊に何か語りかけていた。

その様子を見ながら、桐生譲は思った。

大我総輔が懸念するように、もしかして、殺したはずのターゲットの何人かは生きているかもしれない。もし、目の前の若い母親が、山村詩織ではなく、まったく違った人物だったとしたら、完璧な整形技術を持った医師が世の中に存在するということだ。

けれども、バグの修正の件と、今、桐生の目の前で死んだはずのチェリスト山村詩織の顔をした人間が生きているという現実が、どうしても噛み合わなかった。誰かを隠そうとしているのに、なぜ、あえて死んだ著名人の顔にしてしまったのか。

つながっているようで、肝心なところでかたちが大きく違ったジグソー・パズルのように、この件はまったく別の件として考えなければならないのかもしれなかった。

しかし、桐生の長年培った、フィクサーとしての勘がけたたましいほどに警鐘を鳴らすのだ。

ここに答えがあるのだと。

たとえばの話、死んでいたと思っていた美人チェリストが大分で母親として生きていたとしたら――。

そう七海に話したとしたら、いったい、どんな顔をするだろう。

15

イレーザー　～人を消す女～

記憶があった。

もしかして、それは記憶というより、幼き日の夢想なのかもしれない。七海にも、夢かうつつか定かではなかった。その境界が曖昧だった。

どこかの水辺で七海は誰かに肩車をされて、大きな笑い声を上げてはしゃいでいたのだと思う。

「もっとはやく！　もっとはやく！」

幼き日の自分の声が、聞こえてくるようだった。

それをずっと父の肩だと思っていたが、現実なのか夢想なのかわからない記憶の映像をたどると、小さな七海を肩車するときに、その肩の持ち主は、全身に力を込めていたように思う。進むのも、精一杯で、頭はあの当時の父よりも小さく若いように思えた。

もしかして、歳が離れた近所の子どもだったのかもしれない。

ただ、母親が亡くなって、父も仕事で家になかなか帰ってこられないときに、その背中がいつも七海のそばにいてくれた。

あるいは、寂しい子どもが勝手に思い描くという心理学的な幻影なのかもしれない。あまりに寂しかったために、勝手に作り上げた架空の話し相手だったのかもしれない。

少なくとも、七海にとってある時期その幻影は、母であり、父であり、寂しさを紛らわす遊び相手だった。

今日のように、公園のベンチなどで久しぶりに暖かな陽射しを浴びていると、ふとそんな記憶が蘇るのだ。

七海は南池袋公園の、陽の当たるベンチに一人、腰掛けていた。

「七海」

と、呼ぶ声があった。

七海は陽射しがもたらす記憶から抜け出せないままに、少女のような笑顔で振り返った。

陽の光の中には、優しい笑顔をした、背の高い少年がいた。

あと、もう少しで少女の七海は、その背の高い少年にこう声をかけるところだった。

ひさしぶりね、と。

しかし、光に目が慣れてくると、少年から光が失われていった。光で見えなくなっていた影が見えてきた。少年などではなかった。のっそりと背が高く、姿勢が悪い、不気味なほどに色の白い男がそこに立っていた。いつものようにイヤフォンのコードを耳から垂らし、手にはカメラを持っていた。

すっと、日が雲に隠れ、本来の姿を現したかのようだった。

サイレンス・ヘル、日向涼だった。

彼に聞きたいことがあった。

「何の音楽を聴いてるの？」

本当に聞きたいことはそんなことではなかった。けれども、聴けなかった。代わりに、風に揺れるイヤフォンの白いコードを見ているうちに、七海は音によって正気を保っているという噂は本当だろうかと聞いてみたくなった。

——もし、彼が音のない世界に行くと、彼の周りは地獄になる。だから、サイレンス・ヘルと呼ばれている。

飛行機の中で藤野楓が七海に言ったことが、気にかかっていた。白いイヤフォンをしていない涼を、七海は今まで見たことがなかった。

七海の質問に、涼は一瞥だけくれて、ふん、と馬鹿にするように鼻で笑った。

持っていたオールドカメラのレンズを、公園の向こう、光の中で遊具で遊んでいる子どもたちに向けて、シャッターを切りながら唐突にこう言った。

「もうそろそろ、やめないか」

実に穏やかな口調だった。

すべて聞かずとも、七海には涼が言いたいことがわかった。涼がこの仕事自体に乗り気でないこともわかっていた。わかっているだけに、何も言えなかった。

「七海は、十分、救ったと思う。そして、どんな戦争でも、最も重要なのは引き際だ。今が、そのときなんだと僕は思う」

　先回りするように、涼は言った。

「そんなこと、わかってるわよ」

　思いのほか、七海の声は小さくなった。

「いや、七海はわかっていない」

　涼は首を横に振り、被せるように言った。

「わかってるわよ！　人を騙しているってことはわかっている！　でも、人の命には代えられないでしょ」

　殺しを受注し、殺したと見せかけて、整形して別の人生を用意する。たしかに、それは人の命を救う仕事に違いなかった。はじめは父の桐生譲を人殺しにしたくなかったためにこの仕事を始めたが、いつしか規模が大きくなり、クラウド・シンジケートと呼ばれるようになった。世界中から、依頼が殺到していた。

　そんな中、七海の中で変化があった。人を救っているという実感が増すにつれて、より多くの案件をこなそうと考えるようになった。七海が受けなければ、ターゲットは別の殺し屋に確実に殺される。

　その状況を、藤野楓に言うと、彼女は例のごとく妖艶に笑ってこう言った。

　まるで、私みたいね、と。

　もし、自分にしか救えない命があるとしたら、人はどうしても助けたいと思うはずだ。藤野楓には、天才的なメスの技術があり、七海にはクラウド・シンジケートがあった。これによって、救われる人がいるということは、なくなれば失われる命があるということだ。

正直言えば、七海は、やめるのが怖かった。

「もし、僕らがやっていることがバレれば、いったい、どうなるか、七海は考えたことがあるか？」

「殺されるでしょうね」

それは覚悟の上だった。命を賭けるだけの価値があることだと思っている。

「それだけじゃ済まない。もし、イレーザーとして藤野楓が殺されれば、心臓外科医藤野楓がそれ以降の数十年間に救うはずだった数千人という命を、結果的に失わせることにもなりかねない。七海は、それをわかっているのか？」

難しい命題だった。涼の言うとおりだった。

藤野楓の神の手は、心臓の手術だけでなく、整形の手術においても圧倒的な力を発揮した。けれども、クラウド・シンジケートが藤野楓を使い続ければ、藤野楓が殺されるリスクが日に日に高まるのは間違いがない。

たしかに、涼の言うとおり、今、クラウド・シンジケートをやめることは、救う人の「数」を重視する場合、最も効果が高いのかもしれない。しっかりと数の実績を積み上げ、しかも真相が露見していないという状態が、いつ崩れてもおかしくはないのだ。

「でも、それじゃあ、やつらと一緒じゃない！」

七海はつい、声を荒らげてしまう。

「目の前に、救える人たちが行列になっているのに、将来的な数値を見て、その人たちを見捨てるだなんて、私には絶対にできない」

それは、まさに政治が行う「殺し屋のマーケティング」と同じ理屈だった。余命三ヶ月の一〇二歳の老女も、徹底して逃げていた本屋をも、正義のためと躊躇なく殺せる類の人間たちと一緒の方法論だった。

「本屋がいない世界」

まるで、話を逸らすかのように、涼はそう言いつつ、空にレンズを向けた。そして何枚かシャッターを切って、唐突に七海を撮った。

「先生がいない世界ってこと？」

ああ、と涼は頷く。

「七海は無防備だ。いつだって、西城潤という人が、密かに防波堤になって七海を守っていた。その彼が、今はもういない」

「あなたがいるでしょう？」

七海の言葉に、世界最強の殺し屋は、不意を突かれたようで、一瞬、少年のようなあどけない顔を見せた。

「ねえ、涼、あなたが私を助けてよ」

罪のない口調で、それがまるで当然のように、七海はそう言った。なぜか、そう頼むことに、何ら違和感がなかったのだ。頼るのは危険だと思う。もしかして、彼はイヤフォンのない状態では恐ろしい殺人鬼に変化するのかもしれない。けれども、直感というべきレベルで、七海はなぜか日向涼に頼りたいと思っていた。

そうか、とこのとき、サイレンス・ヘルこと日向涼は、なぜか清々しい、晴れやかな表情をしてつぶやくようにこう言った。

「僕が七海を、助ければいいのか」

何を思い、そう言ったのか、七海にはわからなかった。

それだから、七海から顔を背けて、懸命に空を眺めようとする涼の頬に、涙が伝ったのも、見間違えだと思った。

それが嬉し涙だったのが、それとも、悔し涙だったのか。

七海には、はっきりとはわからなかった。

ただ、間違いなく言えることは、サイレンス・ヘルは、この日から大きく変わったということだ。

「わかった。ただ、僕のやり方でやる。七海、本当にそれでいいんだな？」

七海は上の空のように、こくりと頷いた。


――もう一つ、七海には聞きたいことがあった。

七海は、別れてもなお、背を丸めるようにして歩く涼の後ろ姿を見つめていた。振り返る気配はなかった。

あの事件以来、聞きたくとも聞けないこと、聞いてしまうと、クラウド・シンジケートが崩壊して、結果的に多くの救われるはずの命が救われなくなるかもしれないと思うことがあった。

そうなるくらいなら、自分が口を閉ざせばいいと思っていた。

けれども、もう限界だった。日向涼に対する疑念が、日に日に強くなっていった。

その疑念は、はじめは小さな黒い点の染みのようなものだったのかもしれない。しかし、日が経つにつれ、その黒い染みが徐々に大きくなり、もうどうしようもないくらいになっていた。

七海には涼に聞きたいことがあった。それはどうしても聞けないことだった。

あなたが先生を殺したの？

そう聞いてしまうと、世界が崩壊してしまうかもしれないと思った。

七海はあの事件の後、再び、あの田園に行った。そこで、射撃があったとされる場所に立ってみた。田園のあぜ道に白いバンが停まっていたとの証言があった。その上に伏せて、射撃されたという。ぬかるんでいたあぜ道にはタイヤの跡が残っていた。

遮るものが何一つない田園だった。逆に見晴らしがいい場所だった。

距離およそ二〇〇〇メートル。

その距離から標的を確実に狙えるのは、世界中を探しても五人といない。そして、目の前にその中の一人がいる――

「涼、あなたが先生を殺したの？」

そう実際に言ってみると、声がどうしようもなく震えた。鼓動が思った以上に高鳴った。

けれども、もう涼の後ろ姿ははるか遠くに離れて、聞こえるはずがなかった。遠くからでも両耳からぶら下げた白いイヤフォンが、やけに鮮明に見えた。その姿勢の悪い背中は、もう二度と七海を振り返ることはなかった。

「殺害予告って、いったい、どういうこと？」

秋山明良は、テレビ局の廊下で相川響妃に言う。藤野楓が響妃に、殺害予告があったと相談したと言う。

しぃ、と響妃は慌てて口の前に指を立て周りを気にする。

「まだわからないの」

「だって、どうして多くの病気の人を救っている人を殺さないとならないの？　そんなのないよ！」

秋山はジャーナリストの端くれとして、というより、相川響妃と一緒にいることによって、今まで多くの事件をそばで見てきた。様々な凄惨な事件や残酷な事件があったが、天才心臓外科医として世界中で病気の人を救っている藤野楓を殺すという動機がまるで理解できなかった。

「そんな理不尽なことが――」

「だから、まだわからないんだって！」

なだめていたはずの響妃が急に声を荒らげる。響妃は声を荒らげてしまったことに対して、自分でも驚いてしまったように、首を軽く何度か横に振り、腕を組んだ。その美しい眉間に、珍しく苦悶の皺が寄っていた。

そうだ、と秋山は思う。理不尽だと思っているのは、響妃のほうだ。響妃には珍しいことだが、響妃は藤野楓を尊敬していたのだ。

「本当に、藤野先生の話だけで信用していいの？　何か、証拠でもあるの？」

響妃は黙って秋山に一枚の写真を手渡す。

明らかに、ラブホテルから出てくる男女を捉えた写真だった。そして、女性のほうが藤野楓だった。その圧倒するような美しい存在感は、遠目の写真でも消せるものではなかった。

「たまたまだったの。週刊誌のカメラマンが、池袋のラブホテルで他の政治家を張っていたときに撮ってしまったものだったらしい。その週刊誌は、藤野先生のこれまでの実績とこれからを考えて、この写真の掲載を見送った」

「それで、響妃のところに回ってきたんだね」

響妃はこくりと頷く。

「でも、変なのよ。この写真、ありえないの」

「ありえないって、たしか、藤野楓って独身でしょ？　それなら、男とラブホテルから出てきても、少しもおかしくないじゃん」

響妃は意外そうに、秋山の目を見た。そして、そうか、知らないんだ、とため息を吐きながら目を逸らす。

「藤野先生が男とラブホテルから出てくることは、おかしいことなのよ」

「だから、どうして？」

はあ、まったく、と響妃は苛立ちを隠せずに言う。

「だから、藤野先生は女性が好きなの！　言わなくてもわかってよ、そういうことは！」

「え？」

「藤野先生は、死んだ山村詩織と付き合ってたの。本人はそうは言ってはいないけど、きっとそういうことだったと思う」

「じゃあ、二人は深い関係だったたって……」

響妃は頷いて言う。

「恋愛関係だった」

秋山は豊島公会堂での事件を思い出す。ステージ上で慟哭していた美しい背中を思い出した。響妃が言うことが本当なら、あれは、友人ではなく、恋人を救えなかった慟哭だったということになる。

だからか、と秋山は言う。

「だから、同じイヤリングをしていたんだね。あれは、恋人同士の証のようなものだった」

「気のせいかもしれないけど、あの事件以来、藤野先生は変わったように思う」

「変わったってどんなふうに？」

「うまく言えないんだけど。より、仕事に没頭するようになった。海外にも頻繁に行くようになったし」

仕事に没頭すれば、亡くなった恋人のことを忘れられるのだろうか。

秋山には想像ができなかった。

「でも、この写真と藤野楓への殺害予告とは、何の関係があるの？」

「関係あるかどうかはわからない。けれども、藤野先生が男性とラブホテルから出てくるという裏には、必ず何かあるということよ。そんな時期にちょうど藤野先生のところに殺害予告があるなんて、きっとつながっているに違いない」

「この男が怪しいってこと？」

わからない、と響妃は首を横に振る。

「ただ、何かを知っているのだけは間違いないと思う」

藤野楓の顔ははっきりと写っていたが、あいにく、男の顔は、長い髪に隠されて定かには見えなかった。ただ、藤野と一緒にいるのに、白いイヤフォンを耳から垂らしているのが気になった。そして、ただの情事にしては、男が背負っている荷物があまりに多いような気がした。

二人は中で何をしていたのだろう。

表情を探ろうとしても、髪が邪魔をして、明確にはわからなかった。


携帯電話に着信として藤野楓の名前が浮かび上がったとき、七海は何か胸騒ぎがした。仕事の依頼をするときや打ち合わせをするときは、もっぱら、七海から藤野にかける。藤野からかかってくることは滅多にないことだった。

電話を切っても、その胸騒ぎは収まらなかった。むしろ、電話を取る前より増幅した。待ち合わせ場所として、藤野楓が指定したのが、池袋の中池袋公園だったからだ。

中池袋公園とは、山村詩織が殺された豊島公会堂の目の前の公園だった。たしか、豊島公会堂は今、新しく建て替えるために取り壊されているはずだった。

青のワンピース姿で公園の椅子に座る藤野楓は、座るだけで絵になった。風になびく髪を押さえつけるようにして、工事最中の豊島公会堂のほうを見ていた。それだからか、七海が近づいても、なかなか気づかなかった。

考え事をしている、というより、何かに取り憑かれたように、ぼうっとしているように見えた。

「藤野先生」

声をかけると、ようやく、七海のほうを向いた。

その目を見て、七海は思わず、歩みを止めた。

藤野の目が、虚ろだったからだ。もうここにいないかのように見えた。

いや、違う――虚ろに見えたのは、その瞳いっぱいに涙が溜まっていたからだ。

ごめんなさい。

たしかに、藤野の唇がそう動いたように七海には見えた。そして、目から涙が溢れ、つうっと頰を伝い落ちた。

七海は、藤野の元に駆け寄り、ベンチの隣に座って抱きとめた。今、この人を抱きとめなければならないと本能的に思った。

「ごめんなさい。私、あの子にどうしても会いたくて」

今度はしっかりと声に出して藤野はそう言った。ただ、七海には意味がわからなかった。少なくとも、錯乱しているようには見えなかった。

「会いたいって、誰にですか？」

藤野は答えなかった。涙を振り落とすように、首を横に振りながら、ごめんなさい、と繰り返した。あのときの棒状のイヤリングをしていることに気づいた。あの日以来、藤野はよくこのイヤリングを身に着けていた。まるで、山村詩織の形見のように。

　あの子とは、きっと、山村詩織のことなのだろうと七海は思う。

「ごめんなさい。本当にごめんなさい。今日は七海ちゃん、あなたにちゃんと謝りたかったんだ」

　藤野は無理に笑おうとするが、美しい容貌を歪ませるようにしただけだった。笑うこともできないくらいに、なぜか藤野は動揺していた。

「先生、どうして謝るんですか？　私、何も心当たりがないです」

　藤野はそれに答えずに、また、黙って首を横に振った。振り続けた。

　そして、急に顔を上げて思い出したように時計を見た。

「行かなきゃ……」

　藤野はおぼつかない足取りで立ち上がった。

　慌てた様子で突然走り出し、道の向こうに渡ろうとしていた。けれども、そちらには何もない。豊島公会堂の取り壊し工事現場で、白い囲いがされていた。

「藤野先生！」

　七海の声にも振り返らなかった。

　何かに引き寄せられるように、脇目もふらずに藤野は豊島公会堂跡に向かおうとしていた。

　そのとき、一台の白い乗用車が豊島区役所跡地の方向から猛スピードで走行してきた。

「危ない！」

七海が駆け寄ろうとしたときには、もう手遅れだった。

クラクションがけたたましく鳴らされ、急ブレーキが踏まれた。その音で、公園やその付近にいた多くの人が、その現場で起きた不思議な現象を目撃した。

誰もが、藤野楓が車に轢かれると思った。しかし、現場の目撃者が見た光景は微妙に違っていた。

後ほど、目撃者のほとんどがこう証言している。

「最初、轢かれると思ったんです。車にぶつかって飛ばされると。でも、まるで車が磁石になったみたいに、その女性の体が車のほうに一度引き寄せられたように見えました。そして、ぶつかって、飛ばされたんです」

七海が目にした光景も同じだった。

豊島公会堂跡に向かって取り憑かれたように走り出した藤野楓は、横から猛スピードで来た白い乗用車に轢かれて飛ばされると思った。けれども、そうはならなかった。藤野楓を後ろから追っていた七海から見ると、正面の豊島公会堂跡地に向かって走っていた藤野楓は、左方向から来た車に轢かれる直前に、右方向から大きな力を受けて左に飛ばされたように見えた。そこにちょうど車が来た――

刹那生じた沈黙の中、そんなことできるはずがないのに、時を取り戻そうとするかのように、車に飛ばされた藤野楓の元に駆け寄った。

「救急車！　誰か救急車お願いします！」

走りながら、そう鋭く叫んでいたのを、もう一人の自分のように感じていた。自分の鼓動が聞こえていた。もしかして、助かるかもしれないと思った。

　左から来た車は、幸い急ブレーキをいっぱいに踏んでいたために、藤野がぶつかったときにはかなり減速していたからだ。頭を強く打ったようにも見えなかったし、処置さえ間違わなければ、大丈夫だと思った——

「先生！　藤野先生！」

けれども、七海が抱き起こしたときには、もうすでに藤野楓は動かなくなっていた。気を失ったのかと最初は思ったが、そうではなかった。

胸の中央から、血が溢れ出していた。

よく見ると、その中央には小さな傷があった。そこから、赤黒い血が止めどなく溢れ出していた。

そう認識した途端に、涙の衝動が、ぴたりとやんだ。

七海は、藤野の体を抱えながら、周りを見渡した。何度も何度も見渡した。

藤野は車と衝突して死んだのではない。この傷、間違いない、銃創だった。恐る恐る、震える手で、藤野の背中に手を回してみると、そちらにも孔が空いていて血が溢れ出ているようだった。

　この状況が物語っているのは、たった一つのことだ。

　誰かが、藤野楓を狙撃した。白昼堂々と、世界に渇望される天才心臓外科医を暗殺したのだ。

「大丈夫ですか……」

　動転したのだろう、目がむき出しになり、膝が震えていた。でも、なんとか誠意を見せようと、白い車を運転していた男性は、車を降りて、七海と藤野に声をかけた。

この男は、偶然にこの道を通ったに過ぎない。

藤野楓を狙撃した犯人が、近くにいるはずだった。

気づけば、七海も全身が震えていた。涙が、いつしか、溢れていた。藤野楓の血で真っ赤に染まった手で、涙を拭おうとして、血が顔に広がった。

もう、泣き出して、突っ伏したかった。気を失えればどんなに楽かと思った。けれども、今は七海が正気を保たなければならない。

「落ち着いて……、落ち着いて……」

震えながら、七海は自分に言い聞かせた。腕の中で藤野楓の体はどんどん重くなっていくように感じた。

車のほうに引き寄せられるように見えたのは、最初、錯覚だと思った。けれども、この結果を見ればわかる。藤野楓は狙撃されたのだ。だとすれば、犯人の位置は——。

右側、白い乗用車と反対のほうに目を向けた。

向けたと同時に、七海は強い絶望感に苛まれた。

そこには、厚い厚い、何層にもわたる、大都市池袋の雑踏があった。

その先には、サンシャイン通り、サンシャイン60通りという、日本でも有数の繁華街があった。藤野が倒れていることなどお構いなしに、人々が行き交っていた。

犯人は、見つからないだろう。

そう思うと、途端に緊張の糸が切れた。

「藤野先生……。藤野先生！」

藤野楓の死体にしがみつくようにして、七海はいつしか、号泣していた。その声が中池袋公園にこだました。

七海と藤野楓、そして白い車を取り囲むように、人の輪ができ始めた。やがて、それが徐々に厚くなっていった。

16

蛙の子は蛙

「だって普通に考えてみてくださいよ」

苛立った表情で「狙撃に詳しい専門家」改め「クラウド・シンジケート研究の第一人者」である横山直志が、キャスターの相川響妃に言った。

スタジオの中で、秋山明良はその「カメレオン専門家」の言葉を冷めた気持ちで眺めていた。

「あの池袋の雑踏でですよ、他に誰一人傷つけることなく、ターゲットの心臓だけを正確に撃ち抜けるって、ありえない話なんですよ、僕らの業界では」

ただし、言っていることは、なるほどもっともだと思う。

天才心臓外科医藤野楓が狙撃された事件では、四〇〇メートル南の新しく建てられたビルの辺りで、三脚を立てて、路上で撮影をしていた不気味なカメラマンがいたという情報があった。マスコミ各社は連日のように、そこにリポーターとカメラマンの取材チームを派遣していた。けれども、手がかりは摑めなかった。調べれば調べるほど、その狙撃が不可能だと専門家でなくとも誰もが思った。

狙撃点と思われる場所と藤野楓が倒れた場所は、確かに直線で結ばれ、そこから狙撃したと考えれば藤野楓が車にぶつかる前に倒れた方向が北の方向、つまりは車が来た方向だったことも辻褄が合う。

問題は距離ではなかった。その四〇〇メートルの中に、メインストリートが東西に二本横切っていて、また豊島公会堂跡地前から南に延びるその通り自体も、決して人通りが少なくないということが問題だった。

他に被害者がいないという事実から逆算して考えると、まさに針の穴に糸を通すように、わずかな隙をついて狙撃したことになる。

「これができるのは？」

相川響妃が促す。

「世界でサイレンス・ヘルただ一人です。間違いないですね、断言できますよ」

「だとすれば、この事件にもクラウド・シンジケートが関わっているってことですか？」

「そう見て間違いないでしょう」

もし、今回の件にクラウド・シンジケートが関わっているとすれば、問題は、誰が藤野楓を殺すように依頼したかということに絞られる。

でも、世界中の難病に苦しむ人を救い続けてきて、これからもなお人を救い続けようと思っていた奇跡のような人を殺そうと考える人間など、本当に世の中にいるのだろうか。

秋山はその動機を持っている人物像を、少しも想像ができなかった。

そういった対象に決してならない、ある種のサンクチュアリに藤野楓は生息していたのだと思っていた。

けれども、起きたことから逆算してみれば、そうではなかったということなのかもしれない。

事前に響妃が懸念したとおり、藤野楓が受けていた殺害予告は本物だったということになる。マスコミにも流れていなかったところをみると、藤野がそれについて相談したのは響妃だけだったのかもしれない。

今回の件については、とにかく、響妃が相川響妃らしくなかった。殺害予告についても、あのラブホテルの写真についても、決して公開しようとしなかった。

公開すれば、間違いなく、スクープにもかかわらずだ。

――この件は、簡単じゃないような気がする。

それが、響妃が公開しない理由だった。そして、殺されたのが尊敬する藤野楓ということもあって、響妃もショックを受けているのだろうと秋山は思った。

「わかりました。今回もありがとうございます」

そう言って、この日の放送も無難に終わらせた。視聴者の落胆のため息が、聞こえてくるように思えた。

とにかく、こんな響妃を今まで秋山は見たことがなかった。

ただ、響妃はこのままで終わるような人ではないことを、誰よりも秋山は知っていた。

日向涼に初めて会って以来、桐生七海はこの場所に来るのを意図的に避けていた。特に、西城潤が死んでからはそうだった。

真実から、目を背けたかった。デス・ポートレートを見る勇気がなかった。

涼を信じたかったからこそ、見ることができなかった。

いや、たぶん、違うのだ。涼をどこかで信じきれなかったからこそ、見られなかったのだ。

涼は、殺すことに理由を求めない。

生きるために人を殺す。殺すことしかできないから殺す。

これほどシンプルな殺し屋の動機はない。職業としての殺しを、彼は極めていた。

だからこそ、七海は怖いのだ。殺すことに理由を求めないということは、翻れば、自分を生かすことが殺しの大前提となる。これほどに純粋な理由と正義は存在しないと七海は思う。

ひなた写真館に、人気はなかった。そして、鍵がかかり、ドアは固く閉ざされていた。

七海はこの中の真実を見なければならないと思った。

ここに、サイレンス・ヘルの秘密が隠されている。ここに、すべての真実が隠されている。

そう思うと、鍵を壊してでも、中に入ろうかと思った。

そのときだった――、

「加奈子《かなこ》ちゃん……。あなた、加奈子ちゃんなの？」

七海が振り返ると、ニット帽を被った年配の女性が立っていた。手には、リードを握っていて、合わせるように足元で犬が七海に向かって吠え始めた。

その女性はまっすぐに、七海に向かって言っていた。

目つきが尋常ではなかった。この世のものではない何かを見ているような、狂気が混じった眼差しを向けられ、七海はとりあえず、誤解を解こうと思った。

「違います。人違いだと思います」

か細い声になってしまった。

女性は、訝しげにもう一度七海の顔を見て、安堵とも落胆ともつかない、大きなため息を吐いた。その途端に、風船がしぼむように、上半身が小さくなり、肩が落ちた。

「そんなはず、ないよね」

目に、涙が滲むように見えた。ごまかすように、女性は袖でぞんざいに目を拭い、静かにしなさい、と犬に向かって一喝した。

「どうか、したんですか？」

改めて、その女性は七海の顔を見た。けれども、もう眼差しには狂気は混じっていなかった。

「聞きたいのは、こっちのほうよ。どうして、ここに来たの？」

責めるように、女性は言った。

「どうしてって、知り合いに会いに来ました」

七海がそう言うと、ニット帽の際、眉間に深く皺が刻まれた。

「知り合いって、何言ってるの？　あなただって、ここで何があったのか、知らないはずはないでしょ？」

七海には心当たりがなかった。

「ここって、何かあった場所なんですか？」

言いつつ、七海は嫌な予感がした。予感というより、もはや確信に近い感覚だった。

呆れたように、深いため息を一つ吐いて、その女性は周囲を憚るように声を潜めて言った。

「雑司が谷幼女連続殺人事件。その犯行現場となったのが」

と、ゆっくりとひなた写真館を指差す。

「この写真館よ」

「え……」

七海は写真館を振り返った。

それなら聞いたことがあった。たしかに、このヨーロッパ風の白い写真館を幼い日にテレビで見たことがあるような気がした。幼いころ、この事件があったために、しばらく冴島に車で学校への送り迎えをしてもらっていた覚えもある。

「じゃあ、ひなた写真館って、あの連続殺人犯の写真館ということですか……」

その事件は覚えていたが、その男が何をしたのかは詳しくは覚えていなかった。

「ここは、あの男が誘拐した幼女を殺した現場であり、警察に捕まる直前に自ら命を絶った場所よ」

その女性は責めるような目を七海に向けて、七海の不完全な記憶を補完するように、ゆっくりとした口調で言った。そして、改めて怯えるような目で写真館を見上げた。

「あの事件から、ずっとこのままで、取り壊しすることもできなくて」

「でも、私、この写真館のカメラマンを知っているんです」

「そんなはずはないよ。誰もこの写真館をやろうだなんて……まさか」

女性は何か思い当たって、七海の目を凝視する。飼い犬が、また、七海に向かって吠え出す。

「まさか？」

うるさい、とその年配の女性は、犬の頭を叩くと、犬はきゃんと大人しくなる。

「ここには、息子が一人いたの。たしか、涼君っていったかな、クラスは違ったんだけど、うちの子と同級生で」

でもいや、そんなはずはない、とその女性は自分の言葉に自分で首を横に振る。

「日向涼が、連続殺人犯の息子……」

それは、どういうことだろうか。

七海の思考が、正常に機能しなかった。ただし、二つの事実をつなげて考えるのは、そう難しくなかった。

幼女連続殺人犯日向志津男《しづお》の息子が、世界一の殺し屋サイレンス・ヘルこと日向涼だと。

女性は、視線を逸らすようにして頷く。

「そういえば、あの子、どこに行ったのかしらね、あの後。でも、たとえこの街が故郷だったとしても、父親が人を殺した現場に、息子が戻ってくるはずはないと思うけどね、私は」

たしかに、その女性の言うとおりだった。

しかし、実際に日向涼は、この写真館に戻ってきていたのだ。


なぜ、これほどまでに緊張するのか、と桐生譲は自分の小ささに舌打ちしたい気分になった。

ただ、昔の弟子に会うだけだ。

そう自分自身に言い聞かせても、会う前からすでに全身から嫌な汗が吹き出していた。拭っても拭っても汗は一向に引かなかった。払拭できないのは緊張ではなく、あるいは、恐怖なのかもしれない。

桐生譲は、サイレンス・ヘルを雑司が谷の小さな公園に呼び出していた。公園の後ろには深い雑木林があった。形の上では、桐生が呼び出したことになったが、どうしてもサイレンス・ヘルに誘い出された感を拭えなかった。

一方のサイレンス・ヘルは動じることもなく、平然としていた。

「一つ、聞きたいんだが、イレーザー藤野楓を殺したのは、君なのか？」

サイレンス・ヘルは鼻で笑い、試すような嘲笑うかのような目で桐生譲を見た。

相変わらず、白いイヤフォンのコードを耳からぶら下げていて、生気がまるで感じられないほどに肌の色が白かった。陽の光の下ではなおさらのことだ。

サイレンス・ヘルの目は、本当にそれを自分に聞くのかと言っていた。

「目白台」は、イレーザーの実体を捉える直前まで迫っていた。

桐生譲は、大分県別府市まで赴き、山村詩織によく似た女性と会っている。出産したばかりの女性というのは強い。そして、同時に弱い。

ただ桐生は、生まれたばかりの赤ん坊の頭を撫でながら、その女性に対して真実をすべて話したほうがいい、とだけ言った。すると、自分は町おこしコンサルタント岩井翔太の妻だと観念したように言った。そして、この子の父親も同じ街で生きていることを知ることになった。

自分たちに整形手術を施し、新しい人生を用意したのは、藤野楓だと証言した。イレーザーは死体を消しているのではなく人生を消しているのではないか。そんな大我総輔の懸念が現実になった瞬間だった。

「四人、ですね」

風を読むように、空中に視線を漂わせながら、まるで関係のないことのようにサイレンス・ヘルは言った。言われた瞬間、明らかに桐生は小さな恐怖を覚えた。そこまでなのかと思った。いざというときに、サイレンス・ヘルを葬るために配置したスナイパーの数だった。

「あなたは僕を殺すために、ここに呼び出したんですか？」

いや、と桐生は首を横に振った。

「真実を知るためだ」

ここでサイレンス・ヘルを殺したところで、何の解決にもならない。重要なのは、誰がイレーザーを殺したのか。そして、イレーザーが「消した人」のリストを、受け継いだかどうか。

サイレンス・ヘルは頷いて言う。

「逆に聞かないんですか？　なぜ、僕があなたの誘いに応じて、あえてスナイパーが配置されているこの公園にやってきたのか？」

言葉遣いは、丁寧なままだった。けれども、語気が違っていた。威圧するような力が芯にこもっていた。

言われてみればそうだった。桐生としてはサイレンス・ヘルからの情報をどうしても引き出したいという事情があった。今のサイレンス・ヘルと会えるのは自分だけだと思った。

けれども、だからといって、サイレンス・ヘルがわざわざここに来る必要はない。ということは――

「目的は何だ？」

体が硬直するような緊要感が突如、桐生を包んだ。はめられた、と直感が警鐘を鳴らしていた。来るべきじゃないところに、自分は誘い込まれているという現実が、徐々に実感をもって喉元に迫ってくるようだった。

「その質問を待っていましたよ」

サイレンス・ヘルは、薄く笑って見せた。すぐにその笑みは消えた。

「あなたの娘は、常に僕の射程内にあります」

桐生の息が詰まった。

「娘に何をする気だ！」

反射的に思わず、声を荒らげてしまう。すぐに耳の中に仕込んでいる無線機に、射撃の是非を問う通信が入る。待てと合図を送る。

「僕は取引したいんですよ。娘を死なせたくはないでしょう？」

それが目的か、と桐生は思った。この男は知っているのだ。桐生にとって何がいちばん大切なのかを。桐生の弱点を人質に取り、自分の思うように桐生を動かす。もちろん、桐生が目的ではない。桐生の先には「目白台」がある。

「貴様、何を企んでいる！」

それには答えず、サイレンス・ヘルははぐらかすようにこう言った。

「蛙の子は、蛙」

「涼……」

思わず、昔の呼び名で呼んだ。

「先生、蛙の子は蛙なんです」

自分の父親のことを言っていると、桐生は直感的に思った。日向涼の父親は、雑司が谷幼女連続殺人事件の犯人日向志津男だった。

「なぜ、今、そのことを？」

サイレンス・ヘルはそれには答えず、最後は宣告するようにこう言った。

「先生は、僕と取引するしか、道はないんです」


「いったい、どういうことなんだよ」

クラシックカーの後部座席に乗った秋山は、運転手の冴島耕造に聞こえないように、響妃に耳打ちをする。

不思議な経緯で、そのとき秋山と響妃は桐生家の車に乗っていた。この段階に至っても、桐生家の車に乗らなければならない理由を、秋山は響妃から聞かされていなかった。

「ひなた写真館の現在の持ち主、日向涼はやはり、あの事件の犯人の一人息子に間違いない」

「日向涼？」

響妃はバッグからファイルを取り出し、二枚目よ、と渡す。

言われたとおり、秋山はファイルの二枚目の資料を開く。

それは、スクラップされた雑誌の切り抜きだった。

見出しには、こうあった。

「雑司が谷幼女連続殺人事件の犯人、日向志津男、自殺」

ここよ、と響妃は秋山に身を寄せるようにして、秋山が持つ記事のある部分を指す。

「えーと、自殺した現場は日向が経営する雑司が谷の写真館で、警察が駆けつけたとき現場には血まみれになり泣きながら日向志津男の遺体にしがみつく幼い息子がいた……これって」

と、秋山は響妃の顔を見る。

響妃は頷く。

「日向涼は、父親が自殺したとき、その現場にいたのよ」

「もしかして自分の父親が死ぬところを見たかもしれないってこと？」

思わず、大きな声で言ってしまう。しぃ、と響妃は慌てて口の前に指を立てる。が、間に合わない。

ルームミラーの中では笑っていない二つの目が、じっと二人を見ていた。

「やはり、そうですか」

ヤギのように眉が長い冴島は言う。

「やはりって？」

平然と響妃が言う。

「相川アイズの相川響妃さんでございますよね」

「知ってたんですね」

響妃は開き直って言う。

「もちろんです」

「じゃあ、なぜ、受けたんですか、今日のこと。嘘だと知っていたんですよね？」

響妃は七海の高校の先輩だと嘘を言い、最近ふさぎ込んでいる七海が心配で、話をしたいとデタラメを言って、この約束を取り付けたと言っていた。

「調整するには、ちょうどいい機会かと」

「調整？」

「はい。どこまでを放送して、どこまでをオフレコにするか、調整する必要があるかと存じまして」

「あなた、誰？」

訝しげに、響妃はルームミラーを見返す。もしかして、はめられているのはこちらのほうかもしれない。

「名乗りましたとおり、桐生家の運転手の冴島耕造と申します。ただし、一点、お伝え忘れていることがございました。何分、この年齢ゆえ、お許しください。私、桐生家の執事もいたしております」

「執事？」

秋山と響妃は声を合わせて言った。この時代に、まだ執事がいる家があるのか。

「はい、桐生家の皆々様方のご心中を煩わせないのが、私の役目でございます。それですので、本日は、お話しできることはすべてお話しいたしますが、できれば、オフレコと付言したところは、ぜひ、オフレコとさせていただければと。その条件で、お話しいたしますが、いかがでしょうか」

「それなら、ここで降ろしてください」

響妃はきっぱりとした口調で言った。

「おい、響妃」

秋山は慌てて取りなそうとする。かまわず、響妃は続ける。

「こちらは、こちらの判断で報道します。その条件じゃなければお話を伺いません」

「何を言ってるんだよ、こっちが頼む立場だろ？　謝れよ、ほら」

響妃の頭を後ろから押そうとする。けれども、響妃はそれに抗う。

「明良君こそ、何を言ってるのよ。この人は、私たちに話を聞いてもらいたいの。そうじゃなければ、私が相川響妃だって知ってて、今回の話を受けるはずないじゃない。受けたってことは、あっちにも受けるメリットがあるってことよ。そうですよね、執事さん？」

ルームミラー中の長い白眉毛の下の目は、ようやく、穏やかになる。

「さすがは、相川響妃さんです。それなら、こちらも建前はよして、本音で参りましょう」

「そうしましょう」

と、響妃は後部座席で堂々と腕を組み、満足そうに頷いている。

やはり、響妃には勝てないと秋山は思う。

二人が通されたのは、洋館の応接間だった。

その暖炉の上には、様々なトロフィーや賞状、メダルが飾られていた。その中に、一際丁重にガラスケースに入れられている金色に光るメダルが三つあった。

「これって、本物の金メダルですか？」

秋山は、コーヒーを持ってきた冴島に言う。

「はい。七海お嬢様のお父上、譲様がオリンピックのライフル射撃で獲ったものです」

「伝説のスナイパー、ジョー・キリューのことですか？」

「はい、仰るとおりです」

「誰、ジョー・キリューって？」

秋山は響妃の腕を突く。

「明良君、そんなことも知らないの？　オリンピック三大会連続で金メダルを獲った、世界的に有名なスナイパーよ。今はたしか」

「防衛省のほうで教官をされています。そして、サイレンス・ヘルを育てたのも、譲様です」

「え……」

と、秋山は絶句する。七海の父親が、サイレンス・ヘルを育てた。その現実がすんなりと頭に入ってこなかった。

「サイレンス・ヘルを知ってるんですか！」

秋山の興奮をいなすように、冴島は響妃のほうを向く。

「相川さんはご存じでしたよね。おそらく、今日の本題はその辺かと」

　平然とした表情で、はい、と響妃は頷く。いつの間にか、仕事モードの相川響妃になっていた。

「って、響妃はサイレンス・ヘルが誰なのか、知ってたってこと？　ねえ、どうして教えてくれなかったの！」

　そう言って、響妃の腕にしがみつく秋山の手を響妃はぞんざいに払う。そして、一枚の古い記事をファイルから取り出し、秋山に手渡す。秋山はその見出しを読み上げる。

「ジョー・キリューと七人の弟子たち……。これって」

　記事とともに、首にメダルをかけて、各々トロフィーを手に持つ笑顔の子どもたちの写真が載っていた。その中央、背後にいるのが、ジョー・キリューだった。

「世界一の殺し屋はどうやって作られるだろうって考えたの」

　響妃は暖炉のほうに歩を進めながら言う。

「考えられるのは三つの可能性だった。一つは軍経験者。もう一つは紛争地域出身者。そして、最後の一つが競技としての射撃の経験者」

　たしかに、と秋山は思う。射撃の上達には訓練が必要だ。その環境がなければ習得することができない。ましてや、世界一の射撃の腕となればなおさらのことだ。

「一連の事件から、私はサイレンス・ヘルは日本人だと考えた。だって、外国人だとすれば日本では目立つから。だとすれば、選択肢は――」

「三つ目、競技としての射撃の経験者に実質的に絞られる」

秋山の言葉に、そう、と響妃は頷く。

「そして、どうせ習うなら、腕がいいスナイパーから習ったほうが、世界一になる可能性が高くなる。それで見つけたのが、この記事だった」

響妃は、秋山が持つ記事を指して言う。その過程で、日向志津男とその息子、日向涼について知ったのだろう。この記事にも、日向涼の名前があった。イヤフォンをぶら下げている細く背の高い少年がそうらしかった。

「さすがでございますな、相川さん」

冴島は心底感心したように、頷き、目を細める。

一度微笑んで見せて、響妃は冴島に問う。

「雑司が谷幼女連続殺人事件の犯人、日向志津男だけじゃなく、犯罪者の子どもを何人か引き取って射撃を教えたという話は本当ですか？」

「ある意味、正しく、ある意味、正しくはありません」

冴島は言葉を選びながら言った。

「譲様が、涼など子どもたちを引き取ったわけでなく、射撃を教えるときだけ、通ってきていたというのが真実です」

「なぜ、ジョー・キリューは、犯罪者の子どもたちに、射撃を教えていたんですか？」

「おそらく、こういうことなんじゃないでしょうか。もし、譲様が得意なことが水泳であれば、水泳を教えていたでしょうし、習字が得意なら、習字を教えていたでしょう。つまり、譲様が子どもたちに教えられるのが、偶然、射撃だったというだけの話です」

「それでも、犯罪者の子どもに、射撃を教えるリスクは考えなかったのでしょうか？」

「と言いますと、相川響妃さんは、犯罪者のDNAを持つ子は、犯罪者だと言いたいのですか？　蛙の子は蛙だと？」

「そうは言っていません。ただ、射撃は他の競技と違って、犯罪に使われるリスクが高いのではないかと」

冴島は、ふっと笑った。

「あなたは射撃というものをご存じではない」

そして、首を横に振ってみせた。響妃が何か言おうとするのを手で制して、冴島は続けた。

「ジョー・キリューだなんて、結果論なんですよ」

「結果論？」

秋山が言う。

ええ、と冴島は頷く。

「元々、譲様は、子どものころからいじめられっ子で、先代の旦那様が、心を落ち着けるため、精神を統一するためにいいと、競技としての射撃をすることを勧められて、元々、熱中するたちだったので、ああいった成果として表れたんですよ」

暖炉の上に飾られている賞の数々を見やって言う。

「いじめられていた自分が救われた経験があったからではないでしょうか。犯罪者の子どもたちに射撃を教えるようになったのは。よく、譲様は子どもたちに言ってましたよ。心を整えれば、真ん中に当たると。真ん中に当たらないときは、恨みや憎しみなど、邪念があるからだと。

真ん中に当たるようになれば、それは心がまっすぐな証拠だと」

「心が、まっすぐ」

秋山は、繰り返して言う。射撃はしたことがなかったが、わかるような気がした。

「それで、本当に子どもたちの心が落ち着くようになったんですよ。もしかして、弓道などもそうでしょうが、射撃にも禅や無我の境地などに通じるものがあるのかもしれません。だから、奥様が亡くなられたとき、七海お嬢様にも射撃を勧められたのです」

「桐生七海は、射撃ができるんですか？」

はい、と冴島は暖炉の上を指す。

「そこに並んでいるものの、三分の一くらいは、七海お嬢様のものですよ。高校時代は全国高等学校ライフル射撃競技選手権大会で優勝してますしね」

秋山と響妃は顔を見合わせる。

「大学も、射撃部が強いところに進んだのですが、考えがあったようで、今はビジネスに夢中になっているようです」

ということは、と響妃は自分の頭を整理するように言う。

「桐生七海は、日向涼と一緒の時期に、ジョー・キリューの指導を受けたことがあるということですか？」

「間違いありませんよ。あの当時は、大会などでは向かうところ敵なしで、そのように『ジョー・キリューと七人の弟子たち』などと新聞にも数多く取り上げられましたよ」

長い眉をさらに垂らすようにして冴島は誇らしそうに笑った。

「もっとも、一緒に教えられている時期は、七海お嬢様だけ、まだ小さかったので、お嬢様は覚えていないかもしれませんが」

「でも、日向涼は、覚えてますよね？」

　秋山が言う。

「それは、そうですよ。七海お嬢様を一番かわいがって、ほら、湖の近くで肩車なんかをしていましたから」

　冴島は湖のほうに目を向ける。その当時の光景を思い出しているのだろうか。穏やかに微笑んでいた。

　二人の会話をよそに、秋山はまだ事実を呑み込めないでいた。

　ただし、連続殺人犯の息子、日向涼こそがサイレンス・ヘル、そう考えるとすべての辻褄が合う。

　より重要なのは、サイレンス・ヘル、日向涼は幼き日、ここで七海に会っているということだ。

　それが何を意味するのか、秋山にはわからなかった。

　帰り道、車の後部座席で、腕組みをして顎に手を持ってきて、じっと何事かを考え続けている響妃の美しい横顔を盗み見ながら、自分にはわからなくとも、響妃にはわかるかもしれないと思った。

「響妃、僕はジャーナリストに向いていないみたいだ。もうやめるよ」

　秋山は、気づけば響妃に、つぶやくような小さな声で言っていた。

おそらく、響妃にとってそれはどうでもいい話だったのだろう、うるさい、黙って、と小さく言ってまた思考の世界へと戻っていった。

「僕、小説を書いてるんだ」

どうせ聞いていないだろうと思い、正面を向き囁くように言った。

「いいかも」

そう響妃が言ったように思った。

「え？」

秋山がそちらを向くと、響妃は相変わらず、考え続けているようだった。気のせいかもしれないと秋山は思った。

17 空気を創るマーケター

桐生七海は、腕時計を見て、約束の時間よりも一〇分早く着いたことを確認する。思えば、今日の待ち合わせ相手は、この時計を七海に贈った人であり、人に時計を贈るくせに、時間を守れない人だった。

あと二〇分は来ないとみていい。

最初からそうなるだろうと思い、待ち合わせ場所は池袋東口の大型書店にした。ちょうどいいので、久しぶりに雑誌を見ようと思った。事件とか、煩わしい想いをするのが嫌だったので、女性誌コーナーへと向かった。

そこで、気になる文字列が七海の目に留まった。

女性誌の多くが同じような特集をしているのだ。

これからはカワイイではなく、セクシーを目指す！《２６２９宣言》

26歳からの本気のSEXY
２６２９の夜会で、新しい自分を見つける
未来の自分に贈るセクシーなワ・タ・シ～２６２９特集～

女性誌において、特集自体がかぶることは珍しいことではない。テレビのドラマや映画とのタイアップで、主演女優が同じ月の表紙を何誌も飾るのは一般的な話だ。

そして、雑誌のコーナーにもかかわらず、そこには黄色い表紙の新書が山積みに置かれていた。店員の手書きPOPがつけられていた。


50万部突破！

２６２９ブームの火付け役！

女性なら誰もが読むべき一冊です！


そのタイトルは『２６２９』。最近、電車の広告でも、テレビでも話題になっているベストセラーだった。

七海が気になったのは、数値だった。

「２６２９……」

なにか、この数字が引っかかった。どこかで見た数値のような気がした。

七海は山積みに置かれた『２６２９』の一冊を手に取る。内容に興味があるわけではない。本文を高速でめくり続け、「あとがき」にたどり着く。

その最後の部分に注目する。いわゆる謝辞の部分だ。

ある一文を見つけたとき、七海の時間は巻き戻った。


この本を出すきっかけを下さった、編集協力の西城潤さんに感謝いたします。


「先生……」

そうつぶやくと、涙が溢れ出た。

はっと思い、七海はこの本の最後、奥付を見る。

版を重ねて、この本は「三八刷」となっていた。つまり、三七回重版したということだ。問題は、初版の日付だった。

それは、明らかに、西城が田園で亡くなる前の日付だった。西城が生き返ったわけではない。西城の死ぬ前の仕事が、こうしてベストセラーとなっている。ブームを作っている。

——もし、空気を創ることができたら、すごいと思わない？

唐突に、在りし日の西城の言葉が蘇ってきた。「7つのマーケティング・クリエーション」について話している際に、西城は少年のように目を輝かせながら、七海にそう言ったのだった。

あの日、西城が天王星書店の黒板に書いたことを思い起こす。

1．ストーリー　↓　旅立ちの理由

2. コンテンツ　↓　商品
3. モデル　↓　仕組み
4. エビデンス　↓　実数値
5. スパイラル　↓　上昇螺旋
6. ブランド　↓　信頼
7. アトモスフィア　↓　空気

ビジネスを始めるときは旅立つための理由、つまりは「ストーリー」が重要で、「コンテンツの質」と「ビジネスモデル」と「エビデンス」つまりは実績を積み上げてくると、そこに強烈な上昇気流とも言うべき「スパイラル」が生じる。それがやがて、「ブランド」となる。

それが世界最強のビジネスを有していた西城潤が組み上げた、世界最強のマーケティング技巧「7つのマーケティング・クリエーション」の根幹理論だった。

ただ一つ、七海が教えてもらっていない概念があった。それが最後の「アトモスフィア」、つまりは空気についてだった。

あのとき、西城はこう言っていたのだ。

——今はいいよ、わからなくとも。でもね、きっといずれわかるようになると思う。

もしかして、今があのとき西城が言っていた「いずれ」なのかもしれないと七海は思った。

もしかして、これは死せる西城から、七海へのメッセージなのかもしれないと思った。

はっとして、七海は思い出す。あの田園で七海が受け取ったものだ。

――七海に持っていてほしいんだ。僕に万が一、何かあったときのためにね。

そのとき西城が七海に手渡したのは、青いSDカードだった。西城が亡くなってから、このSDカードの中身を確認するのを躊躇していた。正直、怖かった。西城は、この中身のために殺されたからだ。

七海は急ぎ、『2629』の本を一冊買い、本屋に至る通路にしゃがみ込み、バッグからマックブック・エアーを取り出す。そして、カードスロットに、肌身離さず持っていた、西城に託された青いSDカードを差し込む。

その中には「O《オー》プロジェクト」という名のフォルダが入っていた。七海にはそれがすぐに「大我総輔のプロジェクト」の意味だとわかった。西城は大我総輔のゴーストライターだった。

それをクリックすると、またフォルダが出てくる。「テープ起こし」という名のフォルダと「音声データ」という名のフォルダがあって、七海は「テープ起こし」のほうを開く。

その中には、日付ごとに分類されたワード・ファイルが入っていた。

七海は一度に、ファイルすべてを開く。ワードの立ち上がりを待って、七海は「文書内を検索」の窓の中に、こう打ち込む。

2629

複数箇所が黄色くヒットする。

屋島ダムの総工費が２６２９億円だった。

そう、私は故郷の村を、２６２９億円で売ったんだよ。


そんな言葉が、大我総輔の言葉として記録されていた。

偶然だろうか、と七海は思った。いや、そんなはずはない。偶然に２６２９という数値の本を、あの西城潤が出すはずがない。

——大丈夫、僕は大丈夫だから。僕は強いから。絶対に負けないから。

西城の田園での言葉を思い出す。

「まさか……、先生」

ある仮定が、七海の頭の中に浮上し、急速に膨らもうとしていた。

膨らむにつれて、また涙が溢れ始めた。

間違いない、西城は死してなお、大我総輔と戦っているのだ。

たしかに、『２６２９』の本には、直接大我総輔を弾劾する言葉は入っていないだろう。けれども、大我総輔の立場だったら、どう感じるだろうか。死んだはずの西城潤が、まるで亡霊のように大我総輔を苛み続けている。ブームになるということは、大我総輔がこの数値を目にする頻度が多くなるはずだ。

まさに、西城が創り出した「空気」が刃となって取り囲み、大我総輔を苛んでいるのだ。

死してなお、「空気」を創り、「空気」を操るマーケター。やはり、西城潤という人は、最強のマーケターだったのだ。

「先生……、先生……」

いつしか、七海は人通りの多い通路で、うずくまるようにしてマックブック・エアーを抱きかかえながら、泣きわめいていた。行き交う人は、面白がって立ち止まる人もいたが、その多くはすぐに通り過ぎた。

やがて、仕立てのいいスーツの足元が七海の前で止まった。

じっと、七海を見下ろしているようだった。

「七海……」

見上げると、父、桐生譲だった。待ち合わせ相手は父だった。

七海は慌てて涙を拭い、立ち上がった。けれども、急に立ち上がったからか、ふらついて倒れそうになる。桐生がそれを抱きかかえるかたちになった。

「七海、どうしたんだ？」

七海はもう耐えられなかった。父の胸で、号泣した。

桐生譲は、なぜか当惑することもなく。七海を抱きしめ、七海の耳元でこう言ったのだ。

「つらかったな、七海。七海、本当に迷惑をかけた」

父が、泣いていた。

「え……」

思わず、七海は父を見上げる。父が泣いているのを、生まれて初めて見た。

「クラウド・シンジケートを創ったのは、七海、お前だったんだな」

七海の思考と体は、ともに硬直した。

どう答えていいのか、わからなかった。

「もしかして、これって仕組まれたことなのかもしれない」

相川響妃は、『２６２９』の本を閉じた。その池袋のハウススタジオは、雑誌や広告の撮影によく使われていた。今度撮影に使いたいので下見をしたいと無理にスタジオスタッフに言って開けてもらったのは、響妃がどうしても「２６２９」のことについて、現場で考えたいと言ったからだ。前に、秋山は「２６２９」の夜会がある日に、響妃をこのスタジオに車で送り届けたことがある。そのときは、たしか、藤野楓に誘われたと言っていた。

「仕組まれたって、夜会が？」

その夜会については、男性の秋山は詳しくは知らない。なぜなら、その夜会には女性しか参加できず、そこで何があったかは秘密にされるからだ。ただ、『２６２９』の本の内容からすると、女性同士がセクシーな写真を撮り合う会だと推測された。

響妃は首を横に振り、脱ぎ捨てられたシルクのセクシーな衣装を手に取る。昨夜もその夜会があったようだった。ストロボや定常光も、様々な背景に向けて、そのままに放置されていた。昨夜の気配が色濃く残っていた。

「変だと思わない？　２６２９の夜会に参加していたことは、私は隠していなかった。それなのに、どうして私にこの話を持ってこなかったんだろう」

「それって自分が火つけ役になれなかったことが悔しいってこと？」

そうじゃなくて、とため息ながらに響妃は言う。

「誰かが、火をつける場所を入念に選んだんじゃないかって思って」

「まさか、このブームは、誰かが意図的に仕組んだことだって言いたいの？　でも、そんなことってできるはずが……」

「できたとしたら？」

その中の空気までも変えてしまう恐ろしく有能なマーケターがいるってことだろう。

「でも、そんなことって」

響妃は窓際に向かってゆっくりと歩き始めた。

「明良君、ちょっと考えてみて」

そして、秋山のほうを振り返って言った。

「たとえば、明良君が二〇代後半の女性だとして、テレビで二六歳から二九歳ごろから女性は本当の美しさを手に入れるようになるという話を聞いたとする。そして、その二日後に本屋さんでいつも読んでいる雑誌に同じような話が書いてある。また同じ日に、インターネットの記事で『２６２９』の夜会が流行っているということを知り、友達がフェイスブックやインスタグラムでその夜会に行ってきたと投稿しているのを見かけたら、どう思う？」

「正直、不安になるかな」

「どうして？」

「なんとなく、世の中についていけていないんじゃないかと思って。もし自分がその年代の女性なら、それに参加することが『運命』のように感じられるかも」

「明良君のくせに、たまにはいいこと言うじゃない」

響妃は笑う。

「前に親父が言っていたんだよ。人はほとんど同時に異なる三つ以上のメディアで同じ論点を目にすると、それを『運命』だと錯誤するって」

「まさにそれよ。できるだけ、その情報に触れる可能性を高くするには、数多くの接触点を用意する必要がある。テレビや雑誌、ラジオやＷｅｂメディア、そして影響力のある著名人にも当たっていても不思議ではない。でも、不思議なのは、私に接触してこなかったこと」

たしかに、と秋山は思う。「相川アイズ」に取り上げられると、他のメディアも追随する可能性が高いので、接触点が一気に増すことになる。けれども、仕掛け人はそうしなかった。

「もしかして、私に、他の何かを暴かれるのを恐れたのかもしれないって思って」

「他の何かって？」

わからない、と響妃は首を横に振る。

「でも、もしそうだとしたら」

あえて、響妃を避けたということになる。それはおそらく、本当に隠したい真実のほうを暴露されるリスクを避けたかったからだ。もし、そのリスクを避ければ、ブームの火は、より確実に広がる可能性が高くなる。もしそうだとすれば――

「仕掛けた人は、相当なマーケターだということになる」

響妃は、秋山の目を見て、頷く。そして、再び『２６２９』の本の、後ろのほうを開き、ある一文を指す。

編集協力の西城潤さんに感謝いたします。

「編集協力の西城潤さんって、これってまさか。この本のゴーストライターが死んだ西城潤だったということ？」

さあ、どうだろう、と響妃は窓を開ける。

「ゴーストライターだったのか、文字通り、編集に協力しただけなのか、わからない。けれども、文字通りゴーストになっても、あの本屋が相当にやり手だったことは間違いないみたいね」

窓の外には池袋西口の街が、手が触れられるほどの近くにあった。顔の見えない無数の人が、眼下の通りを行き交っていた。

その様子を、響妃はおそらく焦点が定まらない目で見つめていた。


「遅れて申し訳ございません」

桐生譲が、目白台に到着したとき、すでにこの屋敷の主は楕円のテーブルの向こうに着座していた。

桐生が来たことにも、気づかない様子だった。もしかして、居眠りしていたのかもしれない。

「おお、来たか」

取り繕うように言う大我総輔の顔が、どす黒いように見えた。顔色が尋常でなく悪い。桐生がじっと自分の顔を見ていることに気づいたのだろう。

大我はごまかすように、笑おうとしたが、顔が少し、歪んだだけだった。いつもは気を張っているが、やはり、八〇を過ぎた老体なのだ。

「最近、よく眠れんのだよ」

前の大我なら、決して弱みを見せることがなかった。気迫の塊のような、触れるとこちらが引火してしまうのではないかと思うほど、無尽蔵なエネルギーを内包している人だった。通称の「群馬の怪人」は、伊達ではなかった。

ところが、ここ数ヶ月でめっきりと老け込んだのだ。というより、年相応になったと言っていい。

理由はわかっていた。

最近、流行している『2629』が原因だった。

「何度も申し上げますが、あの本自体には何も暴露されていません。それに、あの本を企画した西城潤はすでに死んでいます。不発弾が誤って爆発しただけのことです」

本の内容は、二六歳から二九歳までの女性が最も美しいと定義するもので、ロリコン文化に嫌気が差していた特に女性に圧倒的に受け入れられた。その数値にも、医学的な根拠も何もない。意味のない、けれども、広がりやすい理論だった。おそらく、西城潤は生きていれば、これを使って「目白台」と渡り合うつもりだったのだろう。ただ浮遊するガスは、たしかに不気味ではあるが、着火剤がなければ爆発することはない。

そして、その唯一の着火剤になりうる、西城潤はすでに死んでいる。

わかっておる、と大我は痰の絡んだ声で言う。咳き込み、ポケットから出した白いハンカチに痰を吐き捨てる。

「だがな、その破裂した爆弾の破片が胸に突き刺さってどうも痛いんだよ。よく、枕元に立つんだ、本屋のやつがな」

まさか、と桐生は思う。不発弾ではなく、自分が死んだ後も攻撃ができるように、このブームを用意していたとしたら――。

「死せる孔明《こうめい》生ける仲達《ちゅうたつ》を走らすか」

つぶやくように、大我は言った。

「私は、仲達になるか」

「総理、何を弱気な」

児玉宗元が入ってくる。

「大丈夫です。本屋はサイレンス・ヘルによって葬られました。現役最強、世界一のスナイパーです。本屋は確実に死んでいます」

そうだな、と大我は頷く。次第に、目に生気が戻ってくる。

そのとき、桐生の緊急用端末が着信し、けたたましい音が鳴る。部屋の緊張感が瞬間的に高まる。

液晶を見て、桐生の身体に戦慄が走る。その手が震えている。大我と児玉を見る。

「そのサイレンス・ヘルからです」

声がどうしても震えてしまう。

それは、瞬間的な変化だった。

「かまわん、ここで取ってくれ」

そう身を乗り出すようにして言う大我は、もはや、先ほどまでの弱り切った老人ではなかった。目にはすでに生気が蘇っていた。

そうだ、と桐生は頼もしくも、怖くも思う。この人は、限界集落出身で様々な逆境をはねのけて、この国の頂点に上り詰めた。そう、死者を前に敗走した仲達などではない。そこにいるのは逆境にこそ真価を発揮する「群馬の怪人」だった。

頷き、桐生は携帯端末を耳に当てた。大我と児玉の視線が自分の背中に集中するのを感じながら、桐生はサイレンス・ヘルが話す内容に集中した。

まず感じたのは、声が違う、ということだった。気のせいかもしれないが、微妙な点で何かが違っていた。おそらく、声紋的な意味での声は一致している。イメージとしては、誰かに脳を乗っ取られているような、まったく別人と話している感覚があった。得体の知れない何かと話している感覚があった。

次のサイレンス・ヘルの言葉で、

「何？」

と、桐生の表情が変わる。顔を上げて、大我と児玉の顔を見る。その顔には血の気がなかった。

桐生は携帯を耳から離し、震える手で持ち、考え込むように視線を落とした。

「どうした？」

その大我の問いかけで、桐生は我に返ったように顔を上げる。

「もう切れましたが、総理にメッセージを言づかりました」

ゆっくり言っている間に、桐生は今のサイレンス・ヘルの言葉の意味を、よりポジティブなほうへと解釈しようとした。けれども、すぐにそれが不可能だと悟った。

「メッセージだと？」

桐生は頷く。そして、宣告するように言った。

「バグはすべて回収したと」

大我は、ああ、と声にならない声を上げて、皺にまみれた大きな手で自らの頭を抱え込む。

「バグを回収した……」

その意味をもう一度確かめるように、大我は自ら口に出して言った。そして、顔を徐々に上げながら、心ここにない目を絨毯の上に留めおきながら、自らの脳に確認するように、ゆっくり、一言一言際立たせるようにこう言った。

「それはつまり、藤野楓の整形によって、別人になったバグと、すべて接触したということだな」

それは、最も「目白台」が恐れていたことだった。

「もし、バグと彼らが持つ情報が明るみに出たらどうする？　しかも、執行を命じたのが我々だとわかれば、どうなる？」

誰もが考えたくない現実だった。けれども、今の状況では考えなければならないことだった。

目白台が隠蔽してきた「不都合な真実」は、なにも、今回ばかりではない。膨大な数のインパクトのある情報が、もし情報保有者とともに生きているとすれば、日本全国に地雷を埋め込まれているようなものだ。

児玉は窓からの光でメガネを青く光らせながら言う。

「単なるスキャンダルに留まらないでしょう。情報が明るみに出れば、間違いなく、現政権は崩壊します。そればかりではなく、与党は回復不能の大ダメージを受けるでしょう。あるいは、目白台の過去もひもとかれ、日本の近代史は覆るかもしれません」

「目白台が、私の代で潰えるか」

大我はしわがれた声で言う。

目白台はこれまで日本の成長の、いわば「影」を担ってきた。歴代の「元老」たちは、権力を手にする代わりに、この汚れ役を担ってきた。今回の件が明るみに出れば、その墓標が暴かれることになる。大我はそれを懸念しているのだろう。

「また、我々のような組織は何も日本だけのものではありません」

児玉はさらに続ける。持ち前の無表情がこの場合、冷徹にも見える。

「各国に、公式非公式、大小の差はあれ、存在します。我が国の信用は、そのインテリジェンスの世界で一気に失墜することでしょう」

「すると、どうなる?」

「それはインテリジェンスの世界だけの話ではありません。情報は、すべての政治、経済の根幹です。これが途絶えると、政治と経済のプレゼンスは一気に失墜します。また、封じられていた情報が明かされることによって、大きな打撃を受ける大企業も多く出てくるでしょう。下手をすると、市場経済は壊滅的な打撃を受ける可能性があります」

しばらく、いつにも増して苦虫を噛み潰したような顔で目を閉ざしていた大我だったが、絞り出すようにこう言った。

「サイレンス・ヘルの要求は何だ？」

大我の推測どおりだった。サイレンス・ヘルは要求も桐生に伝えてあった。

「それが、あまりに具体的な数値だったんですが」

桐生は言う。震える声をどうすることもできない。

「金か？」

はい、と息を呑むように頷く。

「二六二九億円と」

大我は、目を閉じて唸る。

「やつは何もかも知っているということか」

「そうみて間違いないでしょう」

あくまで無表情で、児玉は言う。

三人の間に沈黙が流れる。

「二六二九億円」

大我総輔はつぶやくように言う。

もう一つ、と桐生は言う。

「もう、イヤフォンをつけてはいない、そう言っていました」

「どういうことだ？」

大我は目で児玉に答えを求める。

「日向涼。通称サイレンス・ヘル。なぜそう言われるようになったかと言えば、静寂の下で、彼は自分をコントロールすることができないからです。音楽療法がうまくいき、今は、常に音楽を聴くことによって平静を保っています」

「もし、音楽がやめば……」

「あたり一面が、地獄になります。中南米である組織を壊滅したときも、イヤフォンをつけていなかったと報告されています」

大我は、身が縮むのではないかと思うほど、大きくため息を吐く。

ここだ、と桐生は思った。ここで自分が言わなければならないと。

「サイレンス・ヘルを殺しましょう」

決然と、桐生譲が言う。

大我と児玉の視線が桐生に集中する。

「自分の弟子を、殺すというのか。イヤフォンを外した最強の殺し屋を？」

はい、と桐生は頷く。

「今なら、やつだけを葬れば、秘密は守られます。イレーザーの消し残した情報も、やつ共々、闇に葬り去れます」

たしかに、と児玉が続けて言う。

「バグを回収し、こちらに対して二六二九億円という金額を提示している。さらには、イヤフォンを外して、完全に臨戦態勢でいる。もはや、彼の思惑は明らか」

「目的は金ではないということだな？」

いかにも、と児玉は言う。

「殺し屋は、隠れ蓑に過ぎなかった。サイレンス・ヘルが殺しをやる目的は金ではありません。おそらく、情報」

なるほど、と大我は唸るように言う。

「世界最強の殺し屋の周りには、千金の価値のある情報が集まるか。サイレンス・ヘルは、新たなるオフレコ・コレクターなのかもしれんな」

「殺しを依頼する際には、人は必ず『弱み』を見せます。しかも、サイレンス・ヘルに殺しを依頼するのは、権力者に限られる」

「つまり、今、やつの元には、やつに殺しを依頼した多くの人や組織の『弱み』が溜められているということだな。我々も含めて。そんなやつの動機として、二六二九億円といえども、金銭では弱い。だとすれば、やつがやろうとしているのは」

大我は、ここで腹に溜めていた息をすべて吐き、新たに息を吸って言う。

「絶対的な権力の掌握か」

はい、と児玉は頷く。

「ある人は、それをコードメーカーと呼びます」

「おとぎ話の中の登場人物かと思っていたが、それを本気で目指す者が存在するということか」

桐生も、コードメーカーという呼称を聞いたことがあった。

世の中の表舞台には、決して現れず、けれども、世界のルールを実質的に創ってしまう存在。

「これは、明らかな宣戦布告だ」

大我は魔王のように立ち上がって言う。大柄な大我がいつもよりもさらに大きく感じられた。

「すなわち、現政権とこの目白台に対する攻撃とみなす。つまり、実質的な国家への宣戦布告と受け止めよう」

「はっ」

と、児玉と桐生はまるで敬礼するかのように直立不動となる。

「ジョー・キリュー。お前の弟子は、何もやっただけであるまい。自衛隊や警察の特殊部隊でも、お前の狙撃技術は多くの弟子に継承させてきたはずだ。自ら、選りすぐりのスナイパー部隊を率い、必ずサイレンス・ヘルの息の根を止めよ」

「はっ。承りました」

「児玉宗元。お前はこれまでの人脈を最大限に活かして、マスメディアを誘導せよ。サイレンス・ヘルを異常者に仕立て上げる筋書きを描け。国民にとって、禍々《まがまが》しい敵として徹底して情報統制せよ」

「お任せください」

「改めて言う。これは戦争だ。必ず、逆賊を仕留め、国家の平和を守ろう。死力を尽くせ！」

「はっ」

児玉と桐生は、大我に目礼して、足早にその部屋を出る。

18

静寂、そして地獄

おかしい。何かがおかしい。

連日報道される、サイレンス・ヘル関連のニュースを観て、秋山は思った。

まるで統制されているかのように、マスメディアは横一線で異口同音の報道を繰り返した。これでは、大本営発表を流し続けた戦中のメディアと一緒ではないかと思った。

秋山は、野次馬に混じり、ひなた写真館を遠巻きに眺めていた。

殺人鬼の息子は殺人鬼。

その論調で、マスコミ各社は、ひなた写真館に詰めかけていた。

何かを隠している。おそらく、大きな力が働いている。

日向涼に関して、世の中は真実を知らないのではないか。そして、その真実こそ、大きな力が隠したい何かだ。

それは、あるいは、サイレンス・ヘルの意図、なのかもしれない。

何を、サイレンス・ヘルは目論んでいるのか。

本当に、彼は単なる殺人鬼なのか？

単純な話ではないように秋山には思えた。サイレンス・ヘル、日向涼は行方をくらましていたが、秋山はここに戻ってくるのではないかと思った。

秋山はじっと、報道陣が引くのを待った。この張り込みは響妃では目立ちすぎる。秋山しかできないことだった。

いつしか、日が暮れていた。最後の報道陣が引いたとき、秋山はひなた写真館のドアに、手をかけた。

開いていることは予想がついた。日向涼が指名手配されてから、中にあったものはほとんど警察に押収されたと聞いていたからだ。

暗闇の廊下を進んだ。気味が悪かったが、日向涼が戻るのを待とうと思った。そうしなければならないような気がした。

今世の中で形成されている空気が、何かおかしいのだ。単なる殺人鬼に対する空気ではない。答えを知るのは、おそらく、サイレンス・ヘル、日向涼本人しかいない。彼に聞きたいことがあった。

ある部屋のドアが少し、開いていた。そこから、光が漏れていた。あまりに明るかったので、光が灯されているのかと思った。

けれども、違っていた。この部屋自体が明るく、廊下との光の落差が大きかったからそう見えただけだろう。

当然のように、人の気配がまるでしなかった。

何も考えずに、ドアを開けた。開けた瞬間、秋山は悲鳴を上げそうになった。それをすんでのところで、なんとか堪えた。

何もなくなっていた明室に、サイレンス・ヘル、日向涼がいたのだ。しかも、こちらに銃を向けていた。

このとき、生まれて初めて秋山は、生を諦めた。諦めた瞬間に、なにか、解放されたような気分になった。その途端、漏らしそうにも泣きそうにもなった。

いつ、マスコミの囲みを突破して入ったのだろうと疑問に思った。しかし、その疑問はすぐに解消された。違う。囲みを突破したのではない。最初からここにいたのだ。父親が幼女を殺害し、自殺した現場だというのに、彼はこの写真館に戻った。それと同じく、今回も戻っていたのだ。なぜなら、ここは彼の家だからだ。

静かに、と日向涼は、秋山に銃を向けたまま言った。そして、トリガーにかけた人差し指に力を込めて、秋山の額に銃口を押し当ててこう言ったのだ。

「君を待っていた」

サイレンス・ヘル、日向涼の耳には、このときまだイヤフォンがつけられていた。

どうして？

聞きたかったが、額に押しつけられた銃口がことのほか硬く、冷たく、全身が強張り声にならなかった。しかし、サイレンス・ヘルは秋山の目を見て意図を察したようだった。

「山村詩織の豊島公会堂のとき、岩井翔太の車の中。なぜ、僕のスコープの中には君が映るんだ？　寺岡澄子のときも狙撃の前日に、あの現場で彼女に会っていたな。そして、今こうして君はここにいる――なぜだ？」

押し当てる銃の圧力とは対照的に、口調は極めて穏やかだった。穏やかだからこそ、ためらいなく、いつ殺されてもおかしくないと秋山は思った。

「せ、説明させてくれ！」

なんとか、秋山はそうとだけ言った。

「できなければ」

と、サイレンス・ヘルは、ついに撃鉄を引いた。

秋山は息が詰まった。次の瞬間、死ぬのだといつよりもリアルに想像できた。

死にたくないと思うと、自然と涙が溢れ出た。


七海が二階にある母親の部屋に入るのは、母が亡くなって以来のことだった。前に入ったのはもう一五年ほど前のことだった。

母の部屋は、不思議なほど、当時とまるで変わっていなかった。

テーブルや鏡台はもちろんのこと、ベッドカバーやクローゼットの中の服までも、すべて当時のままだった。しかも、整えられ、洗濯もされていて、まるで母が生きているかのようだった。

おそらく、父がお手伝いの冴島の妻に言って、当時のままを維持しているのだろう。母は父にとって大切な人だった。

母を失ってから、父は銃を持つことがなくなった。

父は七海が「クラウド・シンジケート」を創った本人であることを知ると、七海を保護する手続きを取った。

——サイレンス・ヘルが七海を狙っている。

父は七海にそう告げた。すぐにはその意味が理解できなかったが、少なくとも七海に嘘を言う人ではなかった。

しかし、あの涼が七海を狙う理由もないだろうと思った。そうだとすれば、考えられるのは、サイレンス・ヘルの本当の目的は七海ではないということだ。

サイレンス・ヘルの本当の目的は、おそらく、父だ。七海を殺すと脅すことによって、父を通して、目白台をコントロールしようとしているのではないか。

そう考えると、すべてすっきりするような気がした。

ひなた写真館で、初めて七海と会ったとき、サイレンス・ヘルは、七海を待っていたと言った。それは、桐生七海ではなく、桐生譲の娘を待っていた、という意味だったのではないか。そうだとすれば、最初から、サイレンス・ヘルには狙いがあったのだ。

人を殺すのに、理由を求めない、と彼は言った。その彼が求めた理由とは何なのか。目白台まで動かして求めた理由とは、いったい、何なのか。

何日間か、七海は二階の母の部屋で過ごしていた。食事は冴島の妻が運んできてくれていた。この洋館全体が、完全に警備されているようだった。父には、決して外に出ないようにと何度も釘を刺された。

この警備からすると、目白台がどう決断を下したのかが推測できる。

おそらく、父は目白台に自分がサイレンス・ヘルに脅されていることを告げたのだろう。そして、サイレンス・ヘルの要求を拒否した。目白台は、サイレンス・ヘルとの全面戦争を選択したのだ。

と、すると、と七海は改めて窓から外の様子を窺う。サイレンス・ヘルは、ここに来る――。

そう考えた瞬間に、フラッシュバックのように、豊島公会堂前の道路での光景が鮮明に蘇る。天才心臓外科医、藤野楓はサイレンス・ヘルにとっても仲間だった。その仲間でさえも、彼は容赦なく殺した。

そう考えれば、彼が七海を殺さない理由は、もはやない。そもそも、彼は人を殺すことに理由を求めない。必要なら、七海も殺すだろう。

テレビを点けると、ワイドショーの時間帯は民放のほとんどが、日向涼関連のニュースを流していた。

今や涼はマスメディア上では、山村詩織と藤野楓のストーカー殺人犯であり、一〇二歳の老女寺岡澄子殺害の猟奇殺人犯であり、国家転覆を目論む思想犯であり、世の中のあらゆる怨嗟が日向涼に向けられていた。

しかも、マスコミは雑司が谷連続殺人事件の犯人でもある父日向志津男を引き合いに出して、日向涼を「殺人鬼のサラブレッド」と称することもあった。

犯罪心理学者を名乗る男や、遺伝学者を名乗る女も、その空気に拍車をかけた。全国民から石を投げつけられるべき存在だと断罪した。

これも、目白台の戦い方の一つだ。情報を統制して、サイレンス・ヘルを「空気」で取り囲み、追い詰めようとしている。誰も、サイレンス・ヘルを擁護する人がいない状態にして、逃げられない状況を作ろうとしている。

何気なくチャンネルを変えていると、女性リポーターの緊迫した声が流れてきた。

「たった今、警察から発表がありました。日向涼が新たな犯行声明を出したようです。女子大生起業家として著名な桐生七海を殺すと犯行予告があったと発表がありました。なお、桐生七海さんは、現在、身柄を警察に移し、警察の厳重な保護下に置かれているとのことです」

そして、七海の笑顔がテレビに大きく映し出された。

七海はじっと自分が映るテレビを見つめていた。いよいよだと思った。いよいよ、サイレンス・ヘルがここに来る。

スタジオでは、有識者と言われる人がアナウンサーのインタビューを受けていた。

「これはおそらく、山村詩織、藤野楓ラインの殺害です」

「と、申しますと？」

「殺された山村詩織さんと藤野楓さん、そして今回犯行声明が出された桐生七海さんは、同じ番組で共演して、プライベートでも親しかったようです。彼にとってはこの三人全員を殺すことによって、自分のアート的欲求が満たされるのでしょう。これは、犯罪者の家族として、女性に相手にされなかったコンプレックスが」

七海はテレビの電源を消した。

急に静かになった。音という音がほとんど存在しなくなった。そう感じたとき、途端に怖くなった。

イヤフォンを外したときに、日向涼は、完全にサイレンス・ヘルとして覚醒し、人格が変わってしまうという。噂では、一人で南米の麻薬組織を壊滅させたという。

そのサイレンス・ヘルを、父が率いる部隊は、はたして止められるのか？

母を失って以来、銃を手に取っていない父が、世界最強の殺し屋を仕留めることができるのか。

ざっと外で、足音が鳴って、危うく七海は悲鳴を上げそうになった。警備の人たちだろう。足音の移動が多くなっているように思えた。

カーテンを少し引いて、外の様子を見てみる。黒服の男たちが慌てて、配置を変えているように見える。耳のイヤフォンに手を当てているところを見ると、誰かから的確に指令を受けているのだろう。

どれくらいの人が、ここの警備をしているのだろうか。サイレンス・ヘルに数では対応できないことを、七海はよく知っていた。

そのとき、洋館の外から、銃撃の音がした。

来た。

直感的に七海は思った。サイレンス・ヘルが来たのだと。

間違いない、射撃場の方向だ。射撃場は、館の北側の林の中にあって、ちょうど館からは見えなかった。

もう二発、立て続けに銃声がした。

もしかして、外ではすでに銃撃戦になっているのかもしれない。

門のほうからは、ポリカーボネート製の盾を前にした、機動隊が入ってくるのが見えた。

「第七小隊、了解。北側の射撃場に急行する」

機動隊の一人が、無線機に向かってそう言っているのが聞こえる。やはり、射撃場だ。

サイレンス・ヘルは、現役世界最強の殺し屋。

対するは、戦争のない平和な国で訓練を受ける実戦経験のない部隊。

そして、それを率いる桐生譲は、もう、伝説のスナイパー「ジョー・キリュー」ではない。愛する妻を失って以来、桐生譲は引き金を引いたことがない。

七海は、持ってきた拳銃に、銃弾を込め始めた。殺しの会社を創るときに、万が一の場合のために用意しておいたものだった。幸い、これまで一度も実戦で使ったことがなかった。

感覚は、戻るだろうか。

不安はあった。そして、七海自身も実戦経験はない。ただ、父が撃てないのなら、自分がやるしかないと思った。もしかして、涼の部分が少しでも残っているのなら、サイレンス・ヘルは七海を殺すのに、少しだけためらいを覚えるかもしれない。

狙うなら、その一瞬だ。

ドアは外から鍵がかけられていることを確認している。

ここから出るにはと、部屋を見渡す。

七海は西側の窓を開けた。

屋根を伝えば、なんとか下りられそうだった。

「だから、僕はジャーナリストをやめるんだって！」

秋山明良は、ヘリコプターのプロペラが巻き起こす風に負けじと声を張り上げるが、相川響妃には聞こえないようだった。

「え？　聞こえない！　いいから、早く乗ってよ！　すぐに飛び立つから！」

「僕は、ジャーナリストをやめるんだよ！　もう、こういうのも嫌なんだ！」

これは響妃に届いたようだった。けれども、響妃は本気にしていないようで、薄っすらと笑った。

「明良君、いいから、乗りなさい！　あなたの大好きな桐生七海のところに行くんだから！」

「へ？」

怯んだ隙に、秋山は響妃に腕を摑まれ、また、ディレクターの桶川《おけがわ》とカメラマンに背中を押され、ヘリコプターの中に押し込まれた。

すぐに、「相川アイズ」の取材班を乗せたヘリが本社ビルの屋上を飛び立った。

飛んでから、秋山は思い出したことがあった。

「おおい、おい、おい！　僕は高いところがダメなんだよ！　おおい、おい、おい！　降ろして！　頼むから降ろして！」

取材班はそれを見て、プロペラ音の中で笑っていた。

東京上空は、少し、霞がかっていたが、黄昏前の西から陽が差し込み、美しく映えた。地面に這いつくばって暮らしていると、この世界有数のメガロポリスに暮らしていることを忘れてしまうが、上空から見ると、改めて恐ろしい街に住んでいることを痛感するのだ。何が恐ろしいのかといえば、やはり、人の数だった。この人の数だけ、欲求があり、それが渦巻き、日夜衝突しているのだと思うと、何か、秋山はやるせなかった。

「ところで、本当に桐生七海のところに行くの？　警察の厳重な警護を受けているってテレビで言ってなかった？」

眼下に、皇居が見えた。その横の警視庁に保護されているのではないかと秋山は思っていたのだ。ここから見ても、周りに中継車が集まっているのがわかる。

けれども、響妃は違っていた。空を飛び、陽の沈むほうへと向かっていた。

「あの洋館に行くのよ」

「桐生家の洋館？　あそこに桐生七海がいるの？　情報があるの？」

「情報はないけど、私の直感がそう言っている。たぶん、警察はメディアを騙そうとしているんだと思う！　やるとすれば、封鎖しやすいあの洋館よ」

秋山は洋館へ至る道を思い出す。

たしかに、響妃の言うとおりだった。あの洋館に至る道は一本しかない。しかも、雑木林で囲まれていて、周囲からは見えない。南側は湖でそこからは船でないと侵入もできない。何か、隠れてやるとすれば、あれ以上の場所はない。

その現場に乗り付けるには、ヘリコプターしかなかった。洋館の広い庭園にならら、ヘリコプターは余裕で着陸できそうだった。

「あそこで、何が起きてるの？」

わからない、と響妃は髪を振り乱すようにして、首を横に振る。

「でも、必ずあそこで何かをしようとしている人たちがいる。それをカメラで押さえるのよ」

秋山は急に、まるでベトナム戦争においてヘリコプターで戦地に乗り込むアメリカ兵のような心境になった。


話が違っていた。

七海には決して危害を加えない。

そう、日向涼が約束したから、桐生譲はすべて彼の言うとおりにした。有り体に言えば、娘の命と引き換えに、日本政府を裏切った。

サイレンス・ヘルの思惑通りに事が進むように、すべて手配した。

ところが、茶番劇にするはずだったこの洋館での戦闘において、すでに桐生の部下、四名が深手を負っていた。このままでは、全滅の可能性すらあった。

桐生譲は、自ら表に出て、両手を挙げて、サイレンス・ヘルこと日向涼を宥めようとしていた。さすがに師匠である自分を撃つことはないだろうと思った。

「涼！　よく聞いてくれ！　今のは事故だ。我々に交戦の意志はない！」

桐生の声が、虚しく湖畔にこだました。

きっかけは、単純なミスだった。

桐生の指示ではなかった。現場に慣れない機動隊員が緊張感に耐えられずに出合い頭に日向涼に発砲したのだった。

もちろん、世界一の殺し屋に当たるはずもなく、涼は撃った機動隊員のヘルメットにカンと一弾命中させ、空に跳ね返るのを悠然と見ると、空を見上げたままに間髪入れずに銃口を下に向けて、その隊員の膝を撃ち抜いた。もう、その隊員の膝は一生使い物にならないだろうと桐生は思った。それを皮切りに、桐生の部下は各個反撃し、三名が戦闘不能となって沈黙した。

これを事故として済ませるのは、さすがに無理がある。

イヤフォンを外し、サイレンス・ヘルとなった彼が、日向涼のときに結んだ密約を果たすという確信は桐生にもなかった。

あるいは、最初から、桐生を利用して、使い捨てるつもりだったのかもしれない。

「撃ちますか？　狙い十分です」

狙撃班から無線に連絡が入る。待てと桐生の口が小さく動いたのを、イヤフォンを外した今の日向涼が見逃すはずがなかった。

サイレンス・ヘルは周りを見渡し始めた。まだ自分を狙っているスナイパーがいることに、彼は勘づいたのだ。そして、的確に、狙撃班の居所を把握した。試すように、狙撃班のいる茂みに、ためらうことなく銃弾を撃ち込んだ。茂みから、すべて悲鳴が上がった。

「桐生司令、撃たせてください！」

仲間を撃たれた狙撃班からは悲痛な声が入ってくる。これで、選りすぐりのスナイパー七名が戦闘不能となった。選抜隊は、残り六名しかない。あとは、使えない機動隊が一隊いたが、足手まとい以外の何ものでもなかった。

このままでは、間違いなく、全滅する。

桐生は、無線を外した。そして、周囲に向かって、大声で言った。

「狙撃班は待て。絶対に発砲するな。機動隊は、邪魔だ、敷地から出て行け！」

桐生の声が、周囲の雑木林にまで響き渡った。機動隊は、負傷した隊員を左右から引きずり、ポリカーボネート製の盾で大げさに守って、慌てて退散した。

何を考えているか、まるで読めなかった。

一番狙いやすい自分が被弾していないところをみると、少なくとも、師である自分をすぐに殺す気はないらしかった。あるいは、最後に殺そうと考えているのかもしれない。

ただ、今の桐生にはサイレンス・ヘルを葬り去る自信がなかった。

密約は、もうないものと考えよう。

いずれにせよ、サイレンス・ヘルは、世の中から消えてもらわねば困る。

いちかばちか。

一斉射撃開始の合図をすべく、右手を挙げようとしたときだった――わずかな右手の筋肉の変化に、サイレンス・ヘルの目は反応した。サイレンス・ヘルこと日向涼は素早く自動小銃を上げようとしていた――

「涼！」

七海の声がこだました。

二階から屋根伝いに地上に下りた七海は、ためらうことなく、銃声がしたほうへと向かった。ただし、北側のほうへ回ると、機動隊が慌てて撤退してくるのが見えたので、押し戻されるようにして、南側から回ることにした。

その間にも、四発、銃声が鳴り、その数だけ悲鳴が上がった。

止めなければ。

七海はその一心で、反対側から銃声のほうへ向かった。玄関を越えて、館の東側へ出ようとしたそのとき、背の高い、青白い短髪の男性が目に入った。

一瞬、誰かわからなかったが、それが長髪を切り、イヤフォンを外した涼の姿だということに気づいた。その姿が七海の目にはいつになく凛々しくも怖くも映った。

「涼！」

後先も考えずに、とりあえず、名前を呼んだ。

一瞬、そこに静寂が生まれた。

サイレンス・ヘルは、その刹那を無限に変えようとした。

七海のほうに向かって、風のように全力で駆けた。

その残影を追うように、無数の銃弾が追いかけた。そのどれもが涼には当たらなかった。洋館の東の壁面に当たり、一部は窓ガラスに当たって派手な音を立てた。

「撃ち方やめ！　撃ち方やめ！　勝手に撃つな！」

七海の父、桐生譲の声が響いた。優しい父の、こんな怒りに満ちた男性らしい声を聞くのは初めてだった。その声で、七海はここが戦場なのだと悟った。

自分にスローモーションのように、近づいてくるサイレンス・ヘルこと日向涼に対して、七海は後ろ腰に差していた拳銃を手に取り、銃口を向けた。

「動くな！」

そう、七海は腹の底から声を張り上げた。

日向涼もその場に立ち止まり、同時に七海に銃口を向けた。


上空からも銃口が火を噴くのが見えた。

「あそこ、降りることできませんか？」

ヘリコプターの操縦士に、響妃が指示をする。洋館の庭園の南端、湖に面する場所だった。操縦士は、響妃に親指を立ててみせた。

ヘリが降下するにつれて、洋館の周囲の雑木林には狙撃部隊がいるのを目視できるようになった。また、洋館の南側にいる二人が、銃を向け合って対峙しているのが見えた。左側のほうは、白のワンピースを着て、風にスカートをなびかせていた。

「桐生七海！」

完全に視認したわけではなかった。けれども、秋山にはあれが七海のような気がしてならなかった。

「カメラ、撮れる？」

響妃がカメラマンに指示する。ヘリコプターのドアを開け放って、地上にカメラが向けられる。

「おい、おい、おい、落ちるって！」

秋山が座席にしがみついて騒ぎ出す。


「あのヘリコプター、何とかならんのか！」

桐生は無線に向かって言う。テレビ局のものだということは、ロゴによって明らかだった。ここをまともに撮影されてはまずい。

「陸路、水上は完全に侵入を塞ぎましたが、空中はノーマークです」

それはそうだ、と桐生は思う。今回の秘密作戦は、空中からの闖入者がいることなど、そもそも想定していないのだ。マスメディアは児玉が工作して桜田門の警視庁に食らいつかせたはずだった。そこに七海を保護していると思わせた。

けれども、右にならえをよしとしない人間がいるようだ。

間違いない、と桐生は思った。相川響妃だ。

いっそ、一斉に威嚇射撃をしてヘリを遠ざけたかったが、それをカメラで撮られれば、マスコミにどう叩かれるかわからない。

地上に目を戻すと、日向涼と七海が銃口を向け合って対峙していた。

まずい状況だった。

桐生は近くの若いスナイパーに声をかけた。

「標的まで距離はどれくらいだ？」

「距離、一八〇！」

「違う、それでは外す。貸してみろ」

桐生はその若いスナイパーに代わって、伏せ撃ちの体勢を整える。

常に教えてはいるが、自分が伏せ撃ちで構えるのも随分久しぶりな気がした。けれども、どうやればいいかは、身体に染み付いている。

大丈夫、行ける、と桐生は感覚的に思った。

試しに照準器を合わせてみた。日向涼の胸を狙う。

「距離二〇五。狙い十分……」

トリガーに人差し指をかけ、感触を確かめる。懐かしい感触に、アドレナリンが大量に分泌されるのがわかる。

安全装置は、大丈夫、外してある。

弾道は、おそらく、まっすぐに、サイレンス・ヘルの胸を貫くだろう。

唐突に、サイレンス・ヘルこと日向涼は、七海を見据えたままに、銃口を空へと向けた。そして、ろくにそちらを見ることもなく、空に向かって銃弾を放った。

直後、ヘリコプターが少し離れたようだった。

まさか、と七海は思った。プロペラの音だけで、狙いを定めたというのだろうか。

しかも、銃口を上空に向けたということは、七海が撃ってこないことを知っていたからだ。あるいは、七海に本気で撃つ覚悟があるか、見極めたかったのかもしれない。

このままでは、相手のペースになると七海は焦った。引き金にかけた指に力を込めた。

「藤野先生をなぜ殺したの？　先生が死ねば、救われるはずだった多くの人が死ぬって言ったのは、あなただったじゃない！」

七海の手には、藤野楓の胸から溢れた血の熱さが蘇るようだった。それに呼応するかのように、引き金にかけられた指は、意思とは関係なく、今にも引き絞られそうだった。そのまま、銃弾が放たれればいいと七海は思った。

クラウド・シンジケートにサイレンス・ヘルを引きずり込んだ自分が、決着をつけなければならないのだと気持ちを奮い立たせようとした。

「僕は人を殺すのに理由を求めない。知っているはずだ」

サイレンス・ヘルは改めて銃口を七海に向けて照準を完璧に合わせた。今にも引き金を引きそうだった。あのとき、寺岡澄子を狙撃したときに屋島ダムで見た、生気を失った殺人鬼の顔がそこにはあった。

二人はじりじりと距離を詰めた。二〇メートルほどの距離だった。この距離なら外さない。

七海も、もちろん、サイレンス・ヘルも。

やがて、周りは見えなくなった。そして、雑音も一切聞こえなくなった。

空気が、張り詰めていた。

「最後に教えて。あなたは誰なの？」

世界一の殺し屋、サイレンス・ヘルと言う人もいる。地獄をもたらす人だと言う人もいる。

「周りがどう言うかなんて、どうでもいい。本当のあなたは誰なの？　何が目的なの？」

引き金を引き絞りながら、七海は言った。いつ、どちらの銃口から銃弾が放たれても少しもおかしくはない局面だった。

「七海」

涼は改めて名前を呼んだ。その呼び方がとても優しかった。

その瞬間、空気が少しだけ緩んだ。

初めてそう呼ばれたような気がした。そして、はるか昔にそう呼ばれていたような気がした。

どちらが正しいかはわからなかった。けれども、間違いなく、その声には安らぎがあった。

「蛙の子は？」

「おたまじゃくし」

そう、反射的に答えていた。前にも同じ質問をされたような気がした。いや、この前のことではない。

もっともっと前にも、同じ質問をされたような気がした――。

涼は、微笑んで、ゆっくりと銃を下げた。

「その言葉に、どんなに救われたことか」

その頬を、つうっと一筋の涙がまるで流れ星のように流れ落ちた。

その刹那、空気の矢が二筋、横から涼の胸を貫いたように見えた——直後、二発の銃声が空を揺らした。

取り返しのつかないことが起こった、と直感的に七海は思った。

嘘だと思った。嘘だと思いたかった。けれども、それは現実だった。

七海は視界を揺らしながら、倒れゆく涼の体に駆け寄った。支えようとしても、もう、涼の身体には力が入らないようだった。

「いやー！」

涙を流して叫ぶ中、いつしか、七海は幼女に戻っていた——。

思い出した。この湖畔だった。

七海はいつも、ひとりぼっちだった。母親が死んで、仕事で父が帰って来ない日も多くなった。

一人の男の子が、いつもその当時の七海の前にいた。背のひょろりと高い、優しい笑顔を見せる、少し年上の少年だった。

「りょう、かたぐるまして」

そう七海が言うと、素直にその少年は屈んで七海を自分の肩に乗せた。けれども、あまり年が離れていないから、七海を乗せて立ち上がるのが、いつも大変そうだった。

それでも、なんとか、立ち上がると、ふらつきながらも七海の指示通りに、湖畔を走った。

「りょう、もっとはやく、もっとはやく」

七海ははしゃぎ、笑い声を響かせながら、その少年の頭に摑まっていた。

当時の七海にとって、その少年は母親であり、父親であり、そして、誰よりも大切な友達だった――

その少年を、七海は「りょう」と呼んでいた。

「涼、そうなの？　あなただったの？」

七海は急速に力を失いつつある涼の体を胸に抱き起こした。まるで、大きな赤子のように、七海の胸に抱かれた涼は、最後に残された意識を集めようとするかのように視線を彷徨わせた。何かを探しているようだった。

「涼、私よ、七海」

「ななみ……」

涼は焦点が定まらない目でなんとか七海を見ようとした。涼の手は、七海に触れようとして、けれども距離感がわからないようだった。七海は、自分の頰に涼の手を引き寄せた。

「七海、なのか」

一瞬、焦点が定まったようだった。七海は涙を拭いながら、大きく何度も頷いてみせた。

そして、涼は最後にこう言ったのだった。

「七海、もう大丈夫だから。もう、大丈夫だから……」

そう繰り返して、涼は七海の腕の中で動かなくなった。とても穏やかな表情をしていた。

「涼！　ねえ、涼、嘘でしょ、返事して！」

どうして最初から気づいてやれなかったんだろう。

涼は、はじめから、七海の依頼を受けるつもりだった。

ひなた写真館で会ったとき、涼は七海にこう言ったのだ。

――本当に、覚えていないのか。僕のことを。

あのとき、涼はどんな思いだったのだろうか。

――蛙の子は、蛙だよ。

そう言って涼が見せた笑顔は、笑顔とはうらはらに、ともすれば見ているほうが哀しくなってしまうほどに寂しそうだった。

涼は、そうだ、寂しかっただろう。

母親を失ったときの七海のように、ただただ、寂しかったのだろうと思う。

もし、七海が覚えていれば、きっとこんなことにはならなかった。

連続殺人犯の父親を持ち、涼はどんな人生を歩んできたのだろう。おそらく、どこに行っても、自分の居場所はなかった。

涼にとって、七海は、生涯で唯一見つけた、いていい場所だったのだ。

だから、涼は、七海のオファーを受けた。理由を聞くことすらせずに。

「それなのに、私は……」

すべては、私のせいだ。

嗚咽する七海の肩に、手が置かれた。

父、桐生譲だった。

「藤野楓を殺すように涼に依頼したのは、藤野楓本人だった」

「どういうこと……」

あまりのことで、頭が追いついてこなかった。

「藤野は町おこしコンサルタント岩井の妻の顔を山村詩織の顔にしていたんだ。それが我々に見つかり、自分がイレーザーであることが露見しそうになっていた」

そういうことだったのか、と七海はあの日のことを思い出す。藤野楓は死ぬ直前、七海に何度も謝っていた。そして、こうも言っていた。

――あの子にどうしても会いたくて。

それが、山村詩織のことだったのだ。

「彼女は医師で、自白剤の恐怖をよく知っていた。我々に捕まり、自分が顔を変えた人の名前を全部言ってしまう前に、自分を消してしまえば多くの人を救えると考えた。それで、自分を殺してくれと涼に依頼した」

「でも、だったら藤野先生はどうして私に――」

「相談したとしたら、七海は彼女を救おうとしただろう？」

ふと、西城の言葉を思い出した。

――七海、僕を助けようとするな。

理由は、明白だった。助ければ七海に危険が及ぶから。西城と同じように藤野が考えたとしてもおかしくない。

「じゃあ、涼は……」

「彼女の想いに応えたんだろう。一番、難しい役回りを引き受けたのが、涼だった。涼は私に取引を持ちかけてきたんだよ」

「取引？」

「すべて、自分が一人で被る。自分にすべての罪を着せて、殺してくれと。そうすれば、あなたの娘に危害は及ばないだろうと」

「そんな……。でも、どうして？　涼は人を殺すのに理由なんて求めたりはしない」

もう動かなくなった、涼の顔を涙で濡れる目で見つめながら、まるで涼に語りかけるように七海は言った。

代わりに答えたのは父だった。

「だから、涼は、初めて七海という理由を持ったんだよ」

「え……」

七海は父の顔を見上げ、そして、穏やかに眠る涼の顔を見る。

南池袋公園の光の下で会ったときのことを七海は思い出す。

――あなたがいるでしょう？　ねえ、涼、あなたが私を助けてよ。

そうか、とあのとき涼は、なぜか晴れやかな表情をしてつぶやくようにこう言った。

――僕が七海を、助ければいいのか。

何を思い、そう言っていたのか、その当時の七海にはわからなかった。

でも、今ならわかる。

あのとき、涼はすべてを悟ったのだ。

自分一人が罪を被れば七海が救われることを、あのとき、気づいてしまったのだ。

あのとき、七海が見た涙は、幻ではなかった。

すべては、七海のためだった。

涼が初めて持った理由とは、七海を守ることだった。それは、何も不思議なことではなかった。涼にとっては幼いときからそうしてきたことだったからだ。

「それなのに、私は……」

七海は涙が溢れてくるのをどうすることもできなかった。目の前に涼の顔があるというのに、涙を払わなければすぐに見失うほどだった。

「涼」

いつしか、七海はそう呼んでいた。

「涼……。ねえ、涼……。涼！」

七海が涼を呼ぶ声が、叫びとなって、湖畔の庭園に響いた。

七海は、泣きながら涼の遺体を抱きしめた。


湖上でホバリングしていたヘリコプターは、地上が落ち着いたのを見計らって、庭園の南端へと、再度着陸を試みた。

「終わった」

空中から一部始終を見ていた秋山はそうつぶやいた。秋山は、涙に暮れていた。どうしようもなく泣けて、仕方がなかった。

いいえ、と響妃は言った。

「私たちの仕事は今からよ」

プロペラからの風を受けて、地上にいる狙撃部隊や機動隊、そして、救急隊員たちの衣服は揺らめいた。

その中央で、動かなくなったサイレンス・ヘル、日向涼の遺体を、小さく縮こまるように七海が抱いていた。その肩が大きく震えていた。

なぜか、誰も響妃たち取材班に注意を払う者はいなかった。まるで、取材を黙認しているかのようだった。さらに言えば、サイレンス・ヘルが特殊部隊によって葬られたという事実を、流してほしいという暗黙の意思すら感じた。

秋山はふらふらとした足取りで、七海と涼に近づいていった。

達成感は微塵もなく、ただ、疲労感と虚無感が、そこに漂っていた。無駄に口を開く人もいなかった。

カメラマンが降り立ち、七海と涼にカメラを向けようとしたとき、響妃は手で制してこう言った。

「待って」

どうして、という目でカメラマンは響妃を見た。

響妃は首を横に振った。その視線の先、玄関のところに立つ、人影があった。桐生家の執事、冴島だった。響妃は、冴島に頷いてみせた。

「帰りましょう。上からの画で十分」

そう言って、ヘリコプターに乗り込んだ。

秋山は七海と涼の前に、進み出て、その場で佇んでいた。

何と声をかけていいのかわからなかった。ただ、二人の姿を見て涙が止まらなかった。

昨夜、ひなた写真館で日向涼と話したことは、響妃にも話していなかった。誰にも話すつもりはなかった。

話してしまえば、日向涼の思いを踏みにじることになると思ったからだ。

誰でもよかったのだろうと思う。誰かに涼は真実を聞いてほしかったのだ。それが、たまたま秋山だっただけのことだ。

あの明室ですべてを秋山に話したあと、涼は少年のような笑顔を向けて、秋山にオールドカメラを差し出してこう言ったのだった。

このライカのカメラは父さんの形見なんだ。父さんはカメラマンだったんだ。

はじめ、錯乱しているのかと思った。けれども、そうではなかった。その笑顔に、少年の面影を見た。

「明良君！」

ヘリの中で、響妃が手招きをしていた。

「相川アイズ」の取材班を乗せたヘリコプターは、すぐに空へと飛び立った。もう、陽が落ちようとしていた。黄昏時の濃い光に包まれてもなお、桐生家の庭園には、二人の姿があった。思い出した。地上で見た二人の姿は、サン・ピエトロ大聖堂にあった、ミケランジェロの大理石の像に似ていたのだ。たしか、聖母マリアが亡きキリストを哀しみに満ちた表情で抱き上げるものだった。

誰もその二人の静謐な世界に、関与できないようだった。

次第に、二人の姿は小さくなった。ためらうようにヘリはしばらく上空でホバリングし、もう光を放ち夜景と化している東京のビル群に向かって、一気に加速した。

すぐに、二人の姿は見えなくなった。二人がいる場所に救急車の赤色灯が近づいていくのがミニチュア模型のように見えた。

19

『殺し屋のマーケティング』

たとえば、あなたの大切な人が殺人事件を起こしてしまったとしたら、あなたはどうするだろうか。

それまで、代わり映えのしない日常が瞬間的に覆ったとしたら、しかもそれに対して自分に何ら落ち度がなかったとしたら、いったい、どうするだろうか。

日向涼という少年の身に起きたことは、まさにそんなことだった。

それまで、クラスでも人気者だったという。明るくて、ハンサムで何をやっても器用にこなす子どもだったと、彼を知るほとんどの人は、口を揃えて言う。

殺人鬼の子は殺人鬼と、どこに行っても蔑まれ、もうどうしようもない差別のただ中にあって、明るい少年は、未来に対してより多くのことを諦めねばならなかったのだろうと思う。

事実、日向涼は生前、こう言っていたという。

生きるために人を殺す。人を殺すことしか自分にはできない。

どこの街に流れても、彼の殺人鬼のDNAは問題視された。けれども、考えてみてほしい。七歳まで彼は、カメラマンの子どもだったのだ。父親がその後、連続殺人犯になったとして、彼のDNAまで変容するものだろうか。

変わったのは、周りの環境だった。

殺人鬼のDNAを持っているに違いないという偏見に、おかしな話だが、彼は応えなければならなかった。

一一歳のとき、思春期に差し掛かった彼は、鬱屈を覚えるようになった。それは、おそらく、普通の少年が思春期に差し掛かっただけのことだったのだろう。児童養護施設の中でも、差別され、隔離されるように生活していた彼は、同じ施設に暮らす児童たちからの陰湿ないじめに耐えかねて、暴力を振るった。何のことはない。石をぶつけて、ガラスを一枚割ったのだ。

運悪く、その破片が小さな女の子の頬を切った。これが大きく喧伝され、彼は精神科病院に収容されることになった。

おそらく、その施設でも本音では厄介払いをしたかったのだろう。誰もが殺人鬼のDNAを恐れていた。あるいは、不気味に思っていた。彼が頑なに、名前を変えようとしなかったのも、その不気味さに拍車をかけた。

その理由は単純だった。日向涼は、自分の父親を生涯愛していたのだ。

殺人鬼だろうとも、日向志津男は彼のたった一人の父親だった。彼にとっては、自分に愛情を注いでくれる、唯一の身内であり、尊敬するカメラマンだった。

幼い日の日向涼の夢はカメラマンになることだった。

あの事件の後、決して口にすることはなくなったが。

精神科病院に収容された彼だが、別段、問題はなかった。ただ、病状がなければ収容されることもなく、収容されなければ、どこも彼を引き取るところがなかったので、致し方なく、彼は仮病を使った。

ちょうど、音楽療法なるものの研究がその病院でも始まろうとしているころだった。その研究者の求めに応じて、彼は「音楽がある状態でのみ精神的に安定する」ことを演じるようになり、常にイヤフォンを耳につけるようになった。

そのころ、もう一つの出会いがあった。オリンピックのライフル射撃において三大会連続で金メダリストになった伝説のスナイパー「ジョー・キリュー」と出会ったのだ。キリューは、犯罪者の子どもたちに自信をつけさせるために、自ら射撃を教えた。日向涼は、射撃の虜になった。射撃をしている間だけ、静寂の中にいられた。何もかも、忘れられるようになった。そして、精神が安定するようになった。

そのときに、ジョー・キリューの幼い娘、桐生七海と出会った。

やがて、彼は類稀なる狙撃の才能を認められ、スナイパーの世界で頭角を現すようになった。世界中の為政者やテロリストの求めに応じて、彼は狙撃の技術をいかんなく発揮した。

アメリカのＣＩＡと組んだ、麻薬カルテル掃討作戦の際に、単身でカルテルの首領がいる街に乗り込み、一晩で幹部八人を射殺し、実質的に組織を壊滅させた。このとき、ちょうどイヤフォンがなくなり、それで鬼神のように戦ったのだろうという話が独り歩きした。

ここから、サイレンス・ヘルの伝説が始まった。

人を殺せるのは、才能だろうかと彼は苦悩した。殺人鬼のＤＮＡが自分にもあるのではないかと恐怖することがあった。

殺人鬼の子は、殺人鬼。

自分でも、そうなのではないかと思ったのだ。この考えを常に覆してくれたのが、あの湖畔の射撃場にいた、小さな少女の言葉だった。

「蛙の子は、おたまじゃくしよ。だってそうでしょ？　なんで蛙の子は、蛙って言うんだろうね」

おそらく、それを言った桐生七海には何の意図もなかったのだろう。けれども、日向涼にとって、それは救いとなった。自分は父親とは違うのだと思った。思いつつ、父親への敬愛がやまなかったところに、おそらく日向涼の悲劇があるのだろう。

彼は、殺人鬼の父を捨ててよかったのだ。

名前を変えて、どこか遠くに行き、別の人生を歩むことだってできたはずだ。しかし、彼は日向涼という名前を捨てず、ひなた写真館にも密かに戻っていた。そして、父のカメラで写真を撮っていたのだ。

デス・ポートレートと呼ばれるあの写真を始めたころ、日向涼はひどく疲れていたという。世界で戦い続け、人を大勢殺し、もう意味もなく人を殺すのは嫌だと感じ始めていた。けれども、彼にできることは殺すことだけだった。

そして、彼は考えた。殺しが人を救うことになるのではないかと。

そう、まったく違った方法論だったが、日向涼は桐生七海と同じように、殺しで人を救う方法を思いつき、それを実行したのだ。

あの日、ひなた写真館の明室で、日向涼は僕にこう問うた。

「大切な人を殺されるとして、誰に殺されるのが、人は一番悲しいだろうか？」

それは、たしか響妃に一度された質問と同じだった。

僕は、すぐに答えられた。その人本人、と。

日向涼は、嬉しそうに微笑み、そう、そうなんだと幾度となく頷いた。あるいは、僕と心を通わせたのは、あの質問がきっかけだったのかもしれない。

彼は、死への強烈な欲求、タナトスに囚われて、もうどうしようもなくなった人たちが自殺する代わりに、殺しに見せかけてその生を終わらせていたのだ。

世の中で唯一愛する人を、自殺で喪ってしまった自らの悲しみが根底にあるのだろうと思う。自分と同じような想いをする人を、増やしたくなかったと彼は言った。

報酬は、最後の一枚の写真だった。彼は、タナトスに囚われ、死を覚悟した瞬間の人から、どうしようもないほどのエロスが放出されることを、アーティストとして知っていた。

それが、デス・ポートレートと呼ばれるあの一連の作品群の秘密だった。

山村詩織や藤野楓がそうだということは理解できた。けれども、一〇二歳の老女寺岡澄子がなぜデス・ポートレートになっているのか、僕にはわからなかった。

目白台から依頼された日向涼は、あの湖畔の老人ホームを訪ねたという。総理大臣大我総輔が、あなたの命を狙っていると率直に話した。

そうしたら、寺岡澄子はこう彼に言ったという。

「それなら、殺してください。ご迷惑をかける前に、殺してください。私は十分に生きましたから」

明室に掲げられていたのは、そのときに撮った写真だと言う。

それでも、寺岡澄子が僕に最後の「ククリコクリコクの粉」を託したのは、村の秘密の伝承者としての最後のあがきだったのかもしれないし、息子が村にしたことに対する、母親としての最後の償いだったのかもしれない。

実は、日向涼自身も知らないうちに、徐々にタナトスに侵されていたのだろう。人の死と関わるようになり、彼は強く、死を意識するようになった。

もしかして、どこか、死に場所を探していたのかもしれない。

桐生七海に、助けてほしいと言われたとき、心の底から嬉しかったと目に涙をためながら、彼は僕に言った。

だから、いいのだと。自分の命を七海のために使うことができれば、何も悔いはないと。

そう晴れやかな表情で、サイレンス・ヘルこと日向涼は言った。

そのときほど、僕にカメラの技術がなかったことを後悔したことはない。あの瞬間に、シャッターを押せればよかった。

おそらく、きっと、いや、絶対にだ。

世界で最も美しいデス・ポートレートになったことだろう。

「それってどういうことですか？」

秋山明良は、編集者を名乗る女性にかなり強い口調でそう言った。それは、喫茶店の周りの席の人が、こちらを振り返るほどだった。

「そんな男は存在しなかったと？　だって、御社で一〇〇万部の本を編集したのが彼だったんでしょう？」

あの日に焼けた、健康そうで精悍な顔を思い出す。

「ですから、弊社にはそんな編集者は存在しないんです」

「そんな、そしたら、僕のこの原稿は……」

手元には、『殺し屋のマーケティング』と銘打った原稿の束が置かれていた。

「秋山先生、もちろん、この原稿は弊社のほうで出版させていただきます」

「なんですって？」

まったくもって意味がわからなかった。たしかにいたのだ。秋山の部屋で一緒に寝泊まりし、この原稿を最後は二人三脚のようにして完成させたのだ。それにもかかわらず、あの編集者は、その出版社の編集者ではなかったという。けれども、この原稿は、出版されるという。

「ですから、私は直接、秋山先生とやり取りをさせてもらっていたと勘違いしていたんですよ。しっかりと秋山先生の名前で、編集会議も通っています。それなので、この原稿をいただければ、そのまま出版されることになります」

「だとすれば、あの人は、いったい、誰だったんですか？」

わかりません、とその女性編集者は首を横に振る。

「わかりませんでは困るんです。僕はその男に、とても大切なものを奪われたんです」

「大切なもの？」

秋山は言葉に詰まる。何が奪われたのかについては、口が裂けても言えない。それなので、被害届を出すこともできないでいる。

「編集長にも、他の部署にも聞いてみたんですが、そんな人に覚えはないと。けれども、原稿もできているので、問題ないのではないかと」

狐につままれたようなとは、このようなことを言うのだろうと秋山は思った。幽霊を見ていたわけではないらしいのは、この編集者もメールでやり取りをしていたのがわかっているからだ。それは秋山のメールアドレスからではなかった。

秋山の原稿を丁寧に直してから、その編集者に送っていたという。

「完璧な原稿でした。私が手を入れるところはありませんでした」

愉快犯なのだろうか。いや、そうではないだろう。愉快犯にしては、あまりに手がこんでいる。ただ、間違いなく言えることは、あの編集者を名乗る男がいなければ、『殺し屋のマーケティング』は、世に出ることはなかったということだ。

そして、集中して書いていた秋山の部屋から、ある人に託された、大切な物がなくなっていたことに、後になって気づいた。気づいたときには、もうその男と連絡が取れなくなっていた。思えば、小説のためと思ってすべてを話してしまっていた。

もしかして、と秋山は思う。あれを奪うために、あの男は編集者をかたり、秋山に接触したのか。そうだとしても、原稿を完璧に編集して去った理由の説明がつかない。あれとの引き換えだというのか。それもおかしな話である。

少なくとも言えることは、その男にとってこの『殺し屋のマーケティング』は出版されなければならない原稿だったということだろう。その理由がまるでわからなかった。

秋山の部屋からなくなっていたのは、寺岡澄子に託された、最後の「ククリコクリコクの粉」だった。

「とにかく、一一月の発売で行きたいと思います。秋山先生、その日程でよろしいですか?」

秋山はため息を一つ吐き、複雑な心境のままに頷く。

断る理由が、見当たらなかった。


「目白台」はその日、いつにない緊張感に包まれていた。

スタッフたちが、ではない。最も緊張していたのは、ここの主、現内閣総理大臣大我総輔だった。

先日、「目白台」の屋敷の大我総輔宛に、ある小包が送られてきた。

とても小さな漆塗りの円形の容器で、検査の結果、爆発物でも毒物でもなかったので、その小包は大我総輔の元に届けられた。

桐生譲がそのときいたSPから聞いたところによると、それを開けた瞬間、大我総輔は、悲鳴を上げて卒倒したという。

それから三日間、大我総輔の意識は戻らなかった。公には、体調が優れず入院したことになっていたが、医師団も原因がわからなかった。

ただ、その小包の中身が大我に強いストレスを与えたことは確からしかった。念のため、その物質は大学の研究所に送られて改めて成分が調べられた。何の変哲もない、ありふれた成分が検出され、少なくとも人体に害はないとの結果が出た。

差出人は明らかだった。テロ組織や犯罪組織ではなく、個人だった。差出人の住所は宮城県栗原市で、差出人の名前は田辺信だった。

誰も聞いたことのない名前だと、当初誰もが思った。

目覚めた大我総輔は、その謎の物体が大学の研究所に送られたことを知ると激怒した。そして、その成分解析に関わったすべての人物を「執行」せよと命じた。

さすがに、大我の状態を訝しんだ児玉が理由を聞くと、大我は神経質に周囲に血走らせた目を向けながら、児玉の耳を引き寄せて小声でこう言ったという。

「あれは、ククリコクリコクの粉に間違いない。母が持っていたものだ」

この言葉で児玉は、初めて、大我が錯乱しているわけではないことを知って安心する。と同時に、大きな懸念が浮上することになる。

これを送りつけてきた、田辺信とは、いったい、何者なのかと。

児玉から命じられて、桐生はその人物について調べた。調べてすぐに、顔写真が判明し、それが誰なのかわかった。

宮城の田園で、最後に西城潤と一緒にいた男だった。すぐに思い出せなかったのは、彼の様子や人となりの報告を受け、危険な対象ではないと思い込んでいたからだ。

こちらが調べるのを待っていたかのように、田辺信の使いを名乗る男から連絡があった。目白台に挨拶に伺いたいと主は申しているとその男は言った。

明らかに相手に主導権があり、「目白台」側としては断るという選択肢が初めからなかった。

応接間の楕円形のテーブルで、皆苦虫を噛み潰したような表情で田辺信を待った。

いつもは大我が座る、上座の重厚な革張りの椅子を念のため空けてあった。

それは、ある可能性を、「目白台」が考慮したからだ。ある可能性とは、この場にいる誰にとっても、そうであってほしくないことだった。

もし、「田園の哲人」田辺信が、コードメーカーだった場合、事は非常に厄介になる。

大我の背後には、東京の街が見渡せる、広い窓が広がっていた。

まもなく、廊下が慌ただしくなった。廊下が軋む音がした。ドアが開けられた。礼儀として、全員がざっと音を立てて直立した。

「なんだ、堅苦しいな」

入ってきた男は軽い調子で言った。宮城の田舎で農作業をしているためか、日に焼けた肌の色が濃かった。そして、精悍な顔をしていた。

間違いない、あの田園にいた男だった。

おそらく、児玉も気づいたのだろう。珍しく感情が外に見えるほど、不可思議そうに田辺信の顔を見ていた。

それも無理はない。彼は軽度の知的障がいがあると報告を受けていたからだ。ところが、その表情や振る舞いは、とてもそのようには見えなかった。

その男は、遠慮する素振りを見せることもなく、至極当然のように上座についた。その場にいる全員に座るように、目で促し、自ら堂々と脚を組んで座った。そして、すぐに本題に入った。

「そろそろ、代わってもらいたいんだよね」

男はまるでテレビゲームの交代を促す少年のような表情で、少なくとも倍は生きている内閣総理大臣大我総輔に言った。

「それは、どういうことですか？」

総理大臣のほうが敬語で、男のほうがいわゆる「タメ口」だった。それがなぜか、違和感がないように桐生には思えた。

やはり、と桐生は思った。これは、最悪の事態なのかもしれない。

それは、児玉も、応対している大我総輔も感じていることだった。

「言葉のとおりだから、そんなに難しくはないと思うんだけど」

実に余裕を持って、大我総輔の目を見つめながらその男は言った。総理大臣だろうが、何だろうが、男には何も関係がないようだった。

むしろ、緊張しているのは、総理大臣のほうだった。

「しかし、我々はあなたに対して……」

大我総輔が必死で抗弁しようとするのを、その男は、わかってる、とすっと手をかざしただけで制する。「群馬の怪人」の異名を持つ内閣総理大臣をだ。

「十分にわかってるよ。でもね、やっぱり、まずいよね、殺しすぎたと思うよ。もうバグが抑えきれない。それは、あなた自身もわかっていることでしょう、総理」

やはり、そうなのだと、この瞬間、確信して思った。彼こそは、コードメーカーだ。表に出てはいけない人が、こうして自ら乗り込んできたことになる。本当に存在するのかと、桐生は我が目を疑った。生きている間に、実際に会えるとは思ってもみなかった。

そう言われた大我は、何かを考えるように、テーブルの上で行儀よく組んだ自らの手を見つめているようだった。コードメーカーなら、下手な対応はできない。この「目白台」の存続にも関わる話だった。

大我総輔は、意を決するように再び口を開いた。

「今の私の立場で言うのも何ですが、一つ、お願いがあるのですが」

「わかってる、体裁について、だよね」

桐生は、やり取りを傍らで見て、もしかして、この男は人の心を読めるのかもしれないと思った。いや、単に先を読めるくらいに、頭の回転が速いのかもしれない。

コードメーカーについて、ある一つの噂を思い出した。噂、と言うよりも、それは都市伝説の類かもしれない。コードメーカーは、人ではなく、世界の最先端企業が開発した次世代型の「人工知能」だという話だった。

「たしかに、あなたを交代させるために、二六二九億円についての情報を流す、というのは簡単だよね。あなたが懸念しているようにね」

いとも簡単に、当然のことのように、その男は「２６２９」について触れた。もし、コードメーカーが生前の西城潤を匿っていたとしたら、彼が持っていた情報、すなわち「オフレコ」

も、コードメーカーに流れている可能性が高い。

「でもね、総理。僕はあなたに報いたいと思っているんだよ、マジで」

「マジで……」

大我は小声で繰り返す。もちろん、総理大臣に向かってそんな言葉遣いをする人間は皆無だろう。上座にある男を除いては。

「私に報いるとは」

「そうだね、ちょっとだけ経済を動かす」

男はそう言って、右手の親指と人差し指の間に空間をあけて見せ、その空間から、片目でからかうように大我総輔の顔を見て、いたずらっ子のような笑みを浮かべた。

「と、申しますと？」

「知ってるかな、秋山陽介さん。『バブルを起こした男』については」

「噂だけは聞いたことがあります。でもあれは、噂に過ぎない……。まさか」

大我は男の顔を見る。

男はそれをまっすぐに受け止めて、頷いてみせる。

「そうなんだよね、実在する。彼は今の経済のアルゴリズムを突破できると言うんだよ、実に簡単な方法でね。実体経済と連動しない金融政策は、バブルのようなものだってね」

「つまり、経済を破綻させようと？」

いや、と男は首を横に振る。

「そこまでじゃないと思うよ。日本だけでそうだな、五兆円の規模の富が一瞬にして失われることになる」

男はそこで区切り、試すように大我、児玉、桐生の顔を順番に見る。

「それはちょうどＧＤＰ一％にあたる……」

そのフレーズを、もちろん、桐生は聞いたことがあった。いや、使ったこともある。

それは虫歯の特効薬ができたときに、消える市場規模だった。

偶然だろうかと桐生は考えた。

その男の余裕の表情と、大我総輔と児玉宗元の青白い顔を見ているうちに、桐生の中に確信が生まれた。

偶然ではない。あえて、同じ額に揃えたのだ。

つまり、この男が言いたいのは――

「わかりました」

と、絞り出すように言う内閣総理大臣大我総輔の額には、赤黒く見える血管が浮き立っていた。

「明日、週刊誌の記者に、こちらからリークします」

その男は、感情の見えない目で大我を見つめると、実に穏やかな表情になって、これまでにない優しい声音でこう言った。

「それがいい」

恐ろしいものを見てしまった気分だった。気がつけば、桐生の拳は、びっしょり汗で濡れていた。

　そもそも、この男がこの部屋の上座に座った瞬間から、大我総輔には選択肢などなかったのだ。

　自ら週刊誌にリークしなかったとしたら、この男は、経済を動かして、市場からＧＤＰ一％分だけ、経済を消失させる。

　そうすれば、経済の失策として必然的に内閣は退陣に追い込まれるだろう。そして、その経済規模は、大我総輔が、老いた一〇二歳の母親を撃ち殺してまで守りたい数値だった。自分の正義を貫くためにも、大我総輔は自らリークするしか選択肢が残されていなかった。

「じゃあ、そういうことで」

　男はすっと立ち上がり、ドアに向かおうとした。全員がまた、見送るためにざっとその場に直立した。

　ドアから出ようとする直前のことだった。肌の色が濃い男は、思い出したようにこう言った。

「あ、そういえば、余談なんだけど」

　くるりと踵で回転するようにして、大我総輔のほうを向いた。

「あなたの母上、寺岡澄子さんについて、ちょっと偶然、耳に入ってね」

「私の母が、何か」

　意外な展開に、大我総輔はどうすればいいのか、頭がついていかないようだった。あるいは、また何か突っ込まれるのではないかと思って警戒しているようにも見えた。それは無理もないことだと桐生は思った。

「あなたの母上は、とても優秀だったんだね」

実に穏やかな口調で、その男は言った。

「優秀な成績で、郷里の女学校を出て、東京の女子大学へと進んだ――。あれ、その表情からして聞いたことがない？」

大我総輔は首を捻っている。

そうなら聞くといいよ、と男は続ける。

「東京に出たあなたの母上は、神楽坂の料亭で給仕のアルバイトをしていたらしい。その料亭で、とある若手議員と恋仲になる。でも、不倫だったんだね。雑誌にその記事が載り、その議員の地位は一気に失墜することになる」

男は手のひらを飛行機に見立てて、急降下させてみせる。

「家族の説得で田舎に帰ったあなたの母上のお腹の中には、命が宿っていた」

大我総輔は老いた目を見開くようにして、男の目を見つめる。

男は軽く頷き、続ける。

「あんな不倫男の子どもなんて、内々に堕ろしてしまえと言う田舎の人々に、あなたの母上は毅然として言い放ったという。『この子は私の子です。私一人で、立派に育て上げてみせます』」

男はまるで妊婦に扮するかのように、お腹を両手で大切に抱えて言った。

「あなたは小学校六年生になるまで、母上と一緒に寝ていたそうだね。この上なく、母上を好きだった。とても仲がよかったと。内閣総理大臣である今のあなたを作り上げたのは、あなたの母上が布団の中で話した物語だった」

覚えがあるのか、大我は記憶をたどるように、テーブルの上に視線を巡らせる。

「天海和尚の話、豊臣秀吉の話、ナポレオンの話、その他古今東西のきらびやかな英雄豪傑たちの話。あなたの母上にはとても高い教養があった。その教養は、とてもわかりやすい物語を紡ぐことができて、あなたにその英雄たちのエッセンスを伝えるときに役立った。そう、あなたが幼いときから布団の中で聞かされていた、あの物語こそが、あなたにとっての帝王学だった。今日のあなたを作ったのは、ほかでもない、あなたの母上だった」

全部、息子のためだったのだ。

老人ホームのスタッフの話では、認知症になる前は、とても気難しかったという。けれども、認知症の症状が出てから、性格が穏やかになったと。

でも、認知症になる前には、あえて、そうしていたとすればどうだろう。気難しい振りをして、周囲を寄せ付けなかった。それは、息子のために、「ククリコクリコクの粉」と、村の話を秘密にするためだった。息子が伸び伸びと政治の世界で活躍できるように、寺岡澄子は自分を殺していたのだ。それは、生涯唯一愛し、自分との関係で失墜した政治家の悲願でもあった。ところが、認知症を患うことによって、本来の教養の高い自分が、表に出てきてしまった。封印していた、秘密とともに――。

「私は、母を汚らしいものだと思ってきました。男に身を売って、生計を立てている人間だと思っていました」

「だから、あなたは母親がお手伝いとして雇われた大我家に、請われて養子に入ってから、実母について一切話すことはなかった。寺岡勘助《かんすけ》が元々の名前だね」

男の言葉に、大我総輔はうなだれるように頷く。その際に、涙のしずくがテーブルに落ちるのが桐生のほうから見えた。

「私を売春婦の息子として軽蔑する村が憎たらしくて、私は積極的にあの村をダムの底に沈めようとした。でも、違ったんですね……」

大我総輔は、崩れるように椅子に座り、テーブルに突っ伏すように泣き始めた。

「あなたは政界のホープの子であり、教養の高い寺岡澄子という素晴らしい女性の一人息子だった」

「なのに、私は、母を殺してしまった……」

大我の嗚咽はやむことがなかった。

寺岡澄子の事件の四日前、大我のスケジュールには空白の五時間があった。ＳＰの話では、お忍びであの湖畔の老人ホームを訪れていたというが、そこで大我が母親と何を最後に話したのか、桐生には想像ができなかった。

ただ、湖畔のベンチで老いた母親の小さな背中と大我の大きな背中が、ともに寄り添うように並んでいた時間があったことは間違いないだろう。

僭越ながら、と桐生は言った。

「多分、お母上はそうしてほしかったんじゃないでしょうか。最後まで息子思いだったと聞いています。認知症によって本来の自分が消えてなくなるのなら、たぶん、息子の手でそうしてほしかったんじゃないでしょうか」

少なくとも、そう思わないと報われない話だと桐生は思った。そして、真実、そうだったのではないかと。

いつしか、部屋からは、あの男がいなくなっていた。

「あの人が？」

と、桐生は児玉に確認する。

児玉は無表情のままに頷く。

間違いない、コードメーカーだった。


長机に座る秋山明良の前には、長蛇の列ができていた。

右手には合紙を渡してくれる女性編集者がいて、左手にはこの大型書店の文芸書担当者がいた。まるで流れ作業のように、次から次へと表紙を開かれた真新しい本が、秋山の前に置かれた。秋山は慣れた手つきでサインをし、並んでいる人の名前を聞いて、日付とともにそれを書き加え、笑顔でありがとうございました、と握手をする。中には、一緒に写真を撮ってくれと言ってくる人や、プレゼントをくれる人もいるが、秋山はそれをすべて快く受け入れていた。それなので、老若男女問わず、ファンが多かった。

今日は、これが都内で三軒目のサイン会だった。

明日は、大阪に飛んで、この本についてのトークイベントが予定されていて、その日のうちに大阪梅田の書店でまたサイン会と講演会が入っていた。

大我内閣を退陣に追い込んだ、屋代ダムの二六二九億円の大スキャンダルは一年もすると誰も話題にすらしなくなった。政治家のいつもの汚職程度にしか、国民は認識しなかった。国民は、もはや、政治家には何も期待しないのかもしれない。

ただ一方で、その内幕を描いた秋山明良の処女小説『殺し屋のマーケティング』は全国的な大ヒットを記録していた。ミリオン、すなわち一〇〇万部に到達するのも時間の問題だと、今朝、担当編集が言っていた。

不思議なことに、このときになっても、秋山と一緒にこの本を作った編集者が誰だったのかわからなかった。しかも、どうやらこの大ヒットの背景にも、同じ人物が暗躍しているらしかった。

『殺し屋のマーケティング』のヒットは、発売当初に同時多発的に、テレビ、雑誌、新聞、WeBメディアに取り上げられたことが原因だったと言われている。PR戦略の勝利とも謳われたが、実は出版社の営業部や販売部は、このとき、一切動いていなかった。動いたのは、火がついた後だった。

火をつけたのは誰なのか。

初期に『殺し屋のマーケティング』を取り上げた大手出版社の雑誌編集長は、秋山にこう言っている。

――マーケターを名乗る、よく日焼けをした壮年の男が持ち込んできた。社長からの紹介で、ネタとしても興味深かったので、取り上げることに決めた。

よく日焼けをした壮年の男は、別のメディアにも現れている。ただし、誰もその正体を知らなかった。

秋山が疑問なのは、なぜ、その男は『殺し屋のマーケティング』をヒットさせなければならなかったのか、ということだった。男は印税を受け取る権利があるわけでもなかったし、この本が出る前に、すでに大我内閣は退陣していたので、政治的な思惑があるとも思えなかった。

　こうして秋山の前にサインを求める人の列が連なる状況にしなければならない理由が、その男にはあったはずなのだ。

　あるいは、と秋山が思っている存在があった。しかし、それは都市伝説であって、実在するはずもない存在だった。

「お名前、なんて入れましょうか？」

　秋山は、次の本にサインをしながら、声をかけた。

　頭上から、女性の声がした。

「桐生七海でお願いします」

「え？」

　秋山はペンを止めて、恐る恐る顔を上げた。

　そこに笑顔でいたのは、桐生七海ではなかった。一気に緊張が解けた。ため息に混ぜて、秋山は言った。

「なんだよ、響妃かよ」

　相川響妃は相変わらず美しく、スタイルがよく、ただサイン会の行列に並んでいるというのに、白のワンピースを着ているためもあってか、一際輝いて見えた。

　秋山は言ってしまってから、ハッとして身構えた。いつ、グーパンチが飛んできてもおかしくない。

けれども、少し大人になった響妃は、一瞬怒った顔を作り、すぐにいたずらっぽく笑ってみせた。

「明良君、変わってないね」

思い返してみると、響妃と会うのは桐生家の湖畔以来のことだった。あれからお互い忙しくなり、会えずにいた。

「そうかな、これでも作家になったんだけど」

胸を張ってみせるが、響妃は本当におかしそうにさらに笑った。

「あれ、相川響妃じゃない？」

列の中の誰かがそう言ったのを皮切りに、スマホのシャッター音がそれに追い打ちをかけた。

サイレンス・ヘル報道のスクープ以来、ジャーナリストとしての相川響妃の勢いはとどまるところを知らず、それまで報道番組内の一コーナーに過ぎなかった「相川アイズ」は、今やそのキー局の看板番組となっていた。老若男女問わず、人気があり、それが圧倒的な視聴率として表れていた。

響妃が列を振り返ると、歓声が起きた。いたるところからシャッター音が鳴って、響妃は笑顔でそれに応じていた。

著者席に座る秋山は、頰杖をつきながら、「相川響妃臨時撮影会」の様子を眺めていた。こうなれば、しばらく収まらないだろう。いつものことだった。作家になったとは言え、やはり、響妃の「華」には到底敵うものではないと、秋山は少し自嘲気味に思った。

「そういえば、秋山先生、相川さんと同じ大学でしたね」

担当編集者の女性が秋山に耳打ちするように言う。

「彼女は大学のサークルの先輩なんです」

秋山は頷いて言う。

でしたら、と秋山は編集者に手を引かれて、響妃の横に立たされる。

「一緒に撮りましょう、写真。相川さん、いいですか？」

「ええ、もちろん」

と、響妃はいつもテレビで観る相川響妃の笑顔で秋山の横にすっと佇まいよく立ち、白い手を差し伸べた。思わず、秋山の胸は高鳴る。高鳴り始めた胸の鼓動を気取られないように、そっとその手を握り返した。もしかして、響妃の手を握るのは初めてかもしれないと思った。

「ウケるね」

響妃は照れを隠すように、はにかむようにして言った。

「今日は冷やかしに来たの？」

フラッシュを焚かれ、シャッターを切られながら、秋山は笑顔のまま小声で響妃に言った。握手していないほうの手には、『殺し屋のマーケティング』がよく写るように持たされていた。一瞬にして、サイン会会場は、ファンの無数のスマホまで並ぶ、記者会見場のようになった。

「桐生七海の消息がわかったの」

カメラに笑顔を向けながら、響妃は小声で返した。

「嘘……」

秋山は思わず素に戻って、響妃のほうを見る。響妃は「相川アイズ」に出演してもらうために、あの事件以来、ずっと桐生七海を追っていたのだが、消息は不明だった。響妃ばかりではない。あらゆるメディアが真相を知る彼女を追っていたが、誰もその姿を捉えることはできなかった。そのため、桐生七海死亡説まで出ていた。

「いいから、笑顔」

響妃は秋山に目配せする。そう言われても、秋山は心の動揺を隠せない。どうしても、笑顔が引きつってしまう。

「コードメーカーを、追っているらしい。あらゆる情報屋にアプローチしているらしい」

「そんな……」

危険すぎると秋山は思った。前に父に聞いたことあった。情報屋の世界は狭い。誰かがある情報を探していることは、一気にそのネットワークに広がる。おそらく、桐生七海が情報を探していることを、響妃は自分が使っている情報屋を通じて知ったということだろう。当然、コードメーカーにも探していることは伝わるということだ。

「でも、本当にいるのかな？」

ふっと響妃は笑う。

「いると思うから、明良君は創ったんでしょう、Ｗｅｂメディア『コードブレイカー』」

それはそうだけど、と秋山は苦笑する。なぜか、今「コードブレイカー」のことを言われると黒歴史をひもとかれるようで恥ずかしい。

「ジャーナリストとしては、僕はダメだったけど、これが僕にとっての『コードブレイカー』なんだよ」

　秋山は手に持つ『殺し屋のマーケティング』を見る。

　響妃は笑顔で頷く。そして、改まって言う。

「秋山先生」

「はい！」

　秋山は反射的にそう答えてしまう。

「今日は、作家の秋山明良先生に、『相川アイズ』に出演いただきたく、お願いに参りました」

　響妃はハンドバッグから、白い封筒を差し出す。そこには「出演依頼」と書いてある。

「僕が、『相川アイズ』に……」

　何が起きているのか、現実に頭がついてこなかった。秋山は長く、相川響妃のマネージャーだった。スタッフとして、スタジオの外や中で、ライトの中の世界を、映画の中の世界のように眺めていた。

　その光の中の世界に、自分が行く。

「出演いただけますか？」

　相川響妃の、やはり綺麗な顔がごく近くにあった。

　秋山は引き込まれるように、頷いていた。断る理由がなかった。

　その瞬間に、二人は拍手喝采に包まれた。サイン会に並んでなかった人も、何があるのかと、野次馬の輪は幾重にも重なっていた。人が人を呼んでいた。シャッター音が、いたるところから起き、フラッシュが焚かれ続けた。

　光と喝采の中で、もしかして、と秋山は響妃の顔を見た。

これをやるために、響妃は今日ここに来たのではないかと。すべては、響妃の計算だったのではないかと。

今、ここにいる人は、おそらく、自分のSNSで今見たリアル・ストーリーを自発的に宣伝するだろう。大学サークルの先輩である人気ジャーナリストが後輩のベストセラー作家に出演依頼をする。それは、数多く、シェアされ、リツイートされ、瞬く間に広がっていくだろう。

もし、最初から企んでいたのだとしたら、相川響妃は相当のマーケターだと思った。

響妃は、誇らしそうに、そして企みに満ちた目をして、光の中で微笑んでいた。

エピローグ　大きなバッグを抱えた男

羽田空港一三時四五分発福岡空港行、スカイマーク015便は、予定通り、出発の一五分前から優先搭乗が始まっていた。

乳幼児がいる客など優先搭乗する乗客に混じって、大きなバッグを腹のほうに抱えた、挙動不審の男がスカイマーク015便に乗り込んだ。

桐生七海はその男のことが少し気になったが、普通搭乗で搭乗した。

スカイマークが使用する機体はボーイング737―800と呼ばれる小型機だった。機内は中央に通路があって、左右に三席ずつシートが連なり、それが三一列あった。七海は後方の左の窓側の席「28A」席だった。約束の相手は、その隣、「28B」に来ることになっているが、待合室にはそれらしき姿は見当たらなかった。

その辺りだろうと思った場所に、先ほどの大きなバッグを腹に抱えた男が座って、じっと七海のほうを見ていた。なるべく、目を合わせないようにした。

男は七海のちょうど前の席、「27A」に座っていた。前の男は後ろから見ると、座席からはみ出すほどに大きかった。まだ、大切そうに大きなバッグを腹に抱えているようだった。落ち着かなく、一人で何かブツブツと言っていた。

キャビン・アテンダントたちも、彼の様子をしきりに気にしているようだった。

何度も座っては立ち上がり、トイレと座席を行き来した。そのたびに、通路側に座っている女性が迷惑そうな顔をした。

男は、キャビン・アテンダントに何度も言われて、仕方なさそうに、胸に抱えた大きなバッグを渡した。キャビン・アテンダントはそれを預かり、男の頭上の荷物入れに収納した。しばらく、男は心配そうに、頭上を見つめ、また、ガチャガチャとベルトを外して立ち上がって、トイレに向かった。ついに、通路側の女性は、その男がトイレに行った隙にキャビン・アテンダントに申し出て、空いている後方の別の席へと移っていった。

七海は、前の席に座るその男が気になって仕方がなかった。気を紛らすために、買ってきたばかりの『殺し屋のマーケティング』を開いた。

隣がまだ空席なのも気になった。

本当に、あの男は、この飛行機に乗るつもりはあるのだろうか。そして、この飛行機は無事に福岡に着くのだろうかと、無性に不安になった。

出発予定時刻の五分前になって、ようやく、隣の席に座る男が現れた。

やはり、七海が会ったことのある男だった。

「田園の哲人」、信くんだった。

あるいは、こう呼んだほうがいいかもしれない。コードメーカーと。

父からコードメーカーの話を聞いて、もしかしてと思っていたのだ。そして、あの田園には
がきを送り、こうして会うことになった。

彼にどうしても確かめたいことがあった。だから七海は危険を承知でこの飛行機に乗った。

七海が確かめたかったこととは、誰が西城潤を殺したのかということだった。

ひなた写真館に飾られていたデス・ポートレートの中に、西城潤の写真はなかったことは確
認している。つまり、涼が西城を殺したわけではないということだ。

コードメーカーなら知っているだろうと思った。そして、あのときあの現場にいた信くんな
らなおさらのことだ。

「七海、久しぶりだね」

その男は感慨深そうに人懐っこい笑顔を浮かべて言った。

たしかに、宮城に行って以来だから、あれから一年以上は経っている。

「ああ、その本、読んでいるんだね」

男は七海の膝に置いた『殺し屋のマーケティング』を指して言った。

「僕が編集した本なんだよ、売れているようでよかった」

信くんは、日に焼けた顔をまた綻ばせた。

「あなたが編集したですって？」

にわかには信じられなかった。田園の哲人が、本の編集をするとは到底考えられない。

「どうしても、秋山君に書いてもらわなければならなかったからね」

「なぜ、秋山さんに書いてもらわなければならなかったんですか？」

書いてほしい、ではなく、もらわなければならなかったと言ったのが七海は気になった。

簡単な話さ、と男は実に簡単そうに言った。

「僕が自由になるためだよ」

会話をすればするほど、七海は、ますます、隣に座る男のことがわからなくなった。

まもなくキャビン・アテンダントによる脱出のためのミニ機内研修が始まった。

その間も、前に座る男は落ち着かなかった。もう機体が走り出しているというのに、ベルトを外して立ち上がろうとし、

「お客様、危険ですのでお座りください」

と、キャビン・アテンダントに注意されていた。それでも、一、二分するとまたベルトを外そうとした。そのときはもう滑走路に入っていて、キャビン・アテンダントもそれぞれの席についていたので、「お客様、危険ですのでお座りください！」と、ほとんど怒声だった。

「心配かい？」

隣に座る男は、七海の表情を窺いながら言う。

「逆に、心配じゃないんですか？」

大丈夫、と男は余裕の表情で言った。

「彼は心配ない。ご病気のお母さんに会いに行く途中なんだよ。そして、上に上げられたバッグの中には、そのお母さんが大好きだったメロンパンがぎっしりと詰まっている」

「どうして、そんなことまで……」

七海が男を見ると、男は愉快そうに笑ってみせた。

「まさか、この飛行機に乗っているすべての人の情報を――」

七海がすべてを言う前に、まさか、と男は実におかしそうに笑った。

「いや、僕は臆病だからね、怖くて調べさせたんだよ。この飛行機に普通に乗れたということは、何らかの原因で精神科病院などに通うようなことがあったとしても、症状はひどくはない。つまり、働いているんじゃないかと思ってね、そういった人たちを雇い入れる施設でね。まずは仮説として、そうではないかと置き、もう一つ、母親か誰か大切な人の具合が悪いんじゃないかって仮説を置いてみたんだ。そこまで情報を絞ると、いたんだよ。とある長野の企業にね、彼の名前があった。座席番号を調べるのは、僕にとっては至極簡単なことなので、名前と照合して、間違いないとわかった。それで、連絡を入れさせたんだよ、その施設に、前の座席に座ることになっているんだけど、大丈夫かって。そしたら教えてくれたんだ」

「でも、それを短時間で？」

「まあ、だから出発時間直前になっちゃったんだけどね、僕にはチームがいるから」

「チーム？」

「情報解析チームだよ。僕が情報を知りたいときに瞬く間にあらゆる情報を調べてくれるスタッフが世界中にいて、僕の代わりにすべてを調べてくれるんだよ」

なるほど、臆病が情報収集の原点になるのかと七海は思った。

「それにしても、宮城で会ったときより、ずいぶんと喋るようになりましたね」

少し、嫌味に聞こえるように七海は言った。

「そうかな、変わらないと思うけど」

その男はケロッとした調子で言った。

変わらないですって、と七海は内心思う。あのときとはまったくの別人のように思えた。それは、ただ、七海のほうが見方を変えただけかもしれなかったが。

スカイマーク015便は、ようやく離陸の順番になったようで、一気に滑走路を加速して、離陸した。少し、気流が乱れているようだった。機体が、ガタガタと音を立てて揺れた。

あのとき、と田園で会ったときのことを思い出して言う。

「著名人が会いに行っていたのって、先生じゃなくて、あなただったんですね」

海外からも著名人があの田園を訪れていたという。西城もその一人だったということだろう。

誰が先生を殺したのか。

核心の質問に入る前に、そういえば、と七海は思い出す。

「まだ、お名前を伺っていませんでしたね」

信くんと呼ばれているようだが、まさか、まだ「信くん」と呼び続けるのはさすがに失礼だろうと思った。

「コードメーカー」

と、男は言った。

「認めるんですね」

「ま、みんなそう呼ぶからね」

「そうじゃなくて、本名です」

そう言ってから、ふと、この男と以前にもこんなやり取りをしたような気がした。

「本名？」

その男は、本当にそれを自分に聞くのか、とでも言うように、鼻で笑うようにして言った。その表情も、どこかで見たような気がした。

嫌な胸騒ぎがした。なぜか、涙が急にこみ上げてくるような感覚に囚われた。全身に鳥肌が立っていた。

七海の全身の直感が、何かを七海に伝えようとしていた。

ただ、七海の脳がそれに追いついてこなかった。

「そんなもん、あぶなっかしくてとうの昔に捨てたさ」

それを聞いた瞬間に、涙が頬を伝い、本当に熱い涙が流れ落ちた。

どうして泣いているんだろう。なぜ、こんなにも胸が熱いのだろう――

七海の脳の片隅にある暗がりに、ある一つの仮説が、今芽生えようとしていた。それが、むくむくと大きくなっていくように感じた。

「先生……」

七海は隣に座るコードメーカーを名乗る男を、気づけば、そう呼んでいた。

「ああ、七海、久しぶりだね」

七海の目からは、もう熱い涙が溢れ出てどうしようもなかった。

「でも、どうして……」

掠れる声で言った。涙で霞む七海の視界では、銀髪の男の姿と田園の哲人が、今オーバーラップしようとしていた。

あ、と七海は思いつく。

「藤野先生……」

西城潤は天才心臓外科医藤野楓に、顔を変えてもらったのだ。

田園で死んだように見せかけ、実は死んでいなかったのだ。

ああ、と西城は頷いた。

「本名よりも危ないのは、顔だからね」

西城は、そう言って信くんにしか見えない顔の頬をぺんぺんと自分で叩いた。

元々、コードメーカーは、信くんではない、先生だったのだ。だから、最強のビジネスを有していると言われていたのだ――

「だから言ったろう、僕は負けないって」

そう言って、西城はいつものように少年のような笑みを見せた。それはこれまでより晴れやかな笑顔に見えた。

もしかして、本名だけでなく、顔まで捨てて、西城はさらに自由になったのかもしれない。自分の自由をより確実にするために、西城は秋山に『殺し屋のマーケティング』を書かせたのだ。この小説によって、西城は存在が知られ、そして今はもう生きていないと思われるようになった。完全に存在が消し去られていた。これで、誰も彼を捕らえられなくなった。

情報を漏らさないために、徹底して隠蔽しなければならないことはわかる。しかし、七海にだけは教えてくれてもよかったではないかと思うと、途端に腹が立った。

1 ストーリー STORY
旅立ちの理由

旅をまっとうするためには、それ相応のモチベーションとエネルギーが必要となります。それを生み出す源になるのが、「旅立ちの理由」、すなわち「ストーリー」です。これがマーケティング・クリエーションを支える基盤となり、土台となります。ここがしっかりしていないと、そのマーケティングの構造は安定しません。

逆に、「ストーリー」さえしっかりとしていれば、たとえ、一度や二度、マーケティング・クリエーションの構築に失敗したとしても、何度でも構築し直すことが可能になります。

本作においても、七海は一度、イベントで警備を請け負う会社「レイニー・アンブレラ」で失敗しましたが、それを一度解体して、受注数世界一の殺しの組織「クラウド・シンジケート」を成功させます。それは、七海には世界一の殺しの会社を創らなければならない「強い想い」と「理由」があったからです。

> **七海の旅立ちの理由**
> 父・桐生譲を人殺しにしたくない

2 コンテンツ CONTENTS
商品

マーケティングにとって必要不可欠なものが、サービスを含めた商品、すなわち「コンテンツ」です。そもそも、顧客に提供すべき商品がなければ、ビジネスは成り立ちません。そして、「コンテンツ」で最も重要になるのは、「質」です。いかにして、コンテンツの「質」を高めるかが、ビジネスにとって大きなポイントになります。

もちろん、コンテンツの「質」を高めるためには、スキルを持った相応の人材や機材が必要になるでしょうし、あるいは、経験が必要になる場合もあります。いずれにせよ、「お金」と「時間」を費やす必要があります。

どのレベルで「お金」と「時間」を費やすことができるのかは、それぞれの状況によって変わるかと思います。たとえば、ミシュラン三ツ星の寿司屋で二〇年間の経験があるとすれば、寿司屋として独立する際には、「コンテンツの質」の面で大きな利点となるでしょう。しかし、ほとんどの人がそうではありません。

本作において、七海は、受注数世界一の殺しの会社を創る際に、「殺しの質」を担保するのに苦労しました。当初は外注していたので、提供できる「殺しの質」は安定しなかった。

けれども、その失敗を教訓に、世界一の

殺し屋サイレンス・ヘルという最強の「コンテンツ」を手に入れることによって、七海は「クラウド・シンジケート」を構築するに至ります。

七海のコンテンツ

before 殺しの外注
after 世界一の殺し屋サイレンス・ヘル

3 モデル MODEL 仕組み

「コンテンツ」を創造することができたとしても、それを効率よく、効果的に顧客に届けることができなければ、マーケティングは崩れます。必要な利益を確保することができなくなるからです。

逆に、同じ商品を売っていたとしても、ビジネスモデルを組み替えるだけで、利益が増大する場合もあります。ただし、それは「コンテンツの質」が担保されている場合に限ります。

利益を上げたいと、ビジネスモデルからアプローチすると、多くの場合、マーケティングの創造に失敗します。なぜなら、ビジネスモデルとは、あくまで「コンテンツ」ありきで考えるべきものだからです。飲料水を売るために自動販売機があるのであって、自動販売機を活用するために、飲料水を創るわけではありません。

本作において、七海は吉祥寺の小ささを参考に、ビジネスモデルからアプローチしてマーケティングを創造しようとしましたが、それに失敗します。

そもそも、ポイントとなる質の高い「殺し（コンテンツ）」を用意できていなかったからです。

小ささは「羊羹」という「コンテンツ」の質を極限まで高めるために、一日に販売できる本数は一五〇本にしました。その「ストーリー」があったために、結果論的に羊羹10％＋最中90％の「モデル」が構築されました。

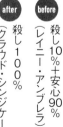

そうした「コンテンツ主義」的なアプローチを行い、マーケティング・クリエーションの「モデル」が構築されるのが理想です。

七海のモデル

before 殺し10％＋安心90％（レイニー・アンブレラ）
after 殺し100％（クラウド・シンジケート）

4 エビデンス EVIDENCE 実数値

顧客に提供すべき「コンテンツ」があり、正しく「モデル」が機能すると、自然と実績が積み上がっていき、売上データなどの数値となって表れてきます。それが「エビデンス」です。

　通常のアプローチであれば、これは「コンテンツ主義」の流れにあって、真面目にビジネスを続けていき、顧客に受け入れられ続ければ、「エビデンス」は勝手に上昇します。

　ただし、正攻法ではないアプローチも存在します。「コンテンツ」の上昇には「お金」と「時間」が必要なので、新しくビジネスを始めた企業やフリーランスにとって、この上昇を待つと事業の存続が難しいという局面があるでしょう。その場合、仮想的に客観的な「エビデンス」を高めて、「ブランド」を仮想で促成してしまう方法があります。「ブランド」を仮想であれども高めてしまうと、顧客の期待値は上がりますから、そのビジネスは、大急ぎで「コンテンツ」を上昇させる必要に迫られます。

　ある種の背水の陣的な戦略ですが、企業を短期間に成長させる手段としては極めて有効です。もっとも、「コンテンツ」の上昇に手間取ってしまえば、「ブランド」は、滅び去ってしまいます。

　豊臣秀吉がまだ若い時分に墨俣《すのまた》で「一夜城」を今でいうところのプレハブ工法で構築した話は有名ですが、あのとき、秀吉は大慌てで城の中身までも構築したからこそ、美濃攻略戦で最終的な勝利を摑むことができました。

　本作においても、七海は意図しないことでしたが、自身が女子大生起業家としてマスメディアに取り上げられることによって、「レイニー・アンブレラ」の「ブランド」価値はバブル的に急上昇します。

　しかし、そのブランドに見合った「コンテンツ」を用意することができなかったことを大きな理由として、「レイニー・アンブレラ」は、ハイパー・コンテンツである世界一の殺し屋サイレンス・ヘルが放った一発の銃弾によって脆くも崩れ去ります。

　もし、「ブランド」の上昇スピードに引きずられるようにして、「コンテンツ」を上昇させることができれば、仮想的に「エビデンス」を高める方法も十分に戦略としてありえます。

七海のエビデンス

before 世界中の著名人の警備（レイニー・アンブレラ）

after 受注数世界一の殺し組織（クラウド・シンジケート）

スパイラル SPIRAL 5 上昇螺旋

　顧客に提供すべき「コンテンツ」があって、合理的なかたちでそれを提供するための「モデル」が構築され、実数値としての「エビデンス」が構築していくと、顧客からのフィードバックを受けて、さらには経験を積むことによって「コンテンツ」の質は上昇します。

つまり、「コンテンツ」→「モデル」→「エビデンス」→「コンテンツ」というふうに、上から見ると回転しているように見えますが、横から見ると、初めに出てきた「コンテンツ」と次に出てきた「コンテンツ」は、質のレベルという点において、高さが違うことに気づくでしょう。マーケティング・クリエーションが正しく機能すれば、前の周回の「コンテンツの質」よりも、後の周回の「コンテンツの質」のほうが、より高くなります。要するに、単なる回転ではなく、上昇螺旋を描くように回転しているということになります。

この「コンテンツ」「モデル」「エビデンス」の上昇作用を「スパイラル」と言います。正しい「スパイラル」が発生すると、マーケティング・クリエーションは順調です。

ただし、本作で七海は「レイニー・アンブレラ」において、この「スパイラル」に失敗します。「コンテンツ」の質が伴わない状況での、仮想的な「ブランド」から生じた「吸い上げのスパイラル」は、いびつな上昇を見せて、ついに、崩壊します。

やはり、「スパイラル」の発生は、コンテンツ主義から生じるべきであり、「ブランド」から吸い上げるかたちでの発生は、大きなリスクが伴います。そのリスクを解消するためには、極めて高い「生産性」を投入する必要に迫られますが、これには言うまでもなく、「費用」がかかります。

七海のスパイラル

before コンテンツなき「いびつなスパイラル」（レイニー・アンブレラ）

after 正常で急速なコンテンツ主義に基づく「スパイラル」（クラウド・シンジケート）

ブランド BRAND 6

信頼

マーケティングにおける有効な手段である「営業」「広告」「ＰＲ」は、相応の「資金」と「人的工数」を必要とします。つまり、「費用」がかかるということです。もし、このマーケティングにおける三要素を縮減することができれば、「資金」的な側面でも「人的工数」的な側面でも「費用」を他に回すことができるので、ビジネスを優位に進めることができるようになります。それを可能とするのが「ブランド」です。

本作に登場した吉祥寺の小ささは、圧倒的な「コンテンツ」の質によって、毎日一五〇本限定の羊羹を売り切り続けました。やがて、口コミで評判となり、行列ができるようになりました。来る日も来る日も行列が途絶えることなく、それが実に四〇年以上も続きました。そして、小ささの羊羹は、手に入れることが難しくなったことから「幻の羊羹」と呼ばれるようになりました。これが「ブランド」です。

考えてみましょう。小ささは、「広告」を出す必要がありますか？「ＰＲ」や「営業」が必要ですか？

そのいずれも、必要としません。行列がブランドの証明となり、提供する数よりも必要とする人の数のほうが多い「需要過多」の状態を保ち続けるようになります。

ただし、「ブランド」は構築するのは難しいですが、崩壊するのはとても簡単です。「ブランド」としての「高さ」を維持するためには、常に上昇「スパイラル」を発生させ続ける必要があります。一見、変わらない企業でも、実は連続した「スパイラル」によって支えられているのです。さもなければ、容易に失墜するでしょう。

七海のブランド

before サイレンス・ヘルの銃弾による「ブランドの崩壊」(レイニー・アンブレラ)

after サイレンス・ヘルとイレーザー藤野による「ブランドの確立」(クラウド・シンジケート)

7

アトモスフィア

ATMOSPHERE

空気

高いレベルで「ブランド」を維持し続けることで、ある段階を超えると、爆発的な需要拡大が起きる場合があります。いわゆる「ブーム」と言われる現象がそうです。「ブーム」は発生要因が複雑で、自然発生的に起きるイメージがありますが、決して予測不能ではありません。それを誘発するための「空気」を、まるで飽和水蒸気量のように醸成することができれば、人為的に発生させることが可能です。「ブーム」を発生させるための空気を「アトモスフィア」と言います。

本作において、七海の先生、西城潤はこの「アトモスフィア」によって、大我総輔率いる目白台に戦いを仕掛けました。『2629』という新書をヒットさせる手法がそれです。彼は、様々なメディアで同時多発的に「二六歳から二九歳くらいから女性は本来のセクシーな美しさを手に入れる」という論点を取り上げられるように仕組み、「2629」ブームを作って目白台を翻弄します。また、『殺し屋のマーケティング』の編集者としても同じ要領でこの作品を一〇〇万部のブームとします。一方の目白台が「サイレンス・ヘル」の情報操作をしたのも、権力を使った「アトモスフィア」の創造でした。

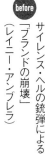

SEVEN MARKETING CREATION
EXAMPLE
1

世界最強のビジネス「吉祥寺小ざさ」

なぜ小ささは四〇年間以上行列が途絶えないのか？

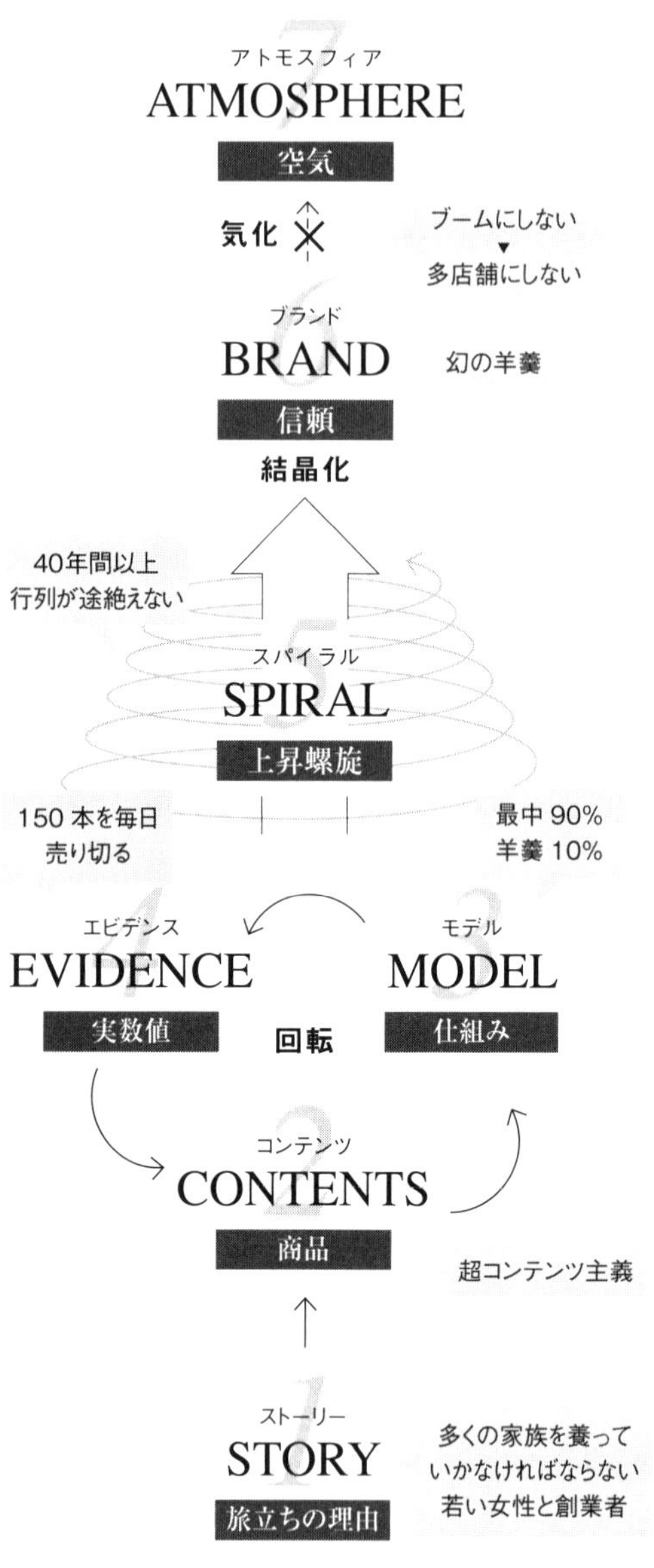

世界最強のビジネスモデルは「超コンテンツ主義」によって支えられている

吉祥寺小ざさについて書かれた稲垣篤子氏著『1坪の奇跡』（ダイヤモンド社）によると、小ざさの年商は一坪で三億円を超えると言います。坪当たりの売上高は、世界的企業のティファニーやアップルストアをも凌駕します。

「幻の羊羹」は一日限定一五〇本であり、六〇〇円程度に過ぎませんから、売上の九割は実は「幻の羊羹」と同じ小豆を使った「最中」によってもたらされているということになります。一見、羊羹を広告商材と見立てたビジネスモデルの勝利のように見えますが、本作でも触れているとおり、モデルの構築は結果論に過ぎません。

小ざさの優位点は、一切の妥協なく羊羹と最中を作り続けているその姿勢にあります。つまり、小ざさをある意味世界最強のビジネスモデルにしたのは、圧倒的な「コンテンツ主義」なのです。

それによってもたらされた「コンテンツの質」が、売上として「エビデンス」を積み上げ、それを続けていくうちに、四〇年間以上行列が途絶えないくらいの「スパイラル」を発生させます。その「スパイラル」の連続性が、「幻の羊羹」という「ブランド」を確立させます。

吉祥寺小ざさが面白いのは、あえて、それを「ブーム」にさせないことです。おそらく、たとえば和菓子屋の「とらや」のように多店舗展開するチャンスはあったでしょう。けれどもそうさせないのは、持続可能性を重視したからでしょう。つまり、あえて「アトモスフィア」の形成を促さなかったということです。

もし拡大戦略を取れば、小ざさはどうなったでしょうか。おそらく、今のような行列を全国各地で担保することはできなかったでしょうから、「マーケティング」に「費用」を割かなければならなくなったでしょう。もしかして、「営業」「広告」「PR」が必要になったかもしれません。つまり、あえて拡大戦略を取らないことで、圧倒的なマーケティング優位の状態を戦略的に保ち続けたのではないかと思います。そこが吉祥寺小ざさの凄さであり、怖さでもあるのだろうと思います。

SEVEN MARKETING CREATION
EXAMPLE 2

女子大生起業家桐生七海の「レイニー・アンブレラ」の失敗

「いびつなスパイラル」がマーケティング・クリエーションを崩壊させる

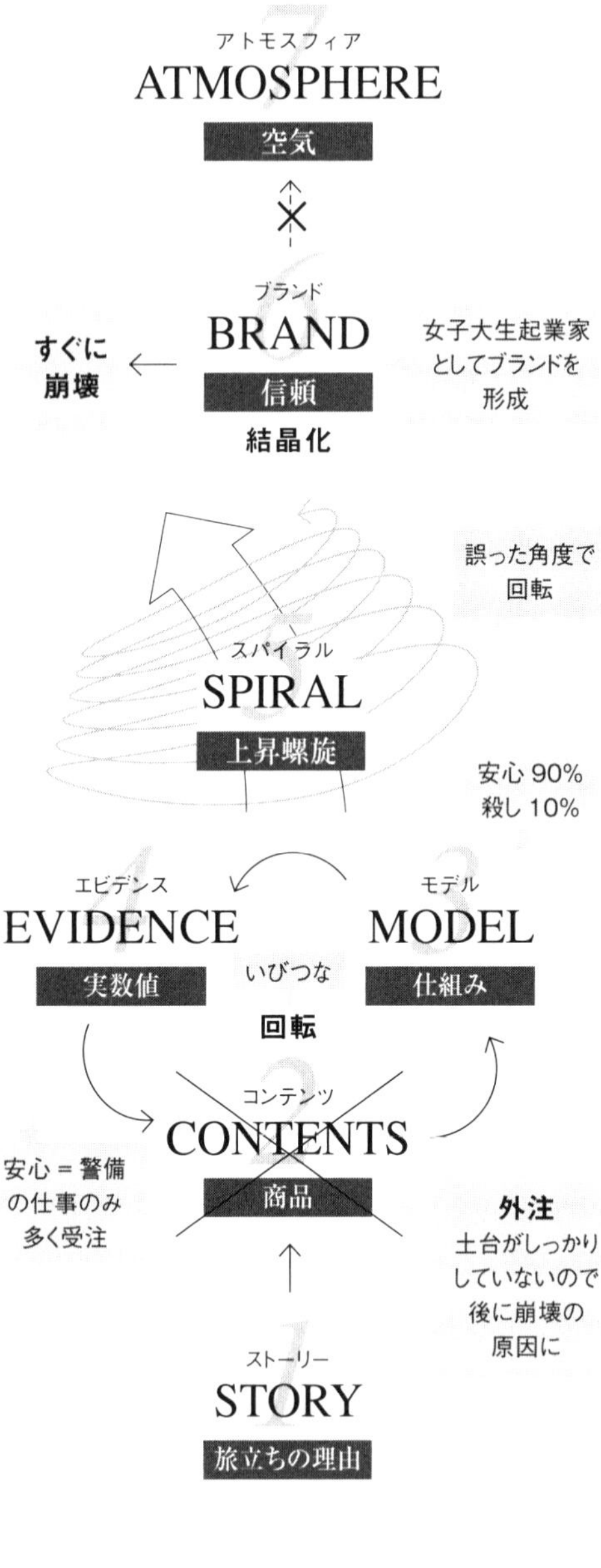

「コンテンツ」はマーケティング・クリエーションの土台である

「受注数世界一の殺しの会社」を創ることを目指した女子大生起業家桐生七海でしたが、簡単なことではありませんでした。肝心の「殺し」のほうの受注は一向に増えないながらも、世界中の著名人の警備の仕事が多数舞い込み、そちらは表の企業で受けていたことから、七海の会社「レイニー・アンブレラ」は一躍世間の注目を浴びることになります。

ただし、殺しの会社の「コンテンツ」である「殺し」の質を担保できなかった「レイニー・アンブレラ」は、圧倒的なコンテンツ力を持つ、世界一の殺し屋サイレンス・ヘルが放った一発の銃弾をきっかけとして、脆くも崩れ去ってしまいます。

「コンテンツ」は、マーケティング・クリエーションの土台です。これが脆弱であれば、そのビジネスのマーケティング全体が揺らぐことになります。

「レイニー・アンブレラ」の場合、女子大生起業家であり見た目のいい桐生七海はメディアにとって「コンテンツ力」を持っていたために、ビジネスの内容よりも、七海を理由として仮想的に「ブランド」が構築されてしまいます。それに引き上げられるようにして、「コンテンツ」が不十分のままに、「コンテンツ」「モデル」「エビデンス」のいびつな回転が加速してしまい、そのために、本来はまっすぐ上昇すべきものを、誤った角度でスパイラルが発生してしまったのです。

そうした「いびつなスパイラル」の上に乗った「ブランド」というものは、極めて不安定であり、サイレンス・ヘルの銃弾でなかったとしても、いつ崩れてもおかしくない状況だったと言えます。

「いびつなスパイラル」は、マーケティング・クリエーションにとって、いわば、曲がった背骨のようなもので、これを修正しようとすれば、大掛かりな改革が必要であり、西城が七海に勧告して七海が応じたように、一度それを解体して創り直したほうが早い場合が多い。

もし、修正するとしたら、「資金的」な意味でも「人的工数的」な意味でも莫大な「費用」が必要となるでしょう。

SEVEN MARKETING CREATION

EXAMPLE 3

受注数世界一の殺しの組織「クラウド・シンジケート」の秘密

結果的に世界の殺しを「抑止」したマーケティング

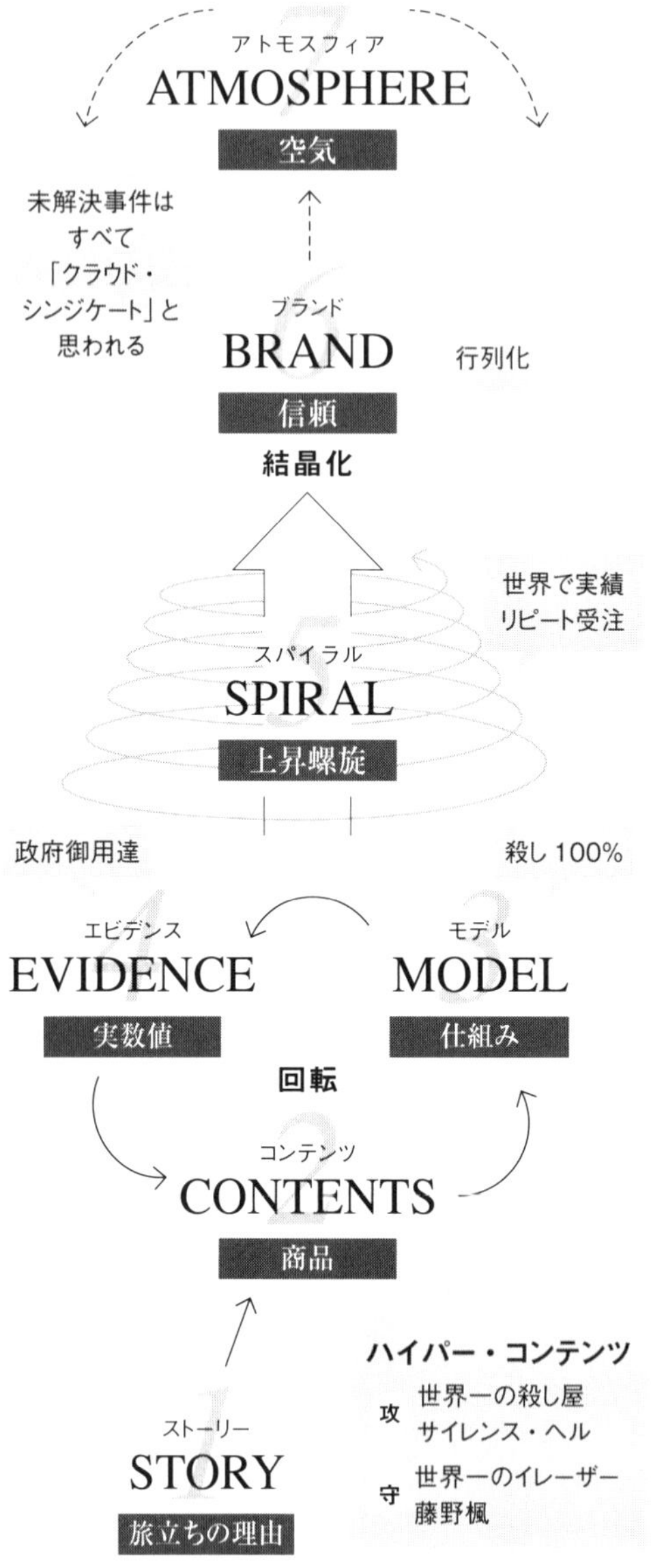

「アトモスフィア」が人々の想像を掻き立てた

桐生七海の会社、最強の盾と目されていた「レイニー・アンブレラ」を簡単に打ち破った最強の矛「サイレンス・ヘル」をエース・スナイパーに起用し、天才心臓外科医藤野楓をイレーザーとして布陣した殺しの組織は、その圧倒的な「コンテンツ」の力によって、瞬く間に受注数世界一の殺しの組織となりました。その組織は、エース・スナイパーがサイレンス・ヘルだということ以外、情報が伝わらず、全貌が明らかにならなかったために、いつしか「クラウド・シンジケート」と呼ばれるようになります。

吉祥寺小ざさのように「コンテンツ主義」の戦略をとったことによって、「マーケティングの三重苦」、すなわち「営業」「広告」「PR」を一切使えない状況を打破し、着実に仕事をこなしていき、政府や大きな組織などの仕事を受注し、リピートすることによって政府御用達としての「エビデンス」を積み上げていきます。

やがて、小ざさのように、「クラウド・シンジケート」の前には、長い行列ができることになります。

フリーアナウンサー相川響妃が見抜いたように、これが、結果的に世界の殺しの数を「抑止」することになります。

圧倒的な「コンテンツ力」によって、着実に「エビデンス」を重ねつつ、しかも、沈黙を続けると、人は勝手に推測することになります。そもそも、七海たちユニットは自ら「クラウド・シンジケート」と名乗ったこともありません。周りが勝手に「ストーリー」を創り上げていき、その創作を拡散してくれるようになります。

世界中で起きる殺人の多くはもちろん、彼らの仕事ではありませんでしたが、そうして形成された「アトモスフィア」、つまりは「空気」によって、都市伝説的に「あれもクラウド・シンジケートがやったことではないか」とマスメディアを通して多くの人が思うことになります。

結果的に藤野楓のミスによって、「クラウド・シンジケート」は崩壊しますが、桐生七海は、マーケティング・クリエーションによって、一時的にも目標である受注数世界一の殺しの組織を創り上げたことは間違いありません。

SEVEN MARKETING CREATION
EXAMPLE
4

空気を創るマーケター

書籍の出版によって「アトモスフィア」を構築し、「空気」を操る

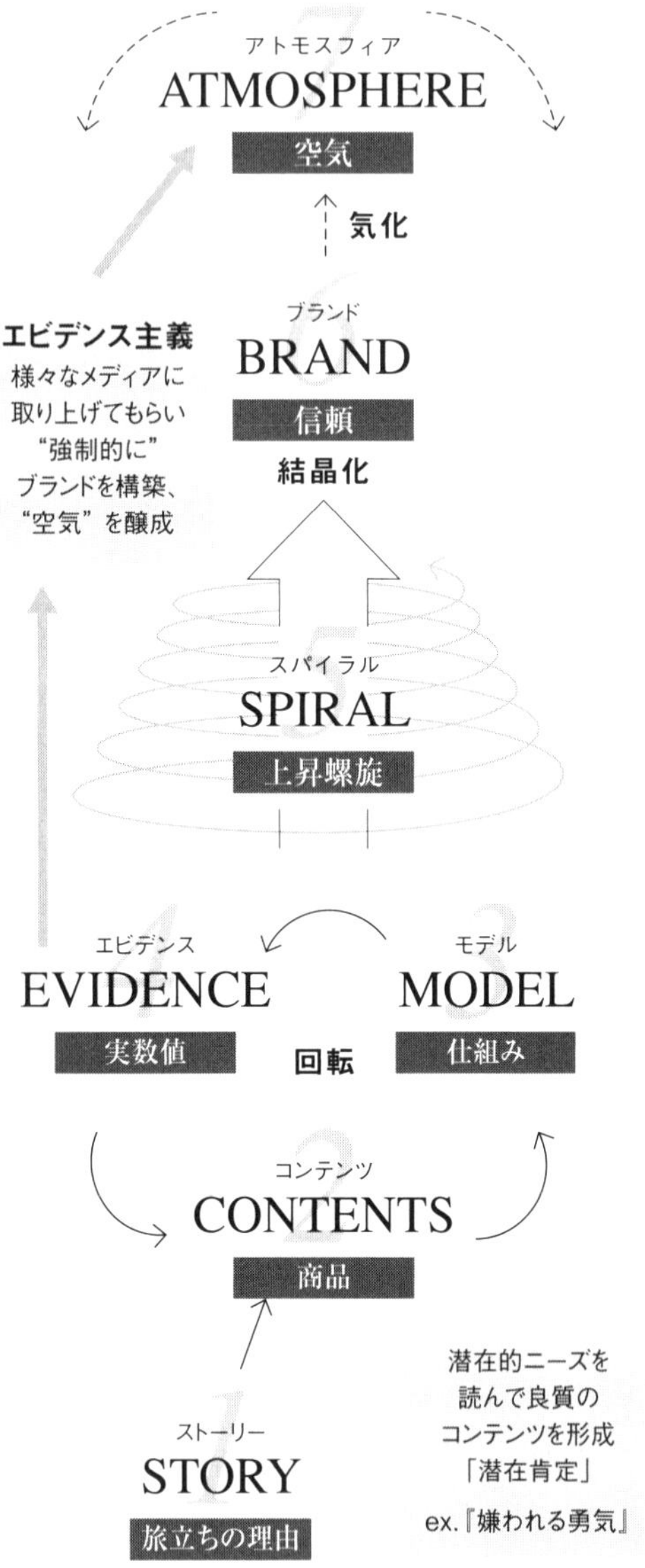

同時多発的アプローチで顧客に買うのが運命だと「錯誤」させる

西城潤は『2629』の出版を通して、対大我総輔の空気を世の中に醸成しようと試みました。そのために、西城は綿密に計画し、事前にメディアに対して「同時多発的」にアプローチをして、様々なメディアで連続的に取り上げられるように仕向けます。それが成功して『2629』は大ヒットし、ボディーブロー的に大我総輔を追い詰めていくことになります。

同時多発的にマスメディアに取り上げられることによって、読者は、複数回その概念に接することになります。たとえば、ある人が『2629』の概念がテレビで取り上げられるのを見て、書店に行った際に雑誌で取り上げられているのを見て、フェイスブックで友達がそれを読んだと投稿していたのを見たとすれば、人はそれを読むのが「運命」だと「錯誤」しやすくなります。そういった、読まなければならない「アトモスフィア」、つまり、「空気」を醸成することができれば、世の中を動かすことができます。まるで、顧客の周りに目に見えない「蜘蛛の糸」を張り巡らせるようなもので、重要なのは、顧客に自分で選んだと「錯誤」してもらうことです。

さらに西城は秋山明良に書かせた小説『殺し屋のマーケティング』を、基本的に同じ理論を使って一〇〇万部のベストセラーにし、また新しい「空気」を醸成します。西城の目的は、この小説によって自らが死んだことを多くの人に認識させることでした。フィクションでありながらも、日向涼をはじめ、多くのことを実在の人物と事件で書いたこの作品が世に広まることによって、自分の存在を消すことに成功します。

一方で、目白台の児玉宗元は、政治力を使ってマスメディアを自分たちの都合のいい方向へと誘導し、サイレンス・ヘルことを日向涼を凶悪犯に仕立て上げます。これも、「空気」を創るマーケティング理論の応用です。

注意すべき点は、「空気」は使い方を間違えると、「有害ガス」となって、いわゆる「炎上」してしまうリスクがあるということです。マスメディアによって大きく持ち上げられるほど、叩きつけられる可能性があると考えたほうがいいでしょう。

三浦 崇典 みうら・たかのり

天狼院書店店主。株式会社東京プライズエージェンシー代表取締役。編集者・プロカメラマン。大正大学表現学部非常勤講師。

1977年宮城県生まれ。小説賞に挑戦しながら、アルバイトをしていた書店で新店舗の店長を打診され、3年間、店長を務める。手書きPOPでの集中一点売りなどの特徴的な手法が、讀賣新聞をはじめ、様々なメディアで取り上げられ、文芸書の売上増大の成果をあげる。

2009年、株式会社東京プライズエージェンシーを設立、2013年に天狼院書店の1店舗目となる「東京天狼院」を南池袋にオープン。開店して3ヶ月で倒産の危機に陥り、以後、現在まで9回、倒産の危機に見舞われるが、その都度、新しいマーケティング手法を駆使して窮地を切り抜ける。マーケティング戦略の成功により、現在までに、東京・福岡・京都・池袋駅前店の4店舗を開店。さらに、6店舗のオープンを準備している（2017年9月現在）。

これらの経験をもとに、独自に新たなるマーケティング理論「7つのマーケティング・クリエーション」を開発。自身のビジネスで徹底して実践する。事業の伸長は、この「7つのマーケティング・クリエーション」が核となっている。

「おはよう日本」（NHK）、「モーニングバード」（テレビ朝日）、「くにまるジャパン」（文化放送）、日経新聞、朝日新聞、讀賣新聞、東京新聞、『BRUTUS』、『週刊文春』など、各種メディアへの出演・掲載多数。

2016年には雑誌『AERA』の「現代の肖像」に登場。著書は本書が初めてとなる。

殺し屋のマーケティング

2017年11月 8 日　第1刷発行
2017年12月18日　第3刷

著者　三浦　崇典
発行者　長谷川　均
編集　大塩　大
発行所　株式会社ポプラ社
〒160-8565　東京都新宿区大京町22-1
電話03-3357-2212（営業）　03-3357-2305（編集）
振替　00140-3-149271
一般書出版局ホームページ　www.webasta.jp

印刷・製本　共同印刷株式会社

N.D.C.675/415P/19cm　ISBN978-4-591-15335-2